U0153756

思想的・睿智的・獨見的

經典名著文庫

策劃　楊榮川

五南圖書出版公司 印行

經典名著文庫

學術評議者簡介（依姓氏筆畫排序）

- 丘為君　美國俄亥俄州立大學歷史研究所博士
- 吳惠林　美國芝加哥大學經濟系訪問研究、臺灣大學經濟系博士
- 宋鎮照　美國佛羅里達大學社會學博士
- 林玉体　美國愛荷華大學哲學博士
- 邱燮友　國立臺灣師範大學國文研究所文學碩士
- 洪漢鼎　德國杜塞爾多夫大學榮譽博士
- 孫效智　德國慕尼黑哲學院哲學博士
- 秦夢群　美國麥迪遜威斯康辛大學博士
- 高明士　日本東京大學歷史學博士
- 高宣揚　巴黎第一大學哲學系博士
- 張光宇　美國加州大學柏克萊校區語言學博士
- 張炳陽　國立臺灣大學哲學研究所博士
- 陳秀蓉　國立臺灣大學理學院心理學研究所臨床心理學組博士
- 陳思賢　美國約翰霍普金斯大學政治學博士
- 陳清秀　美國喬治城大學訪問研究、臺灣大學法學博士
- 陳鼓應　國立臺灣大學哲學研究所
- 曾永義　國家文學博士、中央研究院院士
- 黃光國　美國夏威夷大學社會心理學博士
- 黃光雄　國家教育學博士
- 黃昆輝　美國北科羅拉多州立大學博士
- 黃政傑　美國麥迪遜威斯康辛大學博士
- 楊維哲　美國普林斯頓大學數學博士
- 葉海煙　私立輔仁大學哲學研究所博士
- 葉國良　國立臺灣大學中文所博士
- 廖達琪　美國密西根大學政治學博士
- 劉滄龍　德國柏林洪堡大學哲學博士
- 黎建球　私立輔仁大學哲學研究所博士
- 盧美貴　國立臺灣師範大學教育學博士
- 薛化元　國立臺灣大學歷史學系博士
- 謝宗林　美國聖路易華盛頓大學經濟研究所博士候選人
- 簡成熙　國立高雄師範大學教育研究所博士
- 顏厥安　德國慕尼黑大學法學博士

經典名著文庫068

教育漫話

Some Thoughts Concerning Education

洛克 (John Locke) 著
徐大建 譯

John Locke

SOME THOUGHTS CONCERNING EDUCATION

本書根據英國劍橋大學出版社 1880 年版譯出

經典永恆・名著常在

五十週年的獻禮・「經典名著文庫」出版緣起

總策劃 楊榮川

五南，五十年了。半個世紀，人生旅程的一大半，我們走過來了。不敢說有多大成就，至少沒有凋零。

五南忝爲學術出版的一員，在大專教材、學術專著、知識讀本出版已逾壹萬參仟種之後，面對著當今圖書界媚俗的追逐、淺碟化的內容以及碎片化的資訊圖景當中，我們思索著：邁向百年的未來歷程裡，我們能爲知識界、文化學術界做些什麼？在速食文化的生態下，有什麼値得讓人雋永品味的？

歷代經典・當今名著，經過時間的洗禮，千錘百鍊，流傳至今，光芒耀人；不僅使我們能領悟前人的智慧，同時也增深加廣我們思考的深度與視野。十九世紀唯意志論開創者叔本華，在其〈論閱讀和書籍〉文中指出：「對任何時代所謂的暢銷書要持謹愼的態度。」他覺得讀書應該精挑細選，把時間用來閱讀那些「古今中外的偉大人物的著作」，閱讀那些「站在人類之巔的著作及享受不朽聲譽的人們的作品」。閱讀就要「讀原著」，是他的體悟。他甚至認爲，閱讀經典原著，勝過於親炙教誨。他說：

「一個人的著作是這個人的思想菁華。所以，儘管一個人具有偉大的思想能力，但閱讀這個人的著作總會比與這個人的交往獲得更多的內容。就最重要的方面而言，閱讀這些著作的確可以取代，甚至遠遠超過與這個人的近身交往。」

爲什麼？原因正在於這些著作正是他思想的完整呈現，是他所有的思考、研究和學習的結果；而與這個人的交往卻是片斷的、支離的、隨機的。何況，想與之交談，如今時空，只能徒呼負負，空留神往而已。

三十歲就當芝加哥大學校長、四十六歲榮任名譽校長的赫欽斯（Robert M. Hutchins, 1899-1977），是力倡人文教育的大師。「教育要教眞理」，是其名言，強調「經典就是人文教育最佳的方式」。他認爲：

「西方學術思想傳遞下來的永恆學識，即那些不因時代變遷而有所減損其價值的古代經典及現代名著，乃是眞正的文化菁華所在。」

這些經典在一定程度上代表西方文明發展的軌跡，故而他爲大學擬訂了從柏拉圖的《理想國》，以至愛因斯坦的《相對論》，構成著名的「大學百本經典名著課程」。成爲大學通識教育課程的典範。

歷代經典．當今名著，超越了時空，價值永恆。五南跟業界一樣，過去已偶有引進，但都未系統化的完整舖陳。我們決心投入巨資，有計畫的系統梳選，成立「經典名著文庫」，希望收入古今中外思想性的、充滿睿智與獨見的經典、名著，包括：

- 歷經千百年的時間洗禮，依然耀明的著作。遠溯二千三百年前，亞里斯多德的《尼各馬科倫理學》、柏拉圖的《理想國》，還有奧古斯丁的《懺悔錄》。
- 聲震寰宇、澤流遐裔的著作。西方哲學不用說，東方哲學中，我國的孔孟、老莊哲學，古印度毗耶娑（Vyāsa）的《薄伽梵歌》、日本鈴木大拙的《禪與心理分析》，都不缺漏。
- 成就一家之言，獨領風騷之名著。諸如伽森狄（Pierre Gassendi）與笛卡兒論戰的《對笛卡兒沉思錄的詰難》、達爾文（Darwin）的《物種起源》、米塞斯（Mises）的《人的行爲》，以至當今印度獲得諾貝爾經濟學獎阿馬蒂亞．

森（Amartya Sen）的《貧困與饑荒》，及法國當代的哲學家及漢學家余蓮（François Jullien）的《功效論》。

梳選的書目已超過七百種，初期計劃首爲三百種。先從思想性的經典開始，漸次及於專業性的論著。「江山代有才人出，各領風騷數百年」，這是一項理想性的、永續性的巨大出版工程。不在意讀者的眾寡，只考慮它的學術價值，力求完整展現先哲思想的軌跡。雖然不符合商業經營模式的考量，但只要能爲知識界開啓一片智慧之窗，營造一座百花綻放的世界文明公園，任君遨遊、取菁吸蜜、嘉惠學子，於願足矣！

最後，要感謝學界的支持與熱心參與。擔任「學術評議」的專家，義務的提供建言；各書「導讀」的撰寫者，不計代價地導引讀者進入堂奧；而著譯者日以繼夜，伏案疾書，更是辛苦，感謝你們。也期待熱心文化傳承的智者參與耕耘，共同經營這座「世界文明公園」。如能得到廣大讀者的共鳴與滋潤，那麼經典永恆，名著常在。就不是夢想了！

二〇一七年八月一日　於

五南圖書出版公司

導讀

銘傳大學師資培育中心助理教授　葉彥宏

筆者在撰寫洛克（John Locke, 1632-1704）《教育漫話》（*Some Thoughts Concerning Education*, 1693）[1]導讀時，經常會想到一個問題：「對一部十七世紀末的教育著作，讀者會如何閱讀和評價它？」在過去，盧梭（Jean-Jacques Rousseau, 1712-1778）曾反對洛克主張及早鍛鍊兒童理性行爲習慣的做法，因爲這與兒童在實際的經驗生活中，運用最多的感官知覺能力有很大的落差（李平漚譯，1989: 87, 94）。之後，赫爾巴特（Johann Friedrich Herbart, 1776-1841）認爲洛克只重視行爲習慣的培養而不重視學問的教學（李其龍譯，1989: 6-8）。現在的學者認爲此書的重要性遠不如洛克其他的嚴謹學術著作（Phillips, 2008）。

洛克在〈致奇普利的愛德華．克拉克先生〉（To Edward Clarke, of Chipley, Esq.）將《教育漫話》中較不易看出的重要目標點了出來（Locke, 1895: Lxii-Lxiii）：

1　此書各節內容都有編碼，爲便於讀者參閱原文，在文獻引注上，筆者將《教育漫話》簡寫爲SE，後面接各節編號，如：SE212表示爲該書第二一二節，SE34, 89表示該書第三十四節和第八十九節，以此類推。

首先，他主張正確的教育方法能爲國家社會帶來普遍的效益；錯誤的教育方法不僅難以事後彌補，還會造成孩子陷入無法挽回的墮落，並影響其終生。

其次，他認爲一旦紳士能扮演好自身的社會角色與功能，就可以廣泛地影響各個階層，使整體社會趨向良善，他針對紳士提出的教育方法乃是一種培養才德兼備的有用人才最簡便可行的方法。

在仔細比較上述觀點後，可以了解不同評價代表讀者們各自的教育主張和哲學觀。像是盧梭主張人性本善的自然教育觀，洛克強調人性與後天教育有關；赫爾巴特探究的是教師如何有效地教學，旨在提出一套教育科學理論，洛克則希望培養一種德行與才識俱佳的公民。筆者在此將根據上述兩項目標，提供一種閱讀《教育漫話》的視角。

教育重點

《教育漫話》主要教育對象爲男孩，教育重心都放在紳士教育上（SE6, 201, 212），洛克十分看重紳士階層在家庭、社會、文化與政治等公共與私人領域之顯著影響力。如依重要性排序，紳士教育有下列四項重點（SE134）：

第一，德行：德行的基礎是建立正確的上帝觀念，要循序漸進地在兒童心中確立上帝的主宰和創造力量、獨立且超越性的存有，使其崇敬和熱愛上帝，逐漸養成向上帝禱告的習慣，之後再培養各種善良的品格，如：講眞話、有愛心、善待他人（SW135, 136, 139）。

第二，智慧：指的是個人精於生活處事以及能洞察未來的智慧，兒童時期的發展重點在於使兒童習慣探究那些偉大且有價值的思想，服從理性的指導，反省自身行爲，避免讓兒童變得只想透過捷徑、要詭計等狡猾的態度來獲取成果（SE140）。

第三，教養（breeding）：指的是恰當的行爲舉止。洛克厭惡當時的上流社會，也反對繁文縟節，紳士的教養內容強調對人普遍的善意與尊重、端莊且令人感到舒適的行爲舉止，避免表現出羞怯與狂妄、粗暴與輕蔑、苛刻與戲謔、駁斥與刁難等行爲（SE141, 142, 143, 144）。

第四，學問（learning）：學問向來爲一般人所看重，但洛克卻認爲學問的重要性不若前面三項，因爲他觀察到兒童學習拉丁文和希臘文不僅缺乏專注力、耗費許多時光，也常受到處罰。洛克的想法是，教師如能讓兒童保持純真、發展其長處，培養良好的習慣；這些就像是所謂的學習態度，能使兒童主動探究求取學問（SE147）。

上述四項重點的實踐十分倚重教師角色與功能的發揮。除了兒童期需要有明智的家長和教師指導理性的生活習慣，在青年進入社會領域之前，教師須盡早讓他們了解社會現況與問題，讓兒童及青年及早認知到社會存在的各種教條、誘惑、邪惡，與引誘人走上歧途的壞人（Locke, 1824: 39）。

洛克希望青年不要等到付出巨大的代價後，才學到經驗的教訓，年輕的紳士應該接受教導，學習識人之明，在社會生活中潔身自愛，並能洞察社會中無處不在的風險。上述內容無法透過教科書或是課堂講述學習，必須在生活世界與各種各樣的人們頻繁地互動，學習如何觀察他人、積累經驗，逐漸能準確地判斷人並明智地與人相處（SE94）。

經驗的教育手段與理性的教育目的

若是用一句話貫串《教育漫話》的宗旨：兒童所有學習與成就的重點在於德行與智慧，也就是讓自身的愛好和嗜欲服從於理性，持之以恆地實踐此道，使之成為習慣（SE34,36,89,122,200）。

洛克相信理性的習慣養成愈早愈好（SE39, 44），一來是因為兒童期的理性發展不足，容易養成任性、無理取鬧和哭鬧不休的習慣（SE38）；二來是當時社會風氣多崇尚奢侈生活，成人生活的惡習無處不影響兒童；三是有些父母和教師自身的偏差行為和溺愛，導致兒童逐漸習於說謊、暴力、報復和殘忍的行為（SE34, 35, 37）。

根據上列三點，洛克期待的教育圖像，其輪廓可勾勒如下三點：

一是，只有德行高尚、智慧聰明、謹慎周延、世事洞明、人情練達的成人，方能教育兒童和青年（SE39, 90, 94, 177），這意味著教育者本身須具備成熟的理性行為習慣。

二是，管教兒童須運用理性的手段令其服從、敬畏並接受管教（SE40），教育者不僅要有優秀的自主能力，管教也必須拿捏合宜，不能壓抑兒童心靈之自由（SE46）、不能以體罰刺激兒童接受教育者所期望之事（SE49），也不能以兒童喜歡的物質交換其投入學習和陶冶德行（SE52），要讓兒童感受到實踐德行的快樂以及伴隨而來的各種令人愉快之事，以及受到屈辱和羞恥時，會遭遇到哪些不愉快的事（SE58）。

最後，培養德行與智慧的思考與行爲乃是全部教育工作的重點，也是使兒童成爲自主公民的基礎（SE200）。

心靈教育爲學習的基礎

《教育漫話》多節內容都強烈暗示著「教育（education）先於教學（instruction）」（Locke, 1895: li-lii）即兒童的心靈教育應先於學習各種學問之傳統觀點，教師最重要的技能就是獲取並維持兒童的注意力，必須配合兒童心理發展的細部特徵，將教學內容轉化爲經驗性、感受性和活動性的內容；多讓兒童運用母語來發表和創作；耐心且認眞地對待兒童的提問，以保持其好奇心的活躍。總之，要盡力讓兒童提起學習的興趣，愉快地接受教師的要求（SE118, 130, 167, 172, 173, 177）。

雖然洛克主張兒童學習以行爲習慣的培養優先，但這不表示他不重視學問的學習，他十分重視兩件事情，一是教師能否在教學過程中，培養學生熱愛與尊重知識，當學生願意學習時，能指導其正確的求知之道和精進自我之道（SE195）；另一是學問之學習對學生的意義與實踐價值，像是在兒童期可以根據個別狀況學習拉丁文和法文，教師可將外文融入地理、算數、年代學、歷史和幾何學等學問之教授，讓學生在學習過程中，一併提升外文能力

（SE178）。洛克對外文學習的態度是將其與閱讀、學習、表達與溝通等兒童力所能及的實踐中，至於文法修辭和邏輯的學習只要夠用就好，毋須鑽研專精（SE188）。

面向公共生活的學習內容

在洛克的時代，德行的培養與宗教信仰有深刻地內在聯繫，因此他也主張《聖經》（Bible）是最適合用於兒童學習和實踐德行的知識，[2]培養對榮譽和節制的德行習慣（SE185），當兒童成長到可以說故事時，可閱讀《伊索寓言》（*Aesop's Fables*）（SE189）在開始學習拉丁文後，可以教學生閱讀西塞羅（Marcus Tullius Cicero, 106-43BC）的《論責任》（*On Duties*）與普芬道夫（Samuel von Pufendorf, 1632-1694）的《論自然法下的人與公民之責任》（*On The Duty of Man and Citizen According to the Natural Law*, 1673）。熟讀上面幾本書後，可繼續閱讀格勞秀斯（Hugo Grotius, 1583-1645）的《論戰爭與和平法》（*On the Law of War and Peace*, 1625）或普芬道夫的《論自然法與萬民法》（*De Jure Naturae et Gentium*, 1672），上述著作皆與自然權利、社會

---

2 儘管德行與宗教關係密切，但洛克在《人類理解論》（*An Essay Concerning Human Understanding*, 1689）仍指出，宗教經驗仍須合乎理性判斷與客觀知識基礎。

起源與基礎和公共與私人責任有關（SE186）。

從上述洛克對學習內容的安排來看，除了可看出紳士教育不同於培育學者的教育（SE195）；此外，紳士的德行與社會楷模之角色，對政治也有直接的影響，因爲紳士會在政府各部門擔當公職，必須熟悉國家的法律和歷史，了解法律的來龍去脈、掌握正確的觀念，如：自由和權利，在自己的崗位上追求是非對錯的眞實尺度（SE187）。由此也可以看出，紳士教育在學習內容上會考慮公共生活最重要也最常用的內容（SE198）。[3]

一些教育價值

從前面的介紹，可簡要地歸納幾個《教育漫話》的教育價值：

第一，與公民教育有關：洛克（SE217）期待的教育事業著重於道德與政治層面，讓公民的心靈習慣於理性的思考與行爲，能夠拒斥成見、黨派偏見和獨斷論，支持對各種意見進行批判和合理的評價（Biase, 2015; Grant & Hertzberg, 2016）。

3 相較之下，盧梭的《愛彌兒》（*Emile*, 1762）僅提到青少年可閱讀《魯濱遜漂流記》（*Robinson Crusoe*, 1719）學習如何探索和判斷事物原來的面貌和用途；還有運用《聖經》和《福音書》（*Gospel*）教導青少年信仰、德行、慈善與包容的宗教愛（李平漚譯，1989: 243-244, 415-443）。

第二，與教師角色有關：洛克除了強調明智的家長對兒童教養的重要性外，對教師的德行、實踐經驗和教育專業要求更高，他充分了解兒童自尊和自主行爲的建立與理性的發展受到重要他人和使用之教育方法影響甚大。

第三，與學習態度有關：洛克爲習慣的養成提出一種單純的策略：讓兒童反覆去做，直到做好爲止。在反覆的作爲中，可以觀察兒童是否有從事該活動的能力和潛能，判斷兒童需要什麼樣的教導和練習（SE66）；而在多次練習後，良好的習慣便能逐漸培養起來，進而革除不良的習慣（SE64）。這些看法已經具有今日對學習興趣與動機、學習策略與技巧等與建立學習態度有關的內容。

值得反思的問題

讀者在閱讀過程中，可能也會發現以下幾項《教育漫話》的問題：

第一，重視學習的經驗與實踐，如：遊戲、觀察、提問、實驗、手工技藝和遊歷（即出國旅行）等（SE130, 193, 201, 212），但仍受限於當時自然哲學與宗教信仰，導致經驗與實踐局限於生活經驗與手工技藝的學習，於自然科學發展的影響較小。

第二，重視兒童德行養成，可以使用灌輸和權威的力量使兒童逐漸建立習慣；相較之下，學問之學習是完全不能使用灌輸或是其他強迫的手段，要根據兒童心理發展狀況與自願性來安排教學方法與主要的學習內容（SE189）。重視學生心靈教育雖有其時代的意義，但這樣會讓技藝學習成爲附庸。

第三，寄望能透過教育的手段，讓紳士在私人與公共領域的角色與功能影響至各階層的公眾，此作法就洛克自己所言，只是一種培育人才簡便可行的方法；從洛克在哲學思考上的嚴謹程度來看，上述以成爲紳士爲主體的教育手段，顯然欠缺不同社會階層之教育需求，以及國家應發揮何種教育功能的縝密思考。

如何閱讀

教育工作者、研究者或是對教育有興趣者在閱讀此書時，可能對各節內容不相連貫、缺乏系統的編排感到不知從何處開始閱讀。畢竟此書乃是諸多書信彙整起來的成果，雖然內容多有相互連結之處，但總體上仍缺乏縝密的論述和系統化的內容架構。

讀者可先閱讀〈致奇普利的愛德華．克拉克先生〉和《教育漫話》最末幾節（SE217），了解洛克撰寫此書的主要意圖，以及此書與其哲學思想的關係。

接著結合奎克（Robert Herbert Quick）撰寫的洛克生平與評論以及注釋，掌握洛克之時代背景的輪廓和詮釋此書的方式。

再了解各節重點，不急於用今日的眼光去評價當時的思想，也不要很快地將書中內容與今日教育聯結起來。閱讀此類較爲久遠的教育著作，重點不在於提取其中歷久彌新的內容，而是要設身處地的探思洛克的教育觀點在那個時代背景中的意義、作用與價值。

最後，統整上述閱讀歷程與內容，在《教育漫話》原來的面貌上，嘗試用不同立場、觀點與脈絡，並抽取構成該書主旨的洛克思想要素，探索其他可能的教育意義與價值。

結語

讀者如直接從《教育漫話》第一節開始往後面逐一閱讀，大概會感受到洛克不惜使用成人的權威與灌輸等紀律培養兒童之德行，這也是筆者最初閱讀後的感受。直到使用上述閱讀方式後，才逐漸理解洛克的紳士教育乃是一種致力於培養學生心靈自由與理性公共生活的教育觀，儘管在教育手段與目的上不甚連貫，但就當時的歷史背景來說，重視學生的德行與智慧、學問與生活經驗的聯結、學習興趣與動機及追求身心整體的發展等具有當代教育心理學與社會學的看法，實爲可貴之處。

以今日眼光來看，雖然理性之教育目的已遭到後現代性和多元社會價值的挑戰，但理性仍是抗拒反智文化，追求個人理智與社會自由的重要工具。以臺灣現況爲例，二〇一八年十一月二十四日公投第十一案結果顯示，多數公眾反對「性別平等教育法施行細則」列舉同志教育爲性別平等課程之一。在性別平等教育實施十多年後，以及政府推動性別主流化（gender mainstreaming）多年後的現在，反智文化仍是主要的社會氛圍。在閱讀《教育漫話》的過程中，筆者實能設身處地的感受到爲何洛克會如此殷切地期望德行與理性的教育能在兒童受到社會這個大染缸的不良影響之前，愈早開始愈好。期望每一位讀者都能在此書中發掘構成近代自由教育思想的要素，不停歇地反思民主社會的眞實面貌與理念。

參考文獻

李平漚（譯）（1989）。J.-J. Rousseau著。愛彌兒。臺北：五南。

李其龍（譯）（1989）。J. F. Herbart著。普通教育學。北京：人民教育。

Biase, G. D. (2015). A Gentleman's "moderate knowledge": Mediocrity as the appropriate measure of learning in John Locke's Some Thoughts Concerning Education. *Aurea Mediocritas, 72*, 57-80.

Grant, R. W., & Hertzberg, B. R. (2016). Locke on education. In M. Stuart (Ed.), *A companion to Locke* (pp. 448-465). Malden, MA: Wiley-Blackwell.

Locke, J. (1824). *An essay concerning human understanding*. New York: Valentine Seaman.

Locke, J. (1895). Some thoughts concerning education. In R. H. Quick (Ed.), *Some thoughts concerning education with introduction and notes*. Cambridge, UK: Cambridge University Press.

Phillips, D. C. (2008). *Philosophy of education (Stanford Encyclopedia of Philosophy)*. Retrieved from http://plato.stanford.edu/entries/education-philosophy/#Rel

洛克對原作的增補

以下內容在一九六三年的第一版中未見刊用：

五　「爲了說明……不要讓孩子在冬天穿得過暖。」（第二段—第四段前半部分）[1]

七　「不難預料……也沒有發現冷水造成任何危害。」（第二—三段）

十三　「應該清淡而簡單……假如小主人一定得吃點」（第一段）

十四　「羅馬人通常……還是會受人指責。」（這一節的後半部分）

十五　「一旦等不到食物……而要幾乎每天有所變化。」

二十一　「雖然我說過……尤其不能讓他們收到驚嚇。」（第二段）

三十七　整節增補。

六十二　整節增補。

六十六　「這種以反覆的實踐……成爲良好的習慣而運用自如。」（第二段—本節末尾）

1　括弧裡的文字原文沒有，是爲了方便讀者尋找添加的。——譯注

六十七　「我關於禮貌問題所說的……使他們的行爲優雅。」（第三段第二句—第四段倒數第三句）
七十　從「誠然，經常讓孩子出門」（第二段第二句）一直到本節末尾。
七十七　從「盛怒的呵斥」到本節末尾。
七十八　「兒童第一次……永遠保持下去。」（第二段）
八十八　從「不過，爲了保持導師在學生心目中的威信」一直到八十九末尾。
九十三　整節增補。
九十四　整節增補。
九十八　整節增補。
一〇六　整節重寫。
一〇七　第一部分增補。從「所以，我的意思」開始到本節末尾，重寫。
一〇八　整節增補。
一〇九　部分重寫。
一一〇　從「假如慷慨大度」到本節末尾。（第二—三段）
一一三　整節增補。
一一四　整節增補。
一一五　整節增補。

一一七　整節增補。
一二五　稍有變動。
一二六　整節增補。
一三〇　從「關於兒童的玩具」到本節末尾。（第二─三段）
一三六　「所以我認爲……都要有益得多。」
一四三　從「這是一種通過行爲舉止」（第一段最後一句）一直到本節末尾。
一四五　（在第一版中是一三八）從「雖然幼小的兒童」（第二段開始）至本節末尾。
一五六　「一般所用的方法……沒有絲毫用處」（最後一句），重寫。
一六一　「速記」部分（第二段）增補。
一六七　從「在兒童教育中」（第二段開始）一直到本節末尾。
一六八　從「說到這裡」（第二段開始）一直到本節末尾。
一六九　「不過，無論你教他什麼……不可因任何事情責備他。」
一七六　整節增補。
一七七　最後一句。
一八〇　「這一步工作做完後……符合眞理。」（第二段前半部分）
一八九　從「一個紳士」（第二段開始）一直到本節末尾。
一九五　從「關於一個年輕紳士」（第二段開始）一直到本節末尾。

二〇〇五 整節增補。
二〇〇七 整節重寫。

前言

R.H.奎克

[xv]*

迄今爲止一直掌控著教育史研究的德國人，眾口一詞地在教育史中強調了一個英國人，並且是唯一的一個英國人——哲學家洛克的重要地位；他們的首位著名教育史學家施瓦茨（F. H. Ch. Schwarz）曾斷言：「新時代的教育學和教學法，差不多可以合理地說，就是洛克的教育學。」*Die Padagogik und Didaktik der neuen Zeit ist die Locke'sche, mehr oder weniger folgerech*。轉引自Herbart, *Pad. Schriften* ii. 329 in *Beyer's Bibliothek*（「拜耳圖書系列」中的《教育學叢書》第二卷，第三二九頁）。[1]然而，我們英國人卻很少關注教育，以至於洛克的這本教育學經典不僅從未得到過精心的編輯，甚至在市面上已絕版多日。最近據一位喜歡打探的研究者說，目前市面上唯一能買到的《教育漫話》版本，是陶赫

---

* 此爲英文原書頁碼對照。

1 Campe也這樣談及洛克和盧梭，"*Sie machten Bahn; wir Andern folgten*"（他們開闢了道路，我們跟著變化）。——原注

尼茨版。[2]當然，我相信還能買到一些美國的版本，在亨利・巴納德（Henry Barnard）的《英國教育學》中也一定能夠找到這本經典的全書；但我們的書商卻至今還既缺乏哥倫布的事業心，也缺乏哥倫布的運氣。

最近，至少有兩個委員會同時感到了這本經典需要一個英國版本。我們英國人對於晚近的教育已多有關注；在經過了很長一段時間後大家終於認識到，對教育做一點思考和研究也許是值得的。劍橋大學甚至設立了一種考試，使今後會有一些青年教師發覺，需要去閱讀這本與他們的職業相關的英國教育學主要經典。我想，這就是爲何這本經典一下子同時出現了至少兩個新版本的緣由。「全英協會」（The National Society）的版本要由伊萬・丹尼爾（Evan Daniel）牧師編輯。不幸的是，直到最近，丹尼爾牧師和我彼此都不知道對方的編輯工作，否則我們本可以避免成爲競爭對手的。

在細察文本時我發現，這本經典唯一完全的版本，即洛克逝世後出版的版本有許多錯誤。最好的文本見之於一七一四年出版洛克著作的書商丘吉爾發行的三卷本《洛克著作集》。但這個文本也並非沒有錯誤，甚至在「獻詞」的末尾給出了一個錯誤的日期（用

---

2 原文爲Tauchnitz。陶赫尼茨是一家德國出版社的名稱，專門出版在歐洲大陸發行的英語典籍，包括字典、聖經和英文小說，由第一代陶赫尼茨男爵Christian Bernhard在一七九八年創立。——譯注

一六九〇年取代了一六九三年）。我改正了許多不準確的地方，不過恐怕也並非完全沒有錯漏。

哈勒姆[3]曾認爲洛克「缺乏教育經驗」，但在福克斯．伯恩先生出版其《洛克傳》[4]之前，無論是哈勒姆還是其他任何人，都不可能知道洛克究竟有過什麼教育經驗。在有關洛克生平的導論中，我將努力向讀者展示，關於洛克的教育經驗，我們現在能夠了解到了什麼程度。

洛克對醫學的研究，對於普通讀者來說無疑是有好處的，但對於普通編輯來說，卻絕對是個麻煩。不過，由於牛津大學瑪德林學院研究員、聖托馬斯醫院助理醫師和講師佩恩（J. F. Payne）博士的幫助，我已把原來有關醫學部分的不能令人滿意的注釋變得特別令人可信。佩恩博士讓我們知道了，十九世紀的科學對洛克的建議會有什麼看法；由於他對醫學史有專門研究，他的注釋是更加令人感興趣的。

---

3 Henry Hallam（一七七七—一八五九），英國歷史學家，著有《中世紀的歐洲》、《歐洲文學引論》等。——譯注

4 H. R. Fox Bourne, *Life of John Locke*, 2 vols., London, 1876（《約翰．洛克傳》，兩卷本，倫敦，一八七六年）。本書中的縮寫F. B.均指此書。——譯注

洛克對他生前出版的《教育漫話》版本做了增補，這些增補的新內容在他生前並沒打算發表，是他逝世後才發表的，因此這本經典的原作，篇幅不會超過現在這個版本的三分之二；根據這些生前未發表的增補內容，我們可以看出他的興趣所在。我提供了一個一覽表，研究者可以從中看出原作的模樣。其中一些極重要的內容，例如：對公學[5]的批評，在原作中是沒有的。

一八八〇年三月十九日
於劍橋大學三一學院

5 public school，也譯作「公共學校」，指英國的私立寄宿制付費中學，屬於貴族學校，學生一般來自貴族或富裕的中產階級家庭。早期的公學一部分由王室創立，另一部分由一些富有的社會上層人士設立，為他們的子女提供教育，強調古典學科、公民責任和嚴格的紀律。因此，不要把英國的公學與美國地方政府辦的免費公立學校（public school）相混淆，其對立的不是私立學校，而是私塾和家庭教育。——譯注

導論——生平與評論

哲學家約翰·洛克於西元一六三二年出生在彭斯福德，一個距離布里斯托爾六英里的村莊。他在一生的大部分時間裡，儘管身體狀況一直欠佳，但還是活到了七十二歲，於一七〇四年秋天逝世。對他的早年生活，我們幾乎一無所知。與大多數偉人不同，他「受母親的影響」甚微。綜觀他的一生，在他身上理性似乎侵蝕了情感；這一點也許可以歸結爲缺乏女性的影響。我們對他母親一無所知；關於他的母親，他對朋友馬沙姆夫人[1]透露的唯有「一個虔誠的女性和富有愛心的母親」。家裡有兄弟兩人，約翰·洛克是長子，弟弟是小他五歲的湯瑪斯。母親可能年輕時就去世了，於是再沒有其他孩子。父親生性強勢，在那個動盪的年代，無論在工作中還是在家裡，都表現得很活躍；他原來的職業是律師，後來加入了支持國會的軍隊，成爲「洛克上尉」。

洛克上尉利用他在勝利一方中的影響，於一六四六年把兒子送進了威斯敏斯特公學，因

[xix]

1 Lady Masham，英國著名學者拉爾夫·卡德沃思的女兒，洛克晚年所寄居的家庭中的女主人，婚前曾與洛克有一段浪漫關係。參閱後面關於卡德沃思的注釋。——譯注

此，約翰·洛克在十四歲之前接受的始終是家庭教育，在十四歲之後轉而接受學校教育。[xx]在威斯敏斯特公學，他一直學習到二十歲，直至他獲得牛津大學基督堂學院的本科生學生資格。那麼，當英王查理一世站在斷頭臺上看到幾乎湧到學校大門口的群眾時，我們這位威斯敏斯特公學的學生，一個十七歲的青年，究竟心在何處呢？在以後的歲月裡，這位哲學家發覺，普通學校的課程存在著很大的問題。他引用塞內加的話說：「我們的學習不是爲了生活，而是爲了學問。」[2]但在他那個時代的威斯敏斯特公學，由於拉丁文學習所要求的各種詞尾變化和大量閱讀，使得學習生活也染上了讓人無法忽視的狂躁情緒和可怕悲劇。洛克至少從未沉浸於學校的課程；在威斯敏斯特公學和牛津大學學習時也並非安分守己。在洛克的時代，擔任威斯敏斯特公學校長的巴斯比（Busby）博士看起來的確就像是個「永恆的獨裁者」，[3]因爲從一六三八年至一六九五年，他整整揮舞了五十七年棍棒。在巴斯比博士統治下，拉丁文、古希臘文、希伯來文乃至阿拉伯文，都是學校的必修科目；伊芙琳（Evelyn）曾報導，在洛克進入牛津大學九年後，「我耳聞目睹，在威斯敏斯特公學選拔

---

2 原文爲拉丁文*Non vitae sed scholae discimus*，字面意思相當於英文We learn not for life but for the school。——譯注

3 原文爲拉丁文*Dictator perpetuus*。——譯注

學生進入牛津大學的考試中，需要用拉丁文、古希臘文、希伯來文和阿拉伯文來撰寫文章和當場賦詩，這種考試發生在如此年輕的人身上，其中有些人還不到十二或十三歲，眞讓我大爲震驚。可憐的是，他們在那裡如此嫺熟地掌握了的東西，當他們成人後，即便不會忘記也會止步不前，儘管許多人能夠繼續前進。」[4]根據這段話我們可以知道，洛克被選入牛津大學時，已遠遠超過了被選上的平均年齡。他晚年曾回憶過威斯敏斯特公學的生活，從中看不出有什麼愉快的記憶；其實他根本就不曾有過愉快的記憶。他對公學能夠爲生活提供良好準備的想法感到可笑；下面這段話反映了他對學校生活的一般印象：「那種終日與頑童爲伍、在擲球遊戲中學會相互爭鬥、在擲硬幣遊戲中學會相互欺詐的兒童，如何能夠適合於文明的交往或事業，我卻看不出來。」[5]也許，洛克像一百年之後另一個著名的威斯敏斯特公學學生、詩人考珀[6]一樣，生性羞怯，「不善於爭鬥」。這種類型的男孩並不多見；但在一個公眾輿論統領著學校的社會裡，與眾不同幾乎不可能是快樂的。

4　F.B.，第一卷，第二十二頁。——原注

5　本書正文第七十節。——原注

6　Cowper, William（一七三一—一八〇〇），英國著名詩人和讚美詩學者，浪漫主義詩歌的先行者之一。——譯注

與洛克同時代的一些人，例如：索思（South）和德萊頓，[7]發現爭辯的技藝畢竟不同於設陷，對日後的生活和事業還是很有用的；但洛克卻始終堅持認爲，辯論雙方的目標應該是達到眞理；而在那個時候始於中學並在大學達到完善的爭辯技藝，卻是爲了黨爭，甚至僅僅是出於個人意氣，並非一種值得追求的成就。

洛克對辯論的目的所持有的獨特看法，讓他對牛津大學必修的邏輯學課程感到厭惡。據報導：「由於公開辯論是爲了爭吵或排斥而不是爲了發現眞理，他從不喜歡在學校裡進行公開辯論，但也從不公開反對這種辯論。」可是，他在牛津大學的最初七年裡並不能自行其是，而那個清教徒時代的紀律又十分嚴厲。對於那個時候的本科生來說，牛津大學基督堂學院絕不像後來的那樣，是個令人愉快的地方。福克斯·伯恩先生給我們描述的當時一個學生的日常學習生活，一定會讓現在的學生感到震驚。洛克必須在凌晨五點就趕到教堂，除了禱告之外，常常還要聆聽布道。留有一小段時間用過早飯之後，他就要坐在教室裡傾聽教授們的講課，或者在學院導師[8]的指導下預備這些課程，一直聽到午飯時間。吃午飯時，除「古

---

7 Dryden, John（一六三一－一七〇〇），十七世紀後期英國最偉大的詩人、劇作家和文藝評論家，其王政復辟時期的作品帶有明顯的政治傾向，一六八一年年發表諷喻詩《押沙龍與亞希多弗》來支持國王。——譯注

8 tutor，指英國大學中本科生的輔導老師或英國貴族家庭中的家庭教師，不同於現在大學中的研究生導師（一

[xxi]

希臘語或拉丁語」之外，不得用其他語言說話。到了下午，則是另一門課程，然後是大學公開辯論和演講。在晚上，他得再次參加教堂禱告和布道活動，此後再趕到導師辦公室，進行個別的禱告活動並彙報一天的學習情況。這就是洛克於一六五五年二月獲得學士學位之前在牛津大學的生活模式。

對一個抗拒當時風行的邏輯學和哲學的人來說，這樣的生活確實是一件苦差事。洛克對他在牛津大學所學邏輯學的看法可見於本書的第一八八節和一八九節。至於他在牛津大學所學的哲學，他後來曾對朋友勒克雷爾[9]抱怨過，說「他在學習之初浪費了大量時間，因爲牛津大學當時知道的唯一哲學就是亞里斯多德的逍遙派哲學，夾雜著晦澀的名詞和無用的問題，令人困惑」。[10]的確，他覺得「他的理解力沒什麼提高」，後悔父親送他進了牛津大學，以致他開始擔心「他在知識上的不長進是由於他不適合或沒有能力當一個學者」。[11]

獲得學士學位之後，洛克在獲得碩士學位之前仍需修讀大學課程；不過不再需要導師的

般用supervisor來表示）。——譯注

9 Le Clerc, Jean（一六五七—一七三六），瑞士神學家和聖經學者，曾在法國和倫敦傳道，後在荷蘭阿姆斯特丹任神學教授。——譯注

10 F. B.，第一卷，第四十七頁。——原注

11 馬沙姆夫人，轉引自F. B.，第一卷，第四十七頁。還可參閱本書正文第一六六節。——原注

指導了，這使他有了一些自己支配的時間。他曾告訴馬沙姆夫人，他在主流哲學方面的進步緩慢讓他感到沮喪，「使他沒有成爲一個非常刻苦的學生，並促使他去結交愉快和機智的人，像他們一樣以書信交往爲樂，有好幾年他都把很多時間花在與他們的交談和書信來往中。」[12]

一六六〇年父親逝世，洛克作爲長子得到了一小筆遺產。至於小兒子湯瑪斯，我們就不了解了，只知道他在父親逝世後不久就死於肺結核。那時洛克已獲得碩士學位，並且獲得了基督堂學院的教師職位。他對王政復辟抱友善的態度，甚至有一段時間似乎克服了對牛津大學教學課程的厭惡，因爲此時他成了基督堂學院的導師以及古希臘文和修辭學的高級講師。他不再把牛津哲學的晦澀難懂歸因於自己缺乏領悟能力。他研究過笛卡兒，雖沒有成爲笛卡兒的追隨者，卻發現笛卡兒是完全可以理解的。洛克與笛卡兒有很多共同之處。正如洛克對自己在威斯敏斯特公學和牛津大學的學習生活很不滿意一樣，笛卡兒對自己在拉弗萊什（La Fleche）的耶穌會學校學到的東西也很不滿意，並且像洛克一樣，笛卡兒也被迫到社會中去尋找自己在學校找不到的智慧。洛克對哲學的興趣始於對笛卡兒的研究，但還要等待很多年，這種興趣才能使他轉變爲一個作者。

---

12 F. B.，第五十三頁。——原注

他此時對自己的職業選擇還猶豫不決。作爲牛津大學基督堂學院的一個高級學者，他本應按部就班地接受聖職，但他決定不成爲牧師；洛克雖然對《聖經》的敬重不下於路德，卻不知道這樣的猶豫當時也困擾著許多有哲學頭腦的人。有一段時間，他在究竟是投身於醫學研究還是投身於公共事務之間猶豫不定。一六六五年，他被任命爲英國駐勃蘭登堡公國的大使沃爾特·范內爵士的祕書，隨之去了克利夫。在他寫給國內朋友的一封有趣的信中，我們看到，他很高興能夠逃離牛津的生活。他說：「當我離開牛津時，我曾想要離開所有的大學事務；但盡我所能，卻仍然離不開那條軌道。」接著他報導了自己目睹的一些方濟各會修士的爭論。「主持人卓爾不群，這種卓爾不群表現得如此莊重，如此優雅，讓無知的我不僅再次開始欣賞邏輯，而且想不到『質料和形式上的絕對眞與某方面眞』[13]原來是如此輝煌的東西。……事實上，漂亮的剪羊毛技藝在這裡很常見，我們在牛津大學的論辯遠缺乏這樣的技藝，就像在『卡爾法克斯』不會使用『比林斯門』的言辭[14]一樣。不過，修士們理應珍惜這

[xxiii]

---

13 原文爲拉丁文*simpliciter et secundum quid materialiter et formaliter*。英文的意思是"what is true absolutely and what is true in a certain respect in material and form"，指人們在論證時需要區分無例外的範疇概括與容有例外的經驗概括，否則就會犯邏輯錯誤。——譯注

14 卡爾法克斯（Carfax）位於牛津大學城的中心，聖馬丁教堂的所在地，在洛克時代是牛津的宗教中心。比林斯門（Billingsgate）是倫敦最大的魚市場，位於泰晤士河北岸，該處以語言粗俗下流著稱。——譯注

種正在衰落的爭辯術，他們先是看護照料它，然後把它送往世界各地，讓它得到一種令人頭疼的無聊使用。」[15]我們在這些書信中看到，即便在那個時候，洛克已在思考他後來非常關注的貿易和鑄幣等問題。他尤其嘲笑了德國的鑄幣。他說，一麻袋胡蘿蔔，卻要收取兩麻袋的錢。

完成了這個使命後，他又有了去西班牙執行外交事務的任命；但他拒絕了，並返回牛津。他不是一個雄心勃勃的人，也許是他發現，他的健康狀況不能承受公共事務的消磨。他確信：「處身於這個世界的種種麻煩和虛榮中，唯有兩件事情能夠帶來眞正的滿足，那就是美德和知識。」[16]牛津大學爲他平靜地追求知識，特別是醫師科目的研究，提供了非常好的條件，因爲他的朋友波以耳[17]此前已經建立了有關的學校。所以他爲醫學研究放棄了外交事務；但不久發生了一件事，又將他推向公共事務和教育。

正如賀拉斯[18]告訴我們的，許多偉人都默默無聞，因爲我們找不到賦予其不朽的神聖詩

15 F. B.，第一卷，第一一五－一一六頁。——原注

16 同上，第一卷，第一三四頁；參閱第二卷，第三〇四頁。——原注

17 Robert Boyle（一六二七－一六九一），英國化學家和自然哲學家，英國皇家學會創始人之一，著名的波以耳定律的發現者，洛克的好朋友之一。參閱本書後面編者對一九三節的注釋。——譯注

18 Horace（西元前六十五－前八），古羅馬傑出詩人，主要作品有《歌集》和《書札》。——譯注

人。與此相反，許多並不偉大的人卻從未被遺忘，因爲他們是一些著名警句的主角和事實上的受害者。與理查．斯特拉坎爵士相互等待的查塔姆伯爵，其名聲就像他傑出的父親一樣，不太可能湮沒無聞。[19]不過在這種情況下，畢竟人們記住的與其說是他本人還不如說是他的名字；德萊頓所說的「亞希多弗」，[20]即第一代沙夫茨伯里伯爵，情況就是如此。人人都知道沙夫茨伯里伯爵這個名字，但只有他的傳記作者克利斯蒂（Christie）先生、以及極少幾個有耐心閱讀他的大厚本傳記的歷史學者，才對他本人眞正有所了解。其他人都是根據德萊頓和麥考萊[21]的描述對他形成印象的。德萊頓承認自己是一個黨爭者，並且知道自己不

---

19 斯特拉坎爵士（Sir Strachan, Richard John, 1760-1828），英國皇家海軍將領。查塔姆伯爵（2nd Earl of Chatham, John Pitt, 1756-1835），英國陸軍將領和政治家，父親老威廉．皮特赫赫有名，在十八世紀中期曾兩度擔任英國首相，弟弟小威廉．皮特也於二十四歲時就擔任英國首相。在一八〇九年的英法瓦爾赫倫島戰役中，擔任兩棲部隊司令的查塔姆伯爵與擔任海軍司令的斯特拉坎爵士相互賴皮和等待，導致進軍緩慢和戰役失敗，成爲英國歷史上的醜聞之一。——譯注

20 Achitophel（或Ahithophel），《聖經》中大衛王的謀士，以精明卓識著稱，後背叛大衛王，支持大衛王的第三子押沙龍（Absalom）反叛其父，但其反大衛王的建議未被押沙龍採納，因預見到押沙龍的失敗而自殺。——譯注

21 Macaulay, Thomas Babington, 1st Baron Macaulay（1800-1859），英國歷史學家、文學家和輝格黨政治家，德萊頓在其諷喻詩中以亞希多弗來隱喻沙夫茨伯里伯爵。——譯注

是在書寫歷史。麥考萊則常常認爲，自己只有在誇張說明一個警句時，才是在書寫歷史。洛克卻認識他本人並且對他非常尊重，這就可以證明，沙夫茨伯里不是一個應該被「所有成年人詛咒」的名字。一六六六年在牛津，有人把洛克介紹給當時還是阿什利勛爵的沙夫茨伯里伯爵。阿什利立刻看出，洛克不是一個普通的醫生，他與洛克的交往使他感到非常愉快，以致設法讓洛克以一個醫生兼朋友的不確定身分住在家裡。洛克在這個時候承擔了一個醫生的責任。阿什利由於從馬上摔下來，體內長了一個腫瘤。洛克動了一個精細的手術，在他身上插入一根銀管抽出膿液。手術很成功，因此阿什利勛爵相信，是他的這位朋友兼醫生救了他的命。

在這個家庭，洛克還要承擔更費心的責任。他對前三代沙夫茨伯里伯爵的生活都有很大影響。其中第一代沙夫茨伯里伯爵就是我剛才提到的「亞希多弗」；第二代沙夫茨伯里伯爵是一個空有頭銜無所作爲的人，洛克曾負責他的一部分教育，並一手承辦了他的婚姻大事。第三代沙夫茨伯里伯爵則是《人的特徵、風習、見解和時代》一書的作者康德，[22]他

其歷史學著作文筆優美，被視爲文學傑作。——譯注

22 第三代沙夫茨伯里伯爵是英國主要的自然神論者之一，其代表作《人的特徵、風習、見解和時代》在十八世紀的英國和歐洲大陸具有很大影響，蒲伯、J. 巴特勒、F. 赫奇遜、柯爾律治和康德都在某種程度上受過他的

是根據洛克的教育思想、受祖父教育長大的，儘管後來他的父親把他送進了威斯敏斯特公學。根據這位有學養的伯爵的描述，我們得知以下一些細節：「洛克先生最初進入我們的家庭時，我的父親是一個大約十五、六歲的年輕人。此後，祖父就將父親的教育完全託付給了洛克先生。父親是獨子，身體不太健康，這使得祖父出於家庭的考慮想讓父親儘快結婚。」[23]於是選擇妻子的任務全權交給了洛克，因爲洛克當時看起來已具備了足夠的道德品格，儘管有跡象顯示他的體質並不出色。洛克去了貝爾沃，「安排了」第二代沙夫茨伯里伯爵與拉特蘭（Rutland）公爵的女兒桃樂西・曼納斯（Dorothy Manners）小姐的婚姻，婚禮時雖然女方只有二十歲，但比她丈夫還大了三歲。[24]

不過在敘述洛克於沙夫茨伯里伯爵家庭裡的工作之前，我還應該提到他在牛津大學已經養成的一個習慣，即把自己對特別感興趣的問題的思考寫下來，只供自己閱讀。這種做法他持續了一生，他在晚年時（一六九八年六月）曾寫信給朋友莫利紐克斯[25]說：「我常常體驗

影響。——譯注

23 F. B.，第一卷，第二〇三頁。——原注

24 參閱本書正文第二一六節。——原注

25 Molyneux, William（一六五六—一六九八），愛爾蘭自然哲學家、政論家，英國皇家學會會員。——譯注

到，一個人自己的想法，如果還沒有將它們在紙上記下來或者把它們說給朋友聽，那麼就彷佛還沒有把它們拉出來在自己面前完全展開，是無法完全確定的。」當他於一六六七年離開牛津大學前往阿什利勳爵家時，已經留下了很多手稿，其中有些部分比他的詩歌——那是洛克在一六八六年之前唯一發表的東西，更加值得出版。以下這些話是他的第一位傳記作者金勳爵[26]從他的《雜論》（*Miscellaneous Papers*）中選出來的，很可能寫於早期，令人感興趣的是它們展示了洛克的生活理論。

「所以我覺得：

一個人的正當事務就是追求幸福和避免苦難。幸福是使心靈感到滿足和喜悅的東西，而苦難是讓心靈擾亂、憎惡或折磨的東西。

---

26 Lord King，即Peter King,7th Baron King（一七七六—一八三三），英國輝格黨政治家、作家，著有《洛克的生平》（*The Life of John Locke: with extracts from his correspon-dence, journals, and common-place books*，1830，1991）；其曾祖父Peter King, 1st Baron King（一六六九—一七三四）是洛克的外甥、遺產繼承人之一和遺囑執行人，一七一四—一七二五年任英國民事最高法院首席法官，一七二五—一七三三年任英國大法官。——譯注

因此，我將致力於尋求滿足和喜悅，避免不安和煩擾；盡可能多擁有前者，盡可能少擁有後者。

但是在這裡我必須小心避免犯錯；不要爲了短暫的快樂而犧牲長久的快樂，這樣顯然會破壞自己的幸福。

那麼，讓我來看看人生最長久的快樂究竟在於什麼，就我能觀察到的，它在於以下這些東西：

第一，健康——沒有健康，任何感官上的快樂都味同嚼蠟。

第二，名譽——因爲我發現，人人都喜歡名譽，缺乏名譽是一種長久的折磨。

第三，知識——因爲我發現，我無論如何都不會出售我擁有的一小點知識，也不會爲了其他任何快樂丟棄它。

第四，做好每件事情——因爲我發現，今天吃的美味，現在已沒了快感，不僅如此，我還因爲吃得太飽而感到不適了。昨天聞到的香水，現在也不再讓我感到愉快。但我昨天做的那件漂亮事情，哪怕一年以後，甚至七年以後，只要我回想起它，仍然會讓我感到快樂和高興。

第五，對存在於另一個世界上的永恆而不可理解的幸福的期望，也是一種帶來長久快樂的東西。

如果那樣，我會忠實地追求我要求自己得到的那種幸福，無論碰到什麼快樂，我必須小心注意，不可讓它破壞上面提到的五種巨大而長久的快樂中的任何一種快樂。

一切無害的消遣和娛樂，只要它們有助於健康，能夠改善我的健康狀況，以及其他任何來自知識和名譽的更加堅實的快樂，我都喜歡，但僅此而已；我要小心地審查，不讓自己受一種當下快樂的蠱惑而喪失較大的快樂。」[27]

住到阿什利勛爵位於倫敦的家裡之後，洛克與偉大的醫師西德納姆[28]進行了頻繁的交往。就像他不滿意學校教師或大學教授的傳統學問一樣，洛克也不滿意醫生的傳統學問；他和西德納姆開始運用培根的歸納法進行醫學研究。人們在他的手稿中發現，有一份標題爲

---

27 金勛爵，《洛克的生平》，一八二九年，第三〇四—三〇五頁。——原注

28 Sydenham, Thomas（1624-1689），十七世紀著名英國醫生，其撰寫的Observationes Medicae成爲標準的醫學教科書達兩個世紀之久，其眾多成就中包括發現以他名字命名的「西德納姆氏舞蹈病」，因此被譽爲「英國的希波克拉底」。——譯注

「醫術」[29]的手稿，對人們服從於假設的習慣進行了出色的反駁。他寫道：「實用技藝的運用和改進，它們對人類生活的幫助，都發源於勤勞和觀察。」但是「人，卻仍然假裝擁有某種神的能力，力圖用自己的想像力來提供自己觀察不到的東西；當他不能發現大自然構成的原理、過程和方法時，他就需要用思想來按照風尚塑造它們，給自己造出一個被人類智力所框定和支配的世界。」[30]因此可以得出結論說，最敏銳、最聰明的人都在習俗和教育的支配下從事空洞的思辨。洛克著重強調的一點是，這些思辨無論是否眞實都是沒有用的。「人的頭腦根據遠離經驗的思辨原理提出的想法，即便眞實，也大致是人們有時在他們喜歡稱之爲天堂的雲彩中看到的奇異圖像；他們所看到的東西雖然大部分是幻想出來的，至多是煙霧的偶然編織，但卻確實阻礙視力，模糊了視野；這些多彩的幻象雖然是太陽製造出來的，似乎是巨大光泉的眞實產物，但的確只不過是些黑影和雲霧；無論是誰，當他游移的目光固定在這些東西上時，所見的十之八九都出於自己看問題的方式。」[31]因此，從學問中是得不到什麼眞知的，「有些人能夠對食物的營養、配合和消化旁徵博引地進行爭辯，但仍然要廚師和

---

29 原文爲拉丁文*De Arte Medica*。——譯注

30 F. B.，第一卷，第二二五頁。——原注

31 同上，第二二四頁。——原注

家庭主婦爲他們做出美味大餐。」[32]尋常的學問配不上稱爲知識，「那些勤於耕耘和裝飾如此枯燥貧瘠的想法的人，其實是在致力於微不足道的目的；只不過他們現在是成人了，就可能有充分的理由重整自己在孩提時期製作的木偶，將它們變換成一些空洞的不切實際的想法——那只是些成人的幻想和想像力製造出來的木偶，無論如何梳妝打扮，經過四十年的培育後也依然是些無力、無用、不會活動的木偶。」[33]

我們在這裡看到了洛克在阿什利勛爵家裡的行醫原則。他完全離開了尋常的方法，乃至洛克在爲西德納姆論述小痘的著作撰寫的致阿什利勛爵的獻詞裡，覺得應該爲自己辯護。他寫道：「閣下，至少我認爲有理由讓你看到，我在你家裡做的，僅僅是我敢於擁有並公諸於世的做法；並且有理由讓我的同胞們看到，我在這裡告訴他們的，僅僅是我在最偉大最著名的人物之一的家庭中已經成功嘗試過幾次的療法。」[34]

洛克在教育實踐方面做了什麼，我們只能從差不多二十年後寫的這本《教育漫話》推斷出來；但，正如我們已經看到的，洛克在教育方面與在醫學方面一樣，沒有依附於已確立的

---

32 同上，第二二五、二二六頁。——原注

33 同上，第一卷，第二二六頁。——原注

34 同上，第二三二頁。——原注

方法，他無疑在兩個方面都進行了同樣大膽的創新。[35]第二代沙夫茨伯里伯爵的身體狀況此後有了很大的改進，但他在兒童時期並沒有嘗試過洛克的健體方法；而他結婚時還是一個青少年。在這種情況下，洛克至多只能確保他的兩大追求中的一個：「健康的身體，但缺少健全的精神。」[36]

在這段時期，洛克似乎打算以醫學爲終身職業，但他在阿什利勛爵家庭中的職務是非常多樣的，包括解決「卡羅萊納州政府」問題，所以他無法進入專業狀態；而且他在四十歲之前就患有咳嗽症，使他在此後的日子裡一直被病痛所折磨。正如他自己在這個時候所寫的，他的「體質非常不好」；而這種體質居住在倫敦是非常難挨的。由於洛克的這位朋友和贊助人的名聲和地位愈來愈高，他發現愈來愈需要洛克的服務。一六七二年，洛克在對法國做了一個短期訪問後，被當時已從阿什利勛爵一變而爲沙夫茨伯里伯爵的新任大法官任命爲「協助御前大臣處理聖職推薦的祕書」，年薪三百英鎊。洛克與這位貴族名人的關係至此始終是親密的。我們可以從洛克的談話筆記中看到這一點。有一次，阿什利勛爵邀請一些名人做客，除洛克外，所有人都坐在那裡玩牌。洛克拿了一支鉛筆寫東西，當阿什利勛爵問他

---

35 同上，第二卷。——原注

36 原文爲the *mens sana* was wanting *in corpore sano*。——譯注

忙些什麼時，他說：「我一直期待著參加這些傑出人士的聚會，毫無疑問我會從他們的談話中獲益。我現在已經將半個小時的所有談話都記了下來，讓我讀一讀它，這樣你就可以判斷，我是否如我希望的那樣從中獲益甚大。」然後他讀了一些對玩牌的小觀察。我們被告知，這使得遊戲突然結束了。洛克在這裡享有是否參與的自由。但自從他被任命為祕書開始，他所處的地位在我們看來是有損於如此偉大的一個人的尊嚴的。在任期期間，他需要參加每天早上七點和十一點、每天下午六點的禱告，以及每星期日上午的布道，還要參加「復活節星期天、白色星期天[37]和耶誕節的聖餐儀式」。當大法官乘馬車出行時，洛克與其他祕書都要在馬車旁隨行，「而當我的主人上下馬車時」，他們還要「脫帽走在前面」。[38]

不幸的是，由於洛克與沙夫茨伯里的關係，以及沙夫茨伯里當時對英國國王政策的服從，迫使洛克成為推動者，支持沙夫茨伯里大法官在一個名義上的基督徒參議院裡，發表為了促進「大不列顛的利益」而贊成與荷蘭開戰的有損名譽的演講，重演了異教徒的呼喊

37　White Sunday，發源於薩摩亞群島和東加的一個宗教節日，時間為五月和十月的第二個星期日，要在教堂舉行一些宗教活動來慶祝童年。——譯注

38　F. B.，第一卷，第二七九頁。——原注

「迦太基必須被摧毀」。[39]

但是，由於沙夫茨伯里在荷蘭問題上順從英國國王的意旨，無法採納「多佛條約」的政策，使得他於一六七三年十一月被解職。洛克由此失去了祕書的職位，不過仍然要做祕書的工作。第三代沙夫茨伯里伯爵寫道：「當我的祖父離開大法官的職位並開始處於危險之中時，由於洛克先生此前與他同甘苦，現在他們要共患難了。他委託洛克進行祕密談判，並在涉及可以公開的國家事務方面借助於洛克的手筆。」[40]此時，洛克還擔任著「英國外貿和殖民委員會」的祕書，名義上的年薪是六百英鎊，但洛克實際上並未拿到錢，這份工資雖然由查理二世確定並「蓋了皇家私章」，卻從未支付過。沙夫茨伯里設法爲他的朋友提供了一份金額適中、每年一百英鎊的年金，一直支付到洛克逝世。

一六七五年，洛克的健康狀況迫使他不得不尋求一個較溫暖的環境，他去了法國，在那裡度過了四年（一六七五—一六七九年）。從勞累、激情和黨爭的危險中解放出來後，洛克

39 原文爲拉丁語*Delenda est Carthago*，英文意爲“Carthage must be destroyed”，是西元前二世紀古羅馬與迦太基爭霸時以老加圖（Cato the Elder，西元前二三四—前一四九）爲首的主戰派在元老院發表演講時常用的一句口號，代表著不以和平條約而以消滅一切有威脅的敵人的戰爭來解決國際衝突的政策。這句話在文中被稱爲「異教徒的呼喊」，是因爲當時的荷蘭與英國國會都已被基督教新教所控制。——譯注

40 F. B.，第一卷，第二八五頁。——原注

再次轉向了較爲平和的抽象思想領域。在一六七七年春天從蒙彼利埃返回巴黎的路上，他寫下了對學習這一主題的一些思考，這些思考被金勛爵蒐集在一起，形成了一篇有價值的文章，它對那些探求洛克基本思想的人來說，是令人極感興趣的。[41]

在脫離政治的這段時間，洛克再次從事了教育活動。一六七七年初，他的贊助者和朋友「亞希多弗」在自己當時唯一能簽署日期的地方「倫敦塔」中寫信給他，要求他接受一個新的學生：「約翰·班克斯爵士是我的親密好友，他打算送兒子去法國旅行四、五個月。他兒子已經學會了法語，但很希望能見識一下法國人的行爲方式。約翰爵士打算讓理查·達頓爵士陪同照顧，送他兒子去巴黎待兩個星期，如果你願意，非常渴望由你來照顧他兒子。爲此，他懇求你去巴黎與他兒子會面，由理查·達頓爵士把他兒子送到你的手上。至於你的旅行費用，約翰爵士會支付，或者如他所說，付給你一個紳士應得的報酬。」這樣，洛克就從蒙彼利埃趕到巴黎，負責照料這個學生，那是一個商人的兒子，而這個商人，根據伊芙琳的說法，從小生意開始，「已累積了十萬英鎊的家產」。這一導師工作持續了近兩年，但我們不了解其中的任何細節。我們甚至不知道這個學生的年齡，不過由於「他已經學會了法語」，他很可能是一個十幾歲的青少年。他已到了學數學的年齡，但洛克發現他不懂最基本

41 見附錄一。原文如此，但根據附錄一和二的內容，此處疑有誤，應爲附錄二。——譯注

的邏輯學知識。正如我們所看到的，洛克對於辯論極端厭惡；不過洛克似乎已認爲，學習數學之前必須先學習邏輯學。他說，不懂任何邏輯學知識就學數學，「是一種我不知道如何去做的學習方法，在我看來不是很合理。」[42]從這一我們可以得知的通信中，我覺得國外遊學是一種「不考慮代價」的教育的最後階段。

洛克當時已在巴黎待了很長一段時間，由於與英國大使蒙塔古很熟，已結識很多人。根據他寫給波以耳的信以及他關於泡騰現象提出的問題——這種現象約翰·布朗醫生曾在自己所著的《閒暇時光》[43]中提請人們注意，我們可以看出，洛克主要都是與一些從事科學研究的人交往，他自己思考的也大都是醫學問題。他甚至爲英國大使夫人——即諾森伯蘭伯爵夫人看病，並且比法國醫生治療得更爲成功。

一六七九年，洛克陪他的學生在法國進行了一次旅行後（此外我們對這個學生就無所知了），最終被召回英國與沙夫茨伯里會合，這時沙夫茨伯里已不在倫敦塔中，而是風水輪流轉，再次上臺擔任國會議長。洛克聽從了召喚，但他很可能對事態變化的前景非常不

42 洛克致班克斯，參閱F. B.，第一卷，第三七八頁。——原注

43 原文爲拉丁文*Horae Subsecivae*，英文意爲Leisure Hours，是蘇格蘭醫生和散文家John Brown（1810-1882）所寫的著名三卷本文集，內容包括藝術、醫學史和生活趣聞。——譯注

樂觀。他寫信給一個巴黎朋友圖瓦納爾（Thoynard）說，自己「對回到祖國後的前景沒有感到任何快樂」。[44]這種不樂觀也許一部分是出自他的健康狀況。他曾寫信給梅普爾托夫特（Mapletoft）說：「我回去後如能像目前這樣修理維持我這所破屋，而根本不指望它有多大改善，就很知足了。」[45]他本來希望能夠擔任位於「主教門」[46]的格雷沙姆學院的醫學教授；但這個職位沒有空缺，於是洛克再次開始捲入政治漩渦，這次政治漩渦不久就把所有努力表現自己的人從短暫的巔峰拋到谷底。經過三年的密謀和反密謀後，大陪審團的那些「無知之人」挽救了新任國會議長的腦袋，接著他逃亡荷蘭，不久就死在那裡。[47]洛克很可能事先並不知曉支持蒙默思公爵的密謀；但他與沙夫茨伯里的關係是如此密切，王黨是如

44 F. B.，第一卷，第四〇九頁。——原注

45 同上，第四〇七頁。——原注

46 Bishopsgate，地名，位於倫敦金融區的東北角，原爲倫敦古城牆八個城門之一的所在地。——譯注

47 當時在英國仍然存在著新教與羅馬天主教的教派衝突，沙夫茨伯里站在新教的立場上密謀反對具有天主教徒身分的王位繼承人詹姆斯二世，並提出以查理二世的私生子蒙默思公爵爲王位繼承人，於一六八一年三月二十一日率武裝闖入國會，企圖強行通過拒絕詹姆斯登基的《排斥法案》。查理二世斷然解散國會，一六八一年七月再次將沙夫茨伯里伯爵逮捕關入倫敦塔，但十月經大陪審團宣告無罪。一六八二年沙夫茨伯里逃亡新教的荷蘭，次年去世。——譯注

此仇恨國會黨人，而當時的法律約束又是如此無力，使得再次旅居國外成爲一個謹慎的選擇，於是洛克於一六八三年也逃亡到了荷蘭，直到一六八九年他跟隨瑪麗女王[48]一起回到英國。

我們在描述洛克的國外流亡生活之前，先來看看他在英國的工作情況。在此我們不必關注他在政治方面的參與。事實上，在沙夫茨伯里失勢之前，洛克不僅需要考慮這位大人的公共事務，還需要始終考慮他的私人事務；其中老伯爵最感興趣的一項事務就是他孫子的教育。當孩子只有三歲時，老「亞希多弗」就讓孩子的父親完全脫離了對孩子的管教，從那時起直到祖父的逃亡和去世，這個孩子一直是在洛克的指導下長大的。洛克聘用了一位精通拉丁語和希臘語口語的校長的女兒伊莉莎白·伯奇（Elizabeth Birch）來擔任家庭教師。孩子無疑是透過口語來學習這些語言的——至少拉丁語是這樣；由於洛克在差不多二十年之後聲稱這是最好的學外語方法，也許這種方法的嘗試是比較成功的，就像蒙田[49]所說的一樣。但洛克從一六七五年到一六七九年一直在法國，在此期間他無法監督這種教學法的實驗。當時

48 Queen Mary，即Mary II of England and Scotland（一六六二—一六九四），英王詹姆斯二世的女兒、威廉三世的妻子，一六八八年「光榮革命」後成爲女王，與丈夫威廉三世共同成爲英國君主。——譯注

49 Montaigne，參閱本書後面編者對九十一節「蒙田」的注釋。——譯注

身處倫敦塔的祖父也許有了較多的時間來照顧孩子的教育，因爲他此時有比平常更多的時間來關注家庭事務。我們發現，他在一六七七年透過祕書指揮洛克在法國爲他尋找書籍：「『大人』希望你打探一下並轉告他，法國皇太子最初學拉丁文時所用的書籍是什麼，他知道有一些『語言入門』[50]類或口語類的拉丁文和法文的雙語書籍；他還想知道有關的語法書籍。他覺得最好是從出版法國皇太子閱讀的書籍的那兩家出版商打探這一點。」[51]當時那孩子六、七歲，洛克一六七九年回國時他差不多九歲了，此後在一六八三年洛克逃亡荷蘭之前的三年裡，他的教育完全由洛克負責。他們在克拉珀姆區找了房子，讓女教師伯奇與孩子住在那裡，洛克則不時地去看望一下。我們可以根據洛克寫給老伯爵的信中的一段話，來判定洛克參與教育的密切程度：「這一天我還沒有機會到城裡去伺候安東尼先生。」[52]這段話中的「安東尼先生」，就是撰寫《人的特徵、風習、見解和時代》的第三代沙夫茨伯里伯爵，他這樣描寫自己的早年生活：「我們的教育，洛克先生是根據他後來發表的自己的原則實施的，並且獲得成功，以致我們所有人整年都能保持強壯和健康的身體——我自己的身體

---

50 原文爲拉丁文*Janua linguarums*，英文譯爲The Door of Languages。——譯注

51 Stringer致洛克，一六七七年八月十六日；參閱F. B.，第一卷，第三七六頁。——原注

52 F. B.，第一卷，第四二四頁。——譯注

是最差的，但至今從未出問題。我是他特別照管的對象，作爲由祖父親自關懷和養育下長大的長孫，我的教育完全是在洛克先生的指導下進行的，他是我的再生父母，我對他負有最大的義務，因此我始終對他懷有最大的感激和責任。」[53]我不能同意福克斯．伯恩先生的地方是，儘管在這件事上最了解情況的人做了上述斷言，福克斯．伯恩先生卻仍然認爲，「沒有任何跡象顯示，除了這個長孫之外，洛克還對任何別人產生了影響」；不過在第一代沙夫茨伯里伯爵死後，洛克對第二代沙夫茨伯里伯爵就的確沒有影響了。安東尼先生不再根據洛克的原則受教育，他父親採取一個洛克無疑本來會努力去防止的步驟——把小夥子送進了威斯敏斯特公學。福克斯．伯恩先生推測說，作爲一個叛逆者的孫子，這個小夥子受到了男同學們的折磨；但在過去的公學中，一個被取締的貴族的孫子乃至兒子，其地位很可能比一個最富裕和受人尊敬的商人的孩子要高得多。然而情況也許是，就像洛克本人一樣，《人的特徵、風習、見解和時代》的作者似乎對他那個時代的常規教育很不滿意，他對那些「學究和學校老師」除蔑視之外沒有說過任何東西。

現在我們到了洛克一生中最爲困擾的時期。他年屆五十，身體狀況不好，前面還有六年的流放生涯在等著他，況且不是在氣候適合於他的法國，而是爲了安全的考量在荷蘭，

53 同上。——譯注

因爲荷蘭政府不會輕易放棄他，或如事實證明的那樣，當英國政府要求拘捕他時，荷蘭政府無論如何也不會輕易地去拘捕他。沙夫茨伯里逃亡後，洛克最初似乎希望自己可以隱居在牛津。在注明一六八二年十月二十四日的日期下，他的大學同事普里多（Prideaux）寫道：「約翰．洛克非常安靜地與我們住在一起，他心裡究竟在想什麼，他一字不漏，現在他的主人逃亡了，我想我們大家會把他留在這裡（即基督堂學院）。他似乎是一個很好的對話者，我們相處得很融洽（原文如此）。[54]至於他究竟是一個什麼樣的人，他既然不想讓別人知道，我們彼此之間也就不談這個。」[55]但是洛克的謹言慎行並沒有讓自己覺得在英國是安全的，因此於一六八三年秋天渡過英吉利海峽跑去荷蘭避難。查理二世發現他抓不到洛克，便盡其權力做了他能做的不光彩勾當，其行事方式更加印證，洛克不相信法律能夠保護自己是正確的。查理二世逼迫院長（即費爾博士，其眾所周知的不受歡迎仍然是一個謎）剝奪了洛克的大學教師職位，由此結束了洛克與牛津大學的關係。

從一六八三年到一六八五年，洛克在荷蘭各地旅行，並結識了很多學者，尤其是在萊

54 原文爲we have of him with content。——譯注

55 《亨弗萊．普里多致約翰．艾理斯的信件》，E. M. Thompson編輯，Camden協會，一八七五年，第一三四頁。——原注

頓。但在查理二世死亡和蒙默思反叛事件[56]之後，一份列有八十四個「企圖殺死詹姆斯二世的叛逆者和密謀者」的名單被送到荷蘭政府，而這個名單上的最後一個人是洛克。

於是洛克不得不在一段時間內把自己隱蔽起來，只有兩、三個朋友知道他的下落。彭布羅克伯爵和威廉·佩恩曾懇求國王赦免洛克，詹姆斯也承諾，如果洛克回到英國就可獲得赦免；但洛克回答說，自己「沒有犯罪，因此不需要赦免」。不過國王在一六八六年還是頒布了赦免令。

洛克現在又可以自由活動、與朋友們聚會了。在他新結識的朋友中有一個名叫勒克雷爾的日內瓦人，在用拉丁文通信的日子裡也常常被稱為Clericus。洛克的這位新朋友勒克雷爾鼓動洛克為他主編的一份雜誌《世界和歷史文庫》（*Bibliotheque Universelle*）撰稿，因此在五十四歲時，洛克開始向世界發表他的想法。福克斯·伯恩先生描述了這一變化：「到目前為止，我們發現他主要是一個學者，但從此以後，我們將發現他雖然仍是一個謙遜而辛勤

56 一六八五年二月六日查理二世逝世，其胞弟約克公爵詹姆斯二世繼位成為英國國王。由於詹姆斯二世是一個羅馬天主教徒，其王位受到了英國新教徒的反對。在此背景下，查理二世的私生子第一代蒙默思公爵James Scott聲稱自己才是英國王位的合法繼承人，於一六八五年六月起兵反叛，試圖取代詹姆斯二世，但最終兵敗被殺。——譯注

的學者，卻主要又是一個著作家；他對著述非常熱心，以致他此後的十八年餘生沒有給他留下足夠的時間，來傾吐他逐年積累起來的全部成熟想法，更來不及傾吐當他的身體衰老之後仍然年輕活躍的心靈所形成的全部新想法，爲世界提供了指導。」[57]使洛克名聲卓著的偉大著作《人類理智論》，[58]當時已經寫了多年，已接近完成。它的一個摘要出現在勒克雷爾主編的《世界和歷史文庫》中。他的另一部著作，當時雖然尚待推敲，作者甚至並不知道自己正在寫作此書，但如事實證明的那樣也具有同等的重要性，並且在這流亡的幾年裡有了進展。洛克從他最初居住在牛津開始，就是一個偉大的書信作者。現在我們已不知道如何寫信了。已故的羅蘭．希爾（Rowland Hill）爵士摧毀了大多數人心目中的書信概念，雖然他只是給了書信「致命的一擊」；由於鐵路的普遍發展，書信的做法不能長久存在下去。但在那些日子裡，朋友們很少會面，書信的傳遞由於郵費高昂加上也要間隔很長時間，但它卻是希望交流彼此想法的人們的一般溝通手段。洛克在英格蘭有一個朋友，即住在湯頓附近的奇普

57 F. B.，第二卷，第四十五—四十六頁。——原注

58 *An Essay Concerning Human Understanding*，洛克的最重要哲學著作，國內目前通常譯爲《人類理解論》。——譯注

利的愛德華．克拉克[59]先生，他急切地希望在兒子教育問題上得到洛克的指導；由於洛克對教育問題已累積了很多想法，就從荷蘭寫了一系列關於這個問題的書信，洛克回到英國四年後，朋友們鼓動他以《教育漫話》爲書名出版了這些書信。無疑，這些書信寫得比平時更加精細，因爲作者在寫作時有一個想法，那就是以後可以用它們爲素材寫一篇文章；但在寫作時（用洛克自己在一個類似的場合的話來說）卻「使用了這樣的風格，即當一個人在尋求眞理而非裝飾、研究的目的僅僅是爲了走在正確的道路上而能夠得到別人的理解時，隨意地寫給朋友的。」[60]由於他後來發現沒有時間把這些書信改寫爲規範的文章，便只好以《教育漫話》爲名發表它們。他很喜歡這本著作，生前不斷對書的內容進行增補。但作爲一部學術著作，其不規範和拼貼式的寫作結構使其受到了很大的損害：遣詞造句往往很隨意、書的篇幅不多卻含有很多令人厭倦的重複。但當洛克這樣的偉人用心於一個重要的主題時，人們感興趣的只是其內容；而迄今爲止，《教育漫話》始終還是理解爲唯一的英語教育學經典。現在

---

59 Edward Clarke（一六五〇—一七一〇），英國政治家，一六九〇—一七一〇年任英國下院國會議員，一六九四—一六九九年任英國稅務專員，經常在英國國會鼓吹洛克的政治觀點和貨幣政策；其妻瑪麗．傑普（卒於一七〇五）是洛克的親戚，《教育漫話》一書源於他向洛克請教兒子的教育問題。——譯注

60 F. B.，第二卷，第一八九頁。——原注

也許只有赫伯特・斯賓塞先生爲我們提供了第二部這樣的著作。

洛克在流亡荷蘭的後期居住在鹿特丹，並經常與居住在海牙的威廉親王和瑪麗公主交往。他們兩人都敏銳地看出了洛克具有的眞實價值。這一點，正如我們會看到的，不久就爲威廉親王的舉動所充分證明，他爲洛克提供了英國駐外大使中最高和最重要的職位之一，後來的這位國王還以皇家的禮遇派人邀請洛克以求指導，那次旅程差點讓洛克付出了生命的代價。

接著爆發的革命讓洛克回到了英國，借助於自己對歐洲思想的影響，洛克很快就在英國革命與歐洲大陸之間建立起了一個主要的思想紐帶。回顧在荷蘭的五年半生活，洛克寫信給他的荷蘭友人林伯克（Limborch）說：「我不知道我生命中的這麼長一段時間怎能在其他地方過得更爲愉快。確實無疑的是，生活在其他地方不可能有更大的獲益。」[61]事情並不新奇。命運女神企圖讓洛克倒楣，結果卻對他做了一件好事。「**命運女神無法抗拒**」。[62]她讓洛克去休閒，卻幫助他從一個貴族的私人祕書轉變成了那個時代最偉大的人物之一。洛克攜帶著《人類理智論》的手稿，懷著「在周圍簇擁著戰艦和海盜的雄壯陪伴下渡過海峽」的愉

---

61 同上，第八十五頁。——原注

62 原文爲拉丁文*Illa premendo sustulit*，英文可直譯爲She was picked up by pressing。——譯注

快心情，與瑪麗女王一起從鹿特丹起航，並於一六八九年二月十二日在格林尼治登陸。

威廉在他宣布成爲英國國王的一個星期內，就力邀洛克擔任英國駐普魯士王國的大使，但洛克拒絕了。他拒絕的主要理由是他的健康狀況。「如果一個人有時過段時間就呼吸不順暢無法說話，晚上只要有一、兩個小時睡不著就得浪費第二天的大量時間去彌補，那麼當需要他在那裡等著處理公務、應付各種會面時，他該怎麼辦呢？」他的第二個理由更加有趣，洛克覺得，與勃蘭登堡選侯（即要到十二年後的一七〇一年才產生的「普魯士國王」）打交道的大使應該是一個喜歡烈酒的豪邁男子或至少能夠吞下烈酒，而自己缺乏這個必不可少的資質。他寫道：「我想，無論我自己可以在那裡做什麼，至少我的一半公務是要知道別人在做什麼；我知道世界上沒有一種拷問臺，能夠像一個擺弄得當的酒瓶那樣掏出人的心裡話。因此，在這種情況下，如果要我來建議，我倒是覺得，派一個同樣品性且能喝酒的人，要比派王國中最清醒的人，更有助於國王的利益。」[63]

然而，英王並沒有被說服讓洛克去過平靜的日子。如果克利夫和柏林太冷了，他是否願意去維也納呢？或者他是否願意自己選擇一個職位呢？但當時洛克正忙於巨著《人類理智論》的出版準備工作，不會因爲別人給他戴戴高帽子就去從事外交事務。他想儘快出版這部

63　洛克致莫當特勛爵，一六八九年二月二十一日，轉引自F. B.，第二卷，第一四六頁。——原注

著作，盡可能少耽擱時間，一六九〇年初，書終於送到了書商手中。

我們現在已來到了洛克生命的最後一個階段——即他流亡回國後的十五年時期。在這段時間裡，洛克能做他先前從未做過的事情，並在一個安定的家裡度過餘生。這個家其實不是他自己的家，但對於一個單身漢來說，它比自己的家更好。在此之前，洛克和卡德沃思[64]一家，包括著名著作家拉爾夫·卡德沃思、他的兒子湯瑪斯和女兒達默里斯，就已相熟多年。女兒現在成了法蘭西斯·馬沙姆爵士的第二任妻子和撒母耳·馬沙姆的繼母，其繼子撒母耳·馬沙姆又成了馬沙姆勛爵，並透過與安妮女王的最愛阿比蓋爾·希爾（Abigail Hill）結婚，確保了自己的名字在英國歷史上占有一席之地。撒母耳·馬沙姆爵士是郡議會議員，住在位於海拉沃（High Laver）教區的奧茨，離埃塞克斯的奇平昂加（Chipping Ongar）大約有四、五英里的路程。洛克的健康狀況使他幾乎不可能居住在倫敦，尤其是在冬天，所以他最終與朋友一起居住在奧茨。洛克透過分攤家庭的開銷而獲得了自己的獨立性，從而以作爲朋友家的家庭成員度過餘生的。我已說過，這段時期洛克過著著作家的生活，筆耕不輟。除了學術工作外，洛克還擔任過一些政府職務，因此經常要去倫敦。從他返

64 Cudworth, Ralph（一六一七—一六八八），英國古典學者、神學家和哲學家，劍橋柏拉圖學派的領袖之一。——譯注

回英國開始，他一直擔任著事務不多的「上訴專員」一職；從一六九六年到一七〇〇年，他又擔任了一個新設立的「英國貿易和殖民委員會」的專員一職，由於這些職位，他對我們現在所謂的政治經濟學問題進行了大量思考。

不過，我們不得不將自己的論述限制在學術地位較低的教育領域。我們已經看到，洛克在荷蘭居住期間就已把他對教育問題的主要想法寫成了一系列給克拉克先生的書信。在奧茨，一個新的實驗機會復活了他對教育的興趣。馬沙姆夫人的家庭有兩個孩子，一個是繼女埃絲特，年屆十六歲，另一個是她自己的兒子弗蘭克，年約四、五歲。自洛克住進這個家庭後，弗蘭克．馬沙姆就是根據洛克的健體思想教育長大的，並且如我們所知，有了良好的結果。洛克不是一個只把研究和圖書資料加以理論化的學究；他喜歡將自己的新設想付諸實踐。即便在流亡荷蘭期間，洛克也還對鹿特丹一個貴格派商人的小兒子的教育付出了極大的精力，以致多年後第三代沙夫茨伯里勛爵在談及此事時，將這位名為阿倫特．弗利的年輕人稱作「洛克先生的『養子』」。現在，在洛克先生的「養子女」家族中，又增添了弗蘭克．馬沙姆；無疑，這種養育參照了致愛德華．克拉克的書信，貫徹了信中提出的培養計畫。此時，洛克已透過信件與愛爾蘭紳士威廉．莫利紐克斯建立起了鞏固的友誼。經過了長達六年的持續通信後，莫利紐克斯終於來到奧茨與洛克會面，在奧茨度過了幾天；但他卻在當年返回愛爾蘭後不久突然逝世了。通信是由洛克於一六九二年七月發起的，我們發現，在通信的第二年，莫利紐克斯就敦促洛克發表他的教育思想。他寫道：「我弟弟曾告訴我，當他在萊頓有幸認識你時，你在從事一項教導方法的研究工作，這項工作也是應一個溫柔的父親的請求，爲用於教育他的獨子所做的。因此，仁慈的先生，我要嚴肅認眞地懇請你，在你完成它之前，絕不能放棄這個無限有用的工作，因爲這樣做對所有人，特別是對我這個完完全全的朋友來說，都有著巨大的好處。……對我來說，沒有任何事情比這樣的期待更能讓人接受，這也是出於以下理由：我在這個世界上只有一個孩子，現在差不多四歲了，很有發展前途，他母親走的時候很年輕，把他留給了我，因此（我必須承認）我的感情大多放在他的身上。上帝會感到高興的是，祖先留下的傳統沒有使我去煞費苦心地爲他提供財富，而讓我去致力於研究，爲了他此生和來世的幸福，如何在他的頭腦中積聚起一座知識的寶庫。因此我常常在思考教導他的方法，以便最好地達到我的這一目的。現在，我欣喜萬分地希望，能夠從你的方法中獲益良多。」[65]在這裡我們看到，莫利紐克斯落入了一個普遍的陷阱，即認爲教育應當考慮的主要事情是讓頭腦中擁有一座知識寶藏，而這本書卻正是要揭露這個錯誤。三個星期後（一六九三年三月二十八日）洛克寫信告訴他，因他的要求，書稿已送至出版商。「你弟弟在這種情況下告訴你的，並沒有完全離題。我現在要發表的主要內容，只是我持續寫給一個朋友的幾封書信的內容，其中最大的一部分是在荷蘭寫出的。你弟弟是

65 W. 莫利紐克斯致洛克，一六九三年三月二日。——原注

如何知道這件事的，我已完全記不得了，我也不記得我曾在何處對任何人說過此事。這些書信，或者至少是其中的一部分，已經給我在這裡的一些朋友看過，也許需要他們來說服我，發表它們是有益的。我向你保證，你急於看到它們，使我抓緊了時間，克服了遲疑不決；我現在希望它們能夠發表，讓你可以儘快看到它們，也讓我可以儘快地獲知你對它們的看法。我還不知道是否應當把我的名字署在這本書上，因此也希望你不要透露作者姓名。你看，我已把你當成了我的懺悔牧師，因爲你已讓自己成了我的朋友。」[66]這本書最初出版時確實沒有作者署名；但沒人試圖保守祕密。科斯特[67]在他於一六九五年出版的法譯本前言中說，這本書的作者眾所周知是「偉大的哲學家洛克先生」，而洛克自己則在後來的版本中致愛德華·克拉克的獻辭信上署上了自己的名字。

作者希望他的朋友提出公正無私的批評意見；因此在下一封信中，莫利紐克斯對洛克提出的規則「兒童不應該要什麼就給什麼，更不應該給他們哭喊著要的東西」表示了異議。像大多數請求批評的人一樣，當別人眞的提出批評時，洛克看來並不感到高興。他堅持捍衛他

66 洛克致W. M.，一六九三年三月二十八日。——原注

67 Coste, Pierre（一六六八－一七四七），法國神學家、翻譯家和作家，曾擔任馬沙姆勛爵家的家庭教師，與洛克住在一起，並將洛克的《人類理智論》和《教育漫話》等著作譯成法文。——譯注

所寫的一切，並且充分利用了批評者在說明中出現的不準確之處。莫利紐克斯對洛克的解釋表示滿意，但他的反對意見導致洛克在第二版中更詳細地解釋了自己這方面的觀點。

莫利紐克斯的書信中有很多內容是談教育的。他在嘗試洛克的教育方案的過程中，很自然地在確保要有模範導師的問題上遇到了困難。他寫信請求洛克的幫助，並對導師的待遇作了說明，我們得承認，這樣的待遇在那個時候應該是很好了，但我們不應當認爲，它好到足以從英格蘭那麼遠的地方聘到模範導師。莫利紐克斯寫道：「他可以與我在同一張餐桌一起進餐，並且在我家的漂亮套房內住宿、洗澡、享有爐火和燭光；除此之外，我還會每年給他二十英鎊。」[68]然而能夠被這些話打動的人，看起來不會是一個英格蘭人，而是一個蘇格蘭人；於是洛克回覆說：「現在在這裡，蘇格蘭人在這個職業方面的聲望已遠遠超過了我們英格蘭人。」[69]不論如何，莫利紐克斯終究聘到了一名家庭教師，但不是在那麼遠的地方。洛克自然急於知道實驗的進展情況，而良好的報告讓他感到滿意。一六九五年七月二日他寫信給莫利紐克斯：「我非常高興聽到你發現我的方法已對你的兒子產生了一些良好的效果，我很想知道一些細節；雖然我看到這種方法已在我居住的那個家庭的孩子身上有了成果（他母親在自己還不懂拉丁語的時候就開始教他拉丁語），但我仍然很想看到其他成功的例子；因

68 W. M. 致洛克，一六九四年六月二日。——原注

69 洛克致W. M.，一六九四年六月二十八日。——原注

爲我聽說，有些人不能忍受這個世界上有什麼東西應當用一種新方法修補一下，所以反對我的教育方法不切實際。但我可以向你保證，上面提到的孩子（即弗蘭克・馬沙姆），到去年六月時只有九歲，卻已學會用拉丁文熟練地進行閱讀和寫作了，現在正和他母親一起閱讀庫爾提烏斯[70]的作品；他能夠很好地理解地理、年表以及哥白尼的太陽系旋渦學說，並能舉一反三提出一點分析；而爲了這一切，孩子從沒有因學習挨過一板子。書的第三版現在已出，我已讓邱吉爾先生[71]給你寄一本，希望他此前已經寄送。我期待你對增添的內容發表意見，這些意見已經大大增加了書的分量。」[72]莫利紐克斯回覆時對「自己那個小男孩的進步做了簡要的描述」。我們自然很想知道哲學家對此的看法。他一定感到，莫利紐克斯在試圖貫徹他字面上的指導時，卻錯失了它們的精神，《教育漫話》最終可能會無辜地成爲這個世界上「**頑劣兒童**」[73]氾濫成災的原因。這就是洛克發現他要爲此承擔責任的事情。莫利紐克

70 Curtius, Quintus，西元一世紀時期的古羅馬歷史學家，其唯一流傳下來的著作是《亞歷山大大帝的生平和時代》。——譯注

71 Mr. Churchill，出版洛克著作的書商，參閱本書「前言」。——譯注

72 洛克致W. M.，一六九五年七月二日。——原注

73 原文爲法文*enfant terrible*，英文的對應詞爲"terrible child"，意爲：（說話行事）使大人難堪的孩子、發奇問而無忌諱的兒童、缺乏責任心的人。——譯注

[xlii]

斯寫道，「我的小男孩大約在去年七月中旬滿六歲了。當他快滿五歲時，他就能熟練地閱讀了；並能在地球儀上尋找和指出世界上所有聞名的地方，無論是國家和城市還是大陸和海洋：到五歲半時，他已能處理地球儀上許多最簡單明瞭的問題；例如：經度和緯度、南極和北極、以及與這些地方和各個國家相關的時間問題，而這些知識都是透過遊戲和娛樂的方式得到的，沒人教他，更沒爲此打罵過他。大約在同一年齡，他還能讀出任何不超過六位數的數字，隨你在其中插入幾個零。到六歲時，他已能靈活地使用指南針、尺和鉛筆，能夠完成許多小的幾何技巧，並進而學習寫作和算術；至今他學拉丁語大約已有三個月了，我讓他導師盡可能按照你所說的方法指導他學習。現在他已能讀報了，並能在桑松[74]大地圖上展示大部分著名的地方，然後再轉用一般的地圖進行說明。他見過一些狗的解剖，並能對解剖學的整體脈絡做出一點點說明。至於他心靈的塑造，雖然你正確地指出過，它是教育中最有價值的部分，但我不相信，任何一個孩子都能恰當地控制自己的激情。他聽話，特別守規矩，同時精力充沛、愛玩、活躍。」[75]

洛克始終認爲自己「有義務做些事情」，這使得朋友們敦促他再寫一些東西。莫利紐克

---

74 Sanson, Nicolas（一六〇〇—一六六七），法國製圖師，被譽爲「法國地圖製作之父」。——譯注

75 W. M. 致洛克，一六九五年八月二十四日。——原注

斯這位朋友就建議他再寫一本論述道德的著作，但他回答說：「你信中給我的建議，彷彿墨水對我有一種魔法作用，就像義大利人所說的膠泥對人有一種魔法作用一樣，一旦染指，便永遠無法擺脫。我承認我一直認爲，自己對一些課題有了足夠的關注後，無論有什麼看法，它們都值得以不同於想像的方式去加以處理；但這些課題需要比我更有能力的頭腦和更爲強壯的身體去把握。此外，當我反思我寫的東西時，我不知道，在這個美好的批判時代，同時也是敏銳的學識豐富的時代，我迄今爲止所說的東西是否都是些大膽的胡說。我說這些，不是爲一種懶散的生活找藉口，我不想在我爲時不多的餘生中過這樣的懶散生活。我覺得，每個人都必須按照上天賦予他的使命爲公眾利益盡力，否則就沒有權利吃飯。」[76]

無疑，正是這種致力於公眾利益的高度責任感，促使洛克接受了國王任命的「國家貿易和殖民委員會」專員的職位。但我們不得不略過他在這個職位上所引發的非常重要的作用，而僅僅論述他爲窮人子女的教育提出的建議，這些建議雖然從來沒有得到過貫徹，卻引起了教育史研究者的很大興趣。他爲所有三歲以上的窮人孩子設計了一種「工讀學校」性質的培訓，讓他們在「工讀學校」中工作吃飯，儘管飲食簡單地限於麵包，「此外，如果覺得需要，在寒冷的天氣還可以不費事地利用房間裡取暖的爐火，除麵包外再給他們添加一鍋熱

76 洛克致W. M.，一六九四年一月十九日。——原注

稀飯。」在這個計畫中我們可看到一些基本的「強制」觀念。「如果發現不到十四歲的男孩或女孩離開自己的住所出外乞討，若乞討的地點位於所住教區五英里範圍之內，便應當把他們送到附近的工讀學校，在那裡受到足夠的督促，令其工作到傍晚，以便他們在離開時有足夠的時間於當晚被送到他們的居住地。若他們乞討的地點位於所住教區五英里範圍之外，則應當把他們送到臨近的教養所，在那裡連續工作六個星期，六個星期後如再發現乞討，下一次的教養時間就要更長。」[77]這些「工讀學校」的計畫篇幅太長，無法在這裡全部引用，我將它收錄在附錄中。[78]

關於洛克的書信來往，這個概論不打算做出一般的說明，但我必須提到，保留下來的洛克書信中有一些是與我們現在稱之爲以撒爵士的「牛頓先生」來往的。在這些書信中，洛克表現得要比那個較年輕，但現在也更著名的哲學家更爲優秀；因爲如牛頓自己所說，他「由於過於經常在爐火旁睡覺，養成了一個不良的睡眠習慣」，即不睡覺的習慣；他曾經在兩個星期不睡覺後，對洛克做過一些貶損性的評論，稱洛克爲一個霍布斯分子並祝願他死

77 F. B.，第二卷，第三八一頁。——原注

78 附錄二。原文如此，但根據附錄一和二的內容，此處疑有誤，應爲附錄一。——譯注

亡。事後（一六九三年九月十六日）他寫信給洛克通報了情況並請求原諒。[79]

一些更為令人愉快的書信揭示了牛頓與洛克去奧茨和劍橋的互訪。一六九二年五月三日牛頓從劍橋寫信給洛克說：「鑒於壞天氣差不多快要過去，我在這一、兩封信的時間裡一直希望在這裡見到你，你會受到我最熱烈的歡迎。我很高興你勸阻了我，因為我現在希望儘快見到你。你可以方便地在『玫瑰小酒店』或『女王紋章客棧』下榻。」[80]洛克去了劍橋，他受到的歡迎似乎就是選擇自己住的酒店。在認識到《人類理智論》的重要性方面，英國的大學表現得很遲鈍。一六九六年夏天，洛克得知他的這本著作開始在劍橋大學獲得了一些賞識，他說：「我想，在它出版後的幾年裡，劍橋幾乎還沒人讀過。」[81]

為了讓讀者能夠理解洛克與教育的關係，我對他的生平已做出了足夠的（也許是多於必要的）說明，現在我要儘快結束這樣的說明。儘管洛克健康狀況不佳，他仍然活到了七十二歲，在他筆下我們可以看到，他對在奧茨度過的某一天所做的愉快描述，他原本預測每個

[xlv]

79 關於牛頓與洛克的書信來往，尤其是其中對牛頓如何在直視太陽的實驗中差點喪失視力的令人感興趣的描述，參見金勛爵的《洛克的生平》（一八二九年版），第二二〇頁以下。——原注

80 F. B.，第二卷，第二三二頁。——原注

81 洛克致W. 莫利紐克斯，一六九六年七月二日。關於《人類理智論》在牛津大學的遭遇，參見洛克致W. M.，一六九五年四月二十六日。——原注

冬天都會是他的最後一個冬天。一六九八年一月，洛克從奧茨寫信給他的朋友莫利紐克斯說，他已從倫敦逃離，回到了自己「慣常的避難所，在更怡人的空氣中享受這裡的退休生活」。他接著說：「當我安靜地坐著時，我能讓肺部持續受到的壓迫得以緩解，但我發現肺部仍然很虛弱，只要我稍有動作，就會立刻喘不過氣來，甚至穿衣服或脫衣服都是一件不得不在此後休息一陣才能恢復呼吸的辛苦活兒；我這次回來後，一次也沒有跨出過房門。但我還是希望，你能在這裡和我坐坐，看看我過得多麼好：因爲你會發現，坐在爐火旁，我仍然能夠高談闊論，開懷大笑，就如同我平時的生活一樣。如果你在這裡（如果願望多一些就可以把你招來，讓你今天就坐在這裡），那麼你會發現，午飯後客廳裡會有三、四個人，你會說，他們下午過得愉快而歡樂，你若遇到了任何這樣的人也會度過這一美好的下午。所以不要對自己推測，我正在一種不愛交往的沮喪中和虛弱身體的重負下度過我最後的時光。的確，我對餘生沒有奢望，但感謝上帝，我在這裡的一天二十四小時內沒有多少不安的時刻；如果我能夠擁有讓自己擺脫倫敦那令人窒息的空氣的智慧，那麼，靠著神的恩典，我看不出任何理由不能度過這個冬天，我自己這個可怕的敵人對我的折磨也不會比上次更糟糕，那次折磨儘管厲害並且漫長，還是讓我見到了另一個夏天。」82

82 洛克致W. M.，一六九八年一月十日。——原注六個冬天對他來說已足夠，他在第七個冬天到來之前過世了。一七〇四年十月二十七日，他覺得自己已走到了盡頭。他對瑪莎姆夫人說：「我在這裡的工作差不多要結束了，爲此我要感謝上帝。我也許今晚就會死；最多不會活過三、四天。你做晚禱時請不要忘了我。」他說得不錯。第二天他非常平靜地走了。

如果我們可以對洛克的《教育漫話》或其他作者的教育思想做一個分析，那麼我們會發現，它們都有三個來源：㈠有些來自作者自己的經驗；㈡有些來自他人的建議；㈢有些則來自作者自己的思考，這種思考力圖根據正當理性的原則開闢出一條道路。

㈠我們自己所受的教育當然會對我們產生很大的影響。在某種程度上我們能夠意識到這一點。當我們思考教育問題時，我們都會回顧自己的青少年時期，並認爲，我們記得的某些東西是值得仿效的，而其他一些東西則應當加以避免。改革者必定會感到，他們自己所受的教育和一般的教育，大多是錯誤的。正如洛克所說，他們不同意要自己在童年時期就進行寫作的傳統做法。[83]但他們又到處推薦自己父母或老師的某種做法。一個很好的例子是，洛克向父親們建議，最初要以某種嚴厲的態度對待自己的孩子，而隨著孩子慢慢長大，對孩子

[xlvi]

83 參閱本書正文第三十九節。——原注

的態度就應變得較爲親切和藹。通觀全書，總能發現他自己的經驗所產生的負面例子的影響。我們自己的經驗所產生的影響，常常要比表面看到的更爲強烈。當我們的心智看似在一條直線上自由地向前運動時，事實上卻常常會在暗中受到我們不喜歡的某種東西的抵制而發生偏轉。例如，洛克年少時在威斯敏斯特公學的學習生活很不快樂，雖然他的心智極其公正平和，我們卻發現，他不愉快的記憶使他看不到自己在公學中所受培訓的良好一面。

㈡和㈢即便是心智最活躍最有原創性的人，當他「在平靜的思考中」力圖確立眞實的理想時，也必然會因其對他人的指導而常常受到關注。有些作者的作用確實主要是充當報導者，傳遞別人說過的東西。這些思想收藏家絕非無用，如果他們的標本安置得有條有理，被恰當地貼上標籤，我們可以在他們的博物館裡尋求樂趣和指導。但洛克不是思想收藏家。很少有思想家對傳統和權威表現出如此不尊重的態度。如同華茲華斯[84]對大自然的信仰一樣，洛克對理性的信仰幾乎發展到了一種狂熱的程度。華茲華斯吟道：

> 大自然從不背叛

---

[84] Wordsworth, William（一七七〇—一八五〇），英國浪漫主義詩人，其詩句「樸素生活，高尚思考」（plain living and high thinking）被作爲牛津大學基布林學院的格言。——譯注

那熱愛她的內心；

洛克則說：「理性的官能極少或從不欺騙那些信任它的人。」[85]沒有人比洛克更爲堅持（儘管奇怪的是他這裡似乎是在響應蒙田），我們擁有的精神財富只是我們自己的心靈賦予我們的。根據他的看法，一個人若認爲在追求眞理時不應當依賴自己的理智，那麼他「就會自斷雙腿，被別人帶來帶去，讓自己可笑地依賴別人的知識，而別人的知識很可能對自己是無用的。因爲，**正如我無法用別人的眼睛來看東西，同樣我也無法用別人的理智來認知任何事情**。……無論別人擁有什麼知識，那是他們的財富，它不屬於我，也無法只因爲這種知識使得我有了相似的認知而傳遞給我；**知識是一種無法借用或轉讓的財富**。」[86]初看起來，如果這種財富不能借用或轉讓，那麼寫作或閱讀似乎只是在浪費時間。但這些隱喻必定是不完美的。我們可以不把作者當成無法給予或出借的珍寶的擁有者，而把他看作一個嚮

85 *C. of U.*, *Of the Conduct of the Understanding*（《理智行爲指導》）的縮寫，也有人譯作《理解能力指導散論》；它本來是洛克爲增補《人類理智論》而寫的最後一章遺作，現在普遍認爲也屬於洛克的教育論著。——譯注

86 《論學習》（*Of Study*）。——原注

導，能夠引導我們走向高明的觀點，使我們能夠看到許多沒有他的引導就看不到的東西。從我們自己的反思中永遠也不會產生的想法，會在另一個人的提示下受到我們的歡迎，在我們的心靈所熟悉的東西中，經內化而成爲我們自己的想法，並不少於我們心中原有的想法。這當然是洛克明確認可的。他說，所需的是「一個致力於眞理的靈魂，並得到各方面思想家的文字作品和自由生成的不同意見和情感的協助」。[87]他的確對那些「將理智世界中的一小點『豐饒樂土』[88]劃歸爲自己的人」非常嚴厲，[89]雖然他不會花時間在我們自己的理性能夠指導自己的問題上蒐集他人的意見，卻宣稱，他「從不低估我們從他人那裡獲得的光亮」，也不會忘記「在我們追求知識時有些人給了我們巨大的幫助」。[90]也許，沒有什麼比洛克下面的這段話更好地強調了思想開放對於眞理探求者的重要性，它應當成爲論述這個問題的經典之作：「我們都是短視的，常常只能看到事情的一個方面：我們的意見沒有擴展到與事情有關的所有各方面。這個缺陷我認爲沒人能夠避免。我們看到的只是部分，我們知道的也只是

87 《理智行爲指導》。——原注

88 原文爲Goschen，疑爲Goshen。——譯注

89 《理智行爲指導》。——原注

90 《論學習》。——原注

部分；因此並不奇怪，我們從自己的部分所見中是得不出正確的結論的。這也許可以教導那些最驕傲的妄自尊大的人認識到，向別人請教是多麼有用，即便交談的對象是那些能力有限、看問題不夠快速和深入的人；因爲，既然沒人能看到全部，或者也可以說彼此所處位置的不同，使得我們通常對同一件事情具有不同的看法，那麼如果試著想一想，別人也許是因爲沒看到這些東西，所以沒有那些看法，而一旦看到這些東西，他是會理性地加以利用的，這樣來想問題便並非不合理，也不會讓任何人有失身分。」[91]

洛克對交換意見的好處有如此的認識，卻並不了解當時的一些優秀教育論著，這讓我們不得不感到一點驚訝。他的思想事實上是高度開放的，這一點可由《教育漫話》中的許多段落所證明，而這些段落顯然是受到了蒙田的啓發。我們必須記住，《教育漫話》畢竟只是寫給克拉克的一些書信，這些書信很可能是作爲論述教育的最初草圖寫出來的，而洛克在開始寫作之前可能曾打算研究其他作家的見解。儘管事情可能是這樣，讓我們不能不感到遺憾的是，由於洛克並不了解當時享有權威地位的一些教育改革家的著述，例如，英國的阿斯克

91 《理智行爲指導》，St John's edition，第三十二頁。——原注

姆、[92]瑪律卡斯特[93]、布林斯利[94]和胡爾[95]以及歐洲大陸的康米紐斯[96]的著述，我們這位哲學家便沒有看到許多關於教育的見解，而一旦看到這些見解他無疑是會理性地加以利用的。

雖然除了蒙田《隨筆》中的論述之外，洛克似乎沒有閱讀過其他什麼教育論著，但閱讀蒙田的著述卻讓洛克進入了教育思想家的行列，這些思想家傳遞著眞理的火炬，不斷地增加著火焰的亮度。也許，要準確判定一個偉大的思想家究竟從他的前輩繼承了什麼，是沒有比這更爲枉然的嘗試了。在一個思想家掌握了眞理的地方，即便這個眞理在此之前早已爲人所知，也可能是思想家自己發現的；而在他犯錯的地方，類似的思想家由於類似的思想過程，也可能早就得出了相同的結果。然而，儘管在此並不存在絕對分明固定不變的界限，

---

92 Ascham（一五一五—一五六八），英國學者、作家。——譯注

93 Richard Mulcaster（一五三一—一六一一），英國教育學家，曾擔任Merchant Taylors' School和St Paul's School的校長，以其教育學論著聞名，常常被認爲是英語詞典編撰的奠基者。——譯注

94 Brinsley, John, the Elder（全盛時期一五八一—一六二四），英國教育學家、中學教師，一五八八年獲劍橋大學碩士學位。以教育學著作《文法學校》而著名。——譯注

95 Hoole, Charles（一六一〇—一六六七），英國牧師和教育著作家，將康米紐斯的《圖解世界》翻譯爲英語而聞名。——譯注

96 Comenius（一五九二—一六七〇），捷克教育家、宗教領袖，著有《大教學論》。——譯注

但在教育這樣的問題上追蹤一些偉大思想的進程、觀察前仆後繼的思想家如何發展傳遞給自己的眞理，他們又如何發現這些眞理的最新應用，使之適應時代的需要，也許仍然是一件愉快和有益的事情。我認爲，洛克是由蒙田引入這一思想家行列的，其前後順序通常排列如下：拉伯雷[97]、蒙田、洛克、（費奈隆[98]？）、盧梭。F. A. 阿恩斯特德博士在他的《拉伯雷和他的「教育論」：附帶對蒙田、洛克和盧梭的教育學原則的特別考慮》[99]一書中對這些著作家的關係做了非常仔細的研究。讀者若不滿足於我下面的概述，可以參考這本著作。

我們稱之爲文藝復興的那場偉大的理智革命，是人們對古希臘羅馬經典作品中展現出來的文學之美的品味的一種復興。這種復興的結果是，歐洲所有的思想活躍人士全都致力於研究古代著作家的作品，他們更看重的是這些古代著作家的文學技能而不是他們的知識或思想。拉伯雷在渴求學問方面是文藝復興運動的產兒，但他看重的是知識而不是文學的美，他

97 Rabelais（一四八三—一五五三），法國作家、人文主義者，代表作有《巨人傳》。——譯注

98 Fénelon, François（一六五一—一七一五），法國羅馬天主教大主教、神學家、作家，以一六九九年出版的《忒勒馬科斯歷險記》聞名。——譯注

99 原文爲德文：Dr F. A. Arnstaedt, *Francois Rabelais und sein Traite d'Education: mit besonderer Berucksichtigung der padagogischen Grundsatze Montaigne's, Locke's und Rousseau's*（Leipzig, 1872）。——譯注

所制定的教學計畫要獲得關於**事物**的知識，既透過書本，即德國人所謂的**口頭現實主義**，又透過與事物本身的直接關聯，即**現實主義本身**。他不僅是現實主義之父；也是第一個譴責各種荒謬的課堂教導之人，此外，他使得教育遠遠超出了教導的範圍。

蒙田對學問的渴求沒有受文藝復興運動的影響。他絕不會在一個有學問的人面前彎腰，也絕不垂涎一個有學問的人的名望。他的社會地位很高，而如同在大多數人的眼裡一樣，在他眼裡社會地位上的名望要比學問上的名望更爲可取。因此，這位優秀的著作家運用其清晰的思想和表達、無比豐富的恰當例證，使自己站到學究的對立面，從而成爲那些對文藝復興時期的學校制度深爲不滿的人的偉大發言人。

在文藝復興時期，對學問的尊崇使得人們透過自己的古典知識來追求名望，並使得他們對自己的二手知識非常得意，不斷地展示自己的二手知識。這導致了蒙田對二手知識的猛烈攻擊。但除此之外，他反對文藝復興時期教育制度的訴狀中還有一項罪狀，我們必須小心地把它與第一項罪狀區別開來。他反對學校教師的理由是，任何**知識**，無論是二手的還是一手的，都不應該成爲教育的主要目的，教育者應該努力培養年輕人的**智慧和美德**。他開首引用了拉伯雷的一句話：「最有學問的人不是最聰明的人。」接著他進一步說明這一思想，闡明讀書最多、記憶最多的人並不因此而成爲知道最多的人，而且**知道**最多的人也不因此而成爲最聰明和最優秀的人。

正如我已經說過的，我們根本不能精確地確定，洛克的「教育思想」在多大程度上是他

[li] 原創的，在多大程度上又是受蒙田啓發的。我們必須記住，他對蒙田的研究（就我們所知他對蒙田的最初研究）很晚才開始。他去荷蘭時已五十二歲了；在他逗留荷蘭期間的日記中，我們發現了以下的記錄：「二月十四日（金勛爵似乎認爲有無年份無關緊要），蒙田的論證借助於一種披著特定優美語言外衣的優雅疏忽，其勸導缺乏推理，他的隨筆是用一些強有力的格言、語句和詩歌編織起來的，他把這些東西組合在一起，使得它們能夠對人心產生一種非凡的力量。他不做推理，只是在消遣自己取悅別人；充滿了自豪和虛榮。」[100]這裡我們發現，洛克在貶低蒙田（「他不做推理」在洛克嘴裡是最強烈的譴責），試圖克服蒙田的影響，儘管他已隱約意識到這種努力是徒勞的。我們可以肯定的是，洛克並不把自己鍾愛的教育思想歸因於他對蒙田的研究，因爲，由於此前他從事教育工作已有多年，他的教育觀點必定早就已經形成，他在閱讀蒙田的《論教育》時，發現了許多自己原來就已形成的思想，是無庸置疑的。雖然如此，《教育漫話》的重要性主要還是在於，洛克突顯了已被蒙田提出來的眞理。我們自己這個時代最有激情的思想家之一，已故的查理斯·金斯利，在他最有激情的時候預測，如果我們「更加長時間地用譴責取代同情，用**教書取代育人**，用法利賽

---

100 金勛爵，《洛克的生平》第一版，第一六〇頁。——原注

派教義取代天國的福音」，那麼這個時代就會受到嚴厲的審判。[101]洛克身上沒有激情，但他以自己的平靜方式指出，糾正那個時代的普遍墮落的最好希望，在於年輕紳士的**人格培養**而不只是知識傳授。《教育漫話》的最近一個德語版翻譯者莫里茨·舒斯特博士說得好，他認爲洛克的偉大之處在於：**強調教育優先於授課**，[102]他的原則——**育人優先於教書**，讓他將重點放在了育人之上！[103]正如舒斯特博士所說，這個教育原則的確使洛克超越了其功利主義，[lii]因而對洛克來說是一種防衛，即便紐曼主教[104]的尖矛銳箭也無法穿透。[105]

---

101 《C. 金斯利的生平》，簡編版，第一卷，第二二四頁。——原注

102 原文爲德文*die Betonung der Erziehung vor dem Unterricht*，英文譯爲the emphasis on education before the lesson。——譯注

103 《教育漫話》德譯本，載Karl Richter, *Padagogische Bibliothek*。——原注

104 Cardinal Newman，即John Henry Newman（一八〇一－一八九〇），羅馬天主教主教、神學家、作家；首次提出了大學教育的理論模型，全面、系統地論述了大學教育的基本問題。——譯注

105 參閱*Idea of a University*, by J. H. Newman, Discourse vii, §4。洛克著作的英語編輯J. A. St John先生說得好：「洛克的教育觀念與普遍流行的教育觀念有很大的不同。他所理解的教育，是對人的心靈進行培訓和訓練，使之養成好的習慣，而不只是傳統的知識傳授，在這一點上他完全同意古代人的觀點。」（Note to *C. of U.*§iii, 3）赫特納（Hermann Hettner）在其《十八世紀的文學史》（*Literatur-Geschichte d. 18ten*

正如我們所見，蒙田受其社會地位的影響很大。而洛克也談到了「爲成爲紳士而做一個紳士」。他寫道，「我們最應當小心關注的，還是紳士的職業教育；因爲，一旦透過教育使得那個階層的人士走上了正道，他們就會迅速地將其他所有人帶入正道。」人們也許會認爲，一個人本應接受做人的教育這樣一種觀念，已超越了洛克和他同時代人的想法，然而康米紐斯早已說過：「我的目標是確保所有人都能受到一種培訓，使他們在各方面都具有共同的人性。」[106]這是一個比洛克的理想高得多的理想。洛克確實看到了，「兒童不應被外表蒙蔽而喪失人性的考慮」，[107]但至少在我看來，洛克並沒有充分考慮到教育所應當考慮到的我們的共同人性。因爲他說過，一切教育問題的解決都必須注意到階級差異或「人的不同程度」；我們需要「那種最容易、最簡便、也最可行的，能夠根據年輕人自身的不同條件和職業要求，造就德才兼備的有用人才的教育方法。」[108]我們看到，洛克自己只考慮到紳士的要

Jahrhunderts, Part I, p.157）中，引用了金勛爵的《洛克的生平》中第四—五頁上洛克致彼得伯勒勛爵（Lord Peterborough）的信來證明這一點。（參見本書「注釋」部分中一四七的注釋）——原注

106 *Ich beabsichtige eine allgemeine Bildung alter, welche als Menschen geboren sind, zu Allem, was menschlich ist*。轉引自Morf, in Dittes, *Padagogium* for Oct. 1879，可惜引文沒有原出處。——原注

107 本書正文第一一七節。——原注

108 本書「獻詞」。——原注

求；由於這種排他性，他的思考如果不是殘缺的也是狹隘的。

有些人認爲，《教育漫話》的主要優點在於對體育教育的重視，這本書首先討論的就是體育教育：事實上，在最近一本關於著名教育家論述的選輯[109]中，洛克那部分就僅僅選了他對體育教育的建議。洛克自己苦於健康狀況不佳，這無疑使他急於討論這一點。他近於感傷地告訴我們，如果在追求知識時忽視了身體的健康，我們就很可能「無法爲上帝貢獻這樣的服務，也無法爲鄰居提供那樣的幫助，而這些善事，我們在健康的狀態下，只要具有適度的知識，本來是能夠完成的。由於超載而弄沉了自己的船的人，雖然船上載有金銀和寶石，給他主人的卻只能是一個關於航行的糟糕說明。」[110]洛克提醒人們注意體育教育的重要性，並對此提出了建議，在這方面他無疑貢獻了良好的服務；不過拉伯雷和蒙田對身體訓練也做了很多說明，而且有些英國著作家，如湯瑪斯．伊里亞德爵士[111]在他的《論統治者的培養》一書中，也做了同樣的事情，理查．瑪律卡斯特在他的《論兒童教育與因材施教》[112]一書中則

[liii]

---

109 E. Sperber's, Gütersloh。——原注

110 《論學習》。——原注

111 Sir Thomas Elyot（約一四九〇—一五四六），英國道德及政治哲學家、字典編纂家，一五三一年出版的《論統治者的培養》（*Governor*）是第一部用英文寫的重要教育論著。——譯注

112 原文爲*Positions*，書的全名是*Positions Weherin Primitive Circumstances Be Examined, Which Are Necessarie*

做得更爲出色。

關心了身體健康之後，洛克接著說明紳士在心靈和禮貌方面的基本要求，他根據其重要性按照以下順序進行了闡述：㈠德行；㈡智慧；㈢教養；㈣學問。[113]他論述的目的是要表明，如何才能達到這些基本要求。

洛克非常崇敬的著作家會關注人性中的情感，指望這能提供最好的道德約束。「愛是不加害於人的，所以愛就完全了律法。」[114]但洛克的情感被理智侵蝕了；他要訓練紳士，讓其始終考慮怎麼行事才合理，然後服從理性的命令。爲了讓兒童長大後能夠遵從自己的理性判斷，就要早做準備，讓年輕人接受訓練，按照養育他們的有理性的人的判斷行事。應當儘早把兒童當作理性的人對待；當他們太小而無法這樣對待時，就應當借助他們對父母權威的敬畏和對名譽的熱愛來約束他們。

洛克在《教育漫話》中強調了關於教育的兩個眞理，將它們應用於一切教育問題，因而伴隨著一種幾乎令人厭煩的重複：

for the Training up of Children。——譯注

113 本書正文第一三四節。——原注

114 Rom., xiii, 10. ——原注

(一)所有的技藝，尤其是行爲，其教導的祕訣是將我們要教的東西付諸**實踐**，透過實踐將它固定在學生身上，直到它成爲一種**習慣**。孩子的行爲和學習應當被視爲是習慣的養成。「我不怕再三強調的一件事情是，就兒童的每一個行爲而言，無論涉及什麼事情，是大事情還是小事情，我們主要（我幾乎要說是唯一）應當考慮的是，這將對兒童的心靈產生什麼影響、這會使兒童養成什麼樣的習慣；當兒童年紀稍長一些時，這是否還適合於他；如果加以鼓勵，當他長大成人之後這會把他引向何處。」[115]

(二)對孩子來說，最大的影響來自**同伴**。「提到**同伴**這一點之後，我眞想擱筆，不願在這個題目上再打擾你了。因爲同伴的影響既然比一切教訓、規則、教導都大，我覺得再去多談別的事情、再去談論那些幾乎無效的東西，就簡直是白費力氣。」[116]

(一)無論是在道德教育還是在智育教育中，**實踐**的巨大作用已得到了我們這個世紀最偉大的教育著作家裴斯泰洛齊[117]和福祿貝爾[118]的詳細論述。我們在實踐方法上已獲得了一

115 本書正文第一〇七節。——原注

116 本書正文第七〇節。——原注

117 Pestalozzi, Johan Heinrich（1746-1827），十九世紀瑞士著名的民主主義教育家，執著追求教育革新，在教育理論上有許多獨創的論述。——譯注

118 Froebel, Friedrich（一七八二—一八五二），德國教育家、幼稚園創辦者。——譯注

些感人的例子，裴斯泰洛齊甚至用這種方法來教窮人的孩子實踐自我克制，來減輕他人的痛苦。

㈡在同伴問題上，洛克似乎陷入了持續不斷的困境。年輕紳士的養育需要提供學校教師根本無法提供的全面督導，而且也**絕不可讓他身處學校同學的「惡習薰染」之中**，因此不應送他去上學。但洛克清楚地看到，在家裡養育孩子，必然有大量事務需要交給僕人照料，而他對僕人的評價並不高於對學生的評價。他一再提到這個困難並不安地意識到，這裡存在著一塊礁石，很可能會把完好的航船碰得粉碎。他只能把希望寄託在由家庭教師協助的父親身上，來尋求安全的教育。但是沒有幾個父親，能夠爲自己的兒子提供洛克的教育規劃所要求的大量時間和關心，更沒有幾個父親願意這樣去做。至於家庭教師，如哈勒姆所說，洛克描述的家庭教師就像一隻「鳳凰」，甚至是一隻比鳳凰更爲珍稀的鳥，一百年我們也難以求得一見。因爲洛克要求的家庭教師應當是一個懂得全部生活藝術的教授，必須教年輕人在世界上如何行爲，就像一個舞蹈教師必須教他在客廳如何「行屈膝禮」一樣。洛克認爲，德行、智慧和教養，是人們透通過教育灌輸給年輕人的。但是洛克之後的教育思想家，如裴斯泰洛齊和福祿貝爾，乃至洛克之前的康米紐斯，都認爲大自然已將德行和智慧的種子植入在我們身上，所應做的是讓這些種子在父母和教育者的「慈愛督導」下生長發展。如果我們採取這個立場，那麼洛克的許多建議看起來似乎就存在著太多的技巧，有時候甚至接近

「無害的謊言」或「虔誠的欺詐」，就像盧梭的所作所爲一樣，似乎盧梭很可能就是洛克的門徒。

最後是學問，它往往被學校老師當作教育的首要事務，甚至當作教育本身，洛克則認爲，學問是教育中最不重要的事務；而我們已經看到，正是這一點，表現了《教育漫話》的主要卓越之處。不過我們發現，洛克對學問提出的各種建議，卻在某個方面非常令人失望。他在其他事情上制定的規則是，對兒童的每一個行爲，我們主要應當考慮的——如果不是唯一要考慮的，是這種行爲會對兒童的心靈產生什麼影響，會讓兒童養成什麼習慣。但是當他論述學問時，卻不顧他自己的規則，不去探討各種研究對心靈產生的影響，而去探討知識或技能對一個紳士是否有用。看來有點奇怪的是，我們這位哲學家對人類理智做了一番研究，卻沒有把這項研究更直接地與教導連結，告訴我們不同的理智活動是如何影響心靈的。除了幾何學之外，他完全回避這樣的思考，而似乎寧願去考慮，年輕的紳士如何能夠最容易地獲取未來對他「有用的」知識，而不願去考慮，他怎麼能夠得到最好的理智訓練。不過在我看來，在這最後一個最不重要的教育方面，洛克表達自己的思想時不那麼小心，因而未能完全反映出自己的眞實想法；因此我無法贊同紐曼主教的下述看法：「在教育中忽視那些對男孩子未來的發展必不可少的東西，當然是荒謬的，沒有比這更爲荒謬的了；**但洛克的論調顯然不僅僅意味著這一點，而蘊含著對任何傾向於一般心靈培養的教導的一種非**

難。」[119]我認爲，一個更公正的評論家不會在紐曼所引用的段落中、而會在下述段落中發現洛克的論調是什麼：「對此人們也許會反對說，要掌握我提出的那種理智，得讓每個人都成爲一個學者，都擁有所有的知識材料並得到各種推理方法的訓練。對這種反對意見我的答覆是，**對那些有時間和方法獲得知識的人來說，需要得到任何別人的說明或協助來改進自己能夠獲得的各種理智，是一種恥辱**；可以認爲，這就是我在這裡主要想說的東西。」[120]從這段話可以看出，洛克遠沒有非難任何傾向於一般心靈培養的教導，而主要是將知識的獲得視爲「改進理智」的一種手段。而且，洛克在指出了某些理智上的弱點及其後果之後，又說：「這些都是常見的最普遍的不良後果，我認爲人們應該在正確地運用自己的理智時加以避免或糾正，**尤其應該在教育中得到關注**；我以爲，就知識而言，這裡的要務不是讓學者掌握每一門科學的完美知識，而是讓他的心靈擁有一種自由、一種素質以及各種習慣，使自己在未來的一生中能夠獲得可予以運用或需要的任何知識。」[121]這些段落確實沒有在《教育漫話》中出現；但即便僅僅根據《教育漫話》，我對洛克的論調的看法也是非常不同於紐曼主教

---

119 *idea of a University*, vii, p.160.——原注

120 《理智行爲指導》，第七節。——原注

121 《理智行爲指導》，第十二節。——原注

[lvii]

的。洛克對教育家任務的說明是：「身體應該得到應有的注意，保持強壯而有活力，以便能夠服從並執行**心靈**的命令，在這樣做了之後，其次的主要問題，就是讓**心靈**走上正道。」[122]的確，他在這裡思考的不是理智方面的心靈，而是道德方面的心靈，正如他在下面這段話中所做的同樣思考：「在這上面花些錢，使子女具有健全的心靈，有德行、有才能而又具有禮貌與良好的教養，較之用這筆錢爲子女購置更多的地產，要更有價值。」[123]如果紐曼指責洛克過分地只考慮品性而對理智關注不夠，那麼從《教育漫話》中他是無法如此輕易地得到答案的；但這種指責若是針對《理智行爲指導》的作者，那又會是一個奇怪的指控。當洛克說教育賦予年輕人的應當是「織入他的天性之中的習慣」[124]時，我們必須把這樣的習慣理解爲，它們不僅包括道德習慣，也包括理智習慣。根據我對整本書的仔細研究而能夠對洛克的語調形成的看法，我不得不認爲，沒有哪位論述教育的著作家要比洛克更不易受人指責其對心靈的培育漠不關心的了。

我說過，拉伯雷第一次促動了現實主義，即去研究**事物**，無論是口頭現實主義還是現實

---

122 本書正文，第三十一節。——原注

123 本書正文，第九十節。——原注

124 本書正文，第四十二節。——原注

主義本身。在「眞實的」一詞我們現在已經喪失了的一種意義上，洛克確實讚揚了「眞實的」知識。他看到，兒童適合於接受「可以感知的事物的知識」。[125]但在這個問題上，他的論述遠不如康米紐斯那麼突出；如果僅就他論述教導的部分而言，那麼他的這本書應該得到米什萊[126]（無論如何是首次）授予它的評語：「平庸的和明智的。」[127]

那些希望完全理解洛克的《教育漫話》一書的人，不僅應當研究如此命名的這本書，還應當研究洛克更精心撰寫的《理智行爲指導》。[128]

---

125 本書正文，第一六六節。——原注

126 Michelet, Jules（一七九八—一八七四），法國歷史學家，在近代歷史研究領域中成績卓越，以文學風格的語言來撰寫歷史著作著名。——譯注

127 "*mediocre et judicieux*", Nos Fils。——原注

128 參閱下一頁的注釋。——原注

注釋

亨利·哈勒姆是洛克的一個著名崇拜者，他稱《理智行爲指導》是一篇「論理智的道德紀律」的文章，說自己「無法設想，當一個男孩已具備了推理能力時，任何父母或教師竟然有理由不讓他讀一讀這篇文章」。[129]他還讚揚了一番《教育漫話》，但卻採取了一種很難質疑和搖擺不定的、至少對我來說是非常令人不快的表達方式。下面是一個我所說的這種表達方式的典型例子：「多年後（即在彌爾頓的《論教育》[130]出版多年之後）洛克轉而思考教育，這種思考具有健全理智和公正無私能夠帶來的所有優點；**但我們應該設想，這種思考也具有一些必然的經驗缺陷，雖然我們在他的著作中找不到多少這樣的經驗缺陷**。他對當時通行的教育方法很嚴厲，**換種說法也可以說是抱有一種偏見；但我不知道我們有什麼證據可拿來駁斥他的證言**。」接著他又告訴我們，洛克「至少在教育問題上比他之前的任何著作家都道出了更多的高明見解」。但這句話卻有點問題，如果「高明見解」是指有價值的眞理，那麼我們在康米紐斯的《大教學論》中要比在《教育漫話》中可以找到更多的高明見識。哈

---

129 *Lit. of E.*, Pt. iv, c. iii, §§122, 124。——原注

130 *Tractate.* ——原注

勒姆在他的這部分著作中沒有對自己的一個斷言進行調整時，看起來不太走運。他告訴我們說：「自洛克時代以來，已出現了很多著作，常常寫得很好。但洛克是它們最終由之而來的主要源泉。」這句話的確很難被駁倒，但也無法得到證明，而在我看來則很成問題。但哈勒姆很快又有了很難質疑的說法。他繼續道：「雖然《愛彌兒》在表達方式上更具吸引力，但它是否像《論教育》那樣合理可行，卻是可疑的。」這句話的確說得非常謹慎。不過照此說法，我們還可以說出這樣無比謹慎的話來：「雖然儒勒·凡爾納的著作更具吸引力，特別是對年輕人，但它們是否像《兩個世界評論》[131]上的一些文章那樣合理可行，卻是可疑的。」

我曾說，哈勒姆斷言洛克是後來的著作家思想的「最終」主要源泉，這一斷言很難被駁倒。但任何一個人，只要不辭辛勞地研究這個題目，特別是在阿恩斯特德博士的指導下，我想都會同意「最終」一詞用在這裡有點不適當。阿恩斯特德表示拉伯雷、蒙田、洛克和盧梭在以下各方面都取得了共識：(1)只關注單個孩子的教育，結果忽視了人民的教育；(2)從一開始就貶低學問，將重點放在德行和品性的塑造上面；(3)強調體育教育的重要性；(4)譴責一般表現出來的對年輕人的嚴酷做法，要求讓他們能夠快樂地進行學習和工作；(5)譴責規模大的學校；(6)僱用聰明而非有學問的家庭教師；(7)譴責灌輸式教導，即教學生去思考什麼，乃至 [lix]

131 原文爲法文*Revue des Deux Mondes*。——譯注

簡單地記住什麼，而不是教學生如何思考；⑻進行第一手教學，亦即透過感官或直接經驗教學；⑼把旅行作爲教育的一部分。除此之外，也許還可再加上幾個他們一致同意的觀點，例如，利用遊戲進行教育，以及進行手工的培訓。

對於那些希望把洛克與蒙田的教育思想進行比較的人來說，我從阿恩斯塔德那裡複製了下面這張相似觀點的對照表，這是將洛克著作翻譯成法語的科斯特觀察到的，他在洛克旅居奧茨的期間，曾擔任弗蘭克．馬沙姆的家庭教師，後來又出版了注釋版的蒙田著作。

L.7（洛克《教育漫話》，第七節）；M. i. 25（蒙田《隨筆集》第一卷第二十五章）：

L.20；M. i. 25: L.23；M. iii. 13:L.31；M. i. 25: L.38；M. ii. 8:

L.40；M. iii. 8: L.48；M. ii. 8:L.49；M. ii. 8: L.81；M. i. 25:

L.92；M. i. 34:L.94；M. i. 18:L.96；M. ii. 8: L.98；M. i. 25:

L.98；M. i. 24: L.109；M. i. 22:L.112；M. i. 25: L.132；M. i. 9:

L.143；M. i. 25: L.144；M. i. 23:L.145；M. iii. 2: L.147；M. i. 25:

L.166；M. i. 5: L.191；M. i. 25:L.198；M. i. 25: L.216；M. i. 25.

獻詞：致奇普利的愛德華·克拉克先生

先生：

《教育漫話》現在終於出版了，這些「漫話」原本就屬於你，因爲這些是多年前爲你寫的，內容與你在書信中看到的沒什麼不同。除了論述的前後順序與信件寄送的時間不太一致之外，內容方面只在幾處做了少許改動；讀者從寫作風格的親切隨意性中不難發現，這些是兩個朋友之間的私下談話，而不是爲公開發表而撰寫的文章。

有些人急於發表自己的著作，又害怕承認這一點，往往會把朋友的敦促當作藉口。可是你知道我的眞實情況，要不是一些朋友聽說了我的這些寫作後，急於看到它們，看了之後又私下把它們刊印出來，我本來是會像原來設想的那樣，讓它們依然擱著而不公開發表的。但是有些我非常敬重其見識的朋友告訴我，他們相信，如果能讓更多的人讀一讀，那麼我這份粗糙的草稿還是有些用處的；這種說法卻觸動了我那始終堅持不渝的信念。我認爲，盡力爲祖國服務，乃是每一個人責無旁貸的義務；一個人活著如果沒有這種思想，那我就看不出他與他家裡的牲口還有什麼區別了。教育這個問題具有如此重大的關係，正確的教育方法具有如此普遍廣泛的好處，如果我的能力如我所願，我本來是不應該需要朋友的勸告或敦促的。所以，儘管我的這些寫作很淺薄，我對它們也不甚滿意，但當大家要求我的僅僅是公開發表它們時，我就不應當因此不再付出一點令人羞愧的微小工作，向公眾貢獻出我的那點文字了。如果這之中還有一些論述和想法，能夠得到讀者的喜歡，認爲值得出版，那麼就沒有白費功夫，而我也可以聊以自慰了。

近來有很多人向我請教，說不知道如何養育自己的孩子，現在大家又常常抱怨，說年輕人小小年紀就已墮落；於是便有人考慮這個問題，提出一些看法，不過只要其目的是爲了引起大家的注意，使問題得到糾正，那麼就不能認爲他這樣做是完全不恰當的，因爲教育上的錯誤比任何其他錯誤都應當少犯。教育上的錯誤就像第一次配錯了藥一樣，不可能透過第二或第三次配藥得到彌補，其造成的不良後果無法消彌，而會伴隨一個人一生的各個方面和各個階段。

我對自己在此所提出的任何教育思想，絕無半點自負，因此，假如以後會有更加有能力、更加適合於處理這項工作的人，寫一本適合我們英國紳士的正宗教育論著來糾正我這方面的錯誤，那麼即便是爲了你的緣故，我也不會覺得遺憾；對我來說，能把最好的培養教導方法運用於年輕紳士（這應當是每個人所盼望的），較之讓大家接受我提出的教育方法，是一件更加值得追求的事情。但與此同時，你也要爲我作證，證明我提出的教育方法曾對一個紳士的兒子產生了意料之外的不尋常的效果。我的意思倒不是說，那孩子的好脾性對我的教育方法沒多大幫助，而是覺得，你和一般的父母都會滿意地感到，採納與我的方法相反的一般兒童教育方法，既不會改善那種脾性，也不會讓他喜歡讀書、快樂地學習，更不會像事實呈現的那樣，使他除了一般認爲適合於教他的東西之外，還想學更多的東西。

不過我的任務不是要向你誇讚這篇文章，因爲你對它的意見我早已知道；也不是要借助你的看法或支持，向公眾誇讚它。對孩子進行良好的教育，是父母的重大責任和熱切關心的事情，也是國家繁榮興旺的極其重要的支柱，所以我願意每個人都認眞嚴肅地把它放在心裡，去仔細地考察和辨別，人們在具體的教育問題上分別依據幻想、習俗和理性，各自會得出什麼不同的主張，然後根據年輕人自身的不同條件和職業要求，去努力促進那種最容易、最簡便、也最可行的能夠造就德才兼備的有用人才的教育方法；當然，其中我們最應當小心關注的，還是紳士的職業要求。因爲，一旦透過教育使得那個階層的人士走上了正道，他們就會迅速地將其他所有人都帶入正道。

我不知道在這一篇幅不大的論述中，除表明了我對教育問題的良好祝願之外，是否還做出了更多一點貢獻；不論如何，這本書現在就這樣出版了，如果其中還有一些可取之處，也應該歸功於你。最初緣起，是出於我對你的愛戴，我很高興能把你我之間友誼的這一標記留傳給後世。因爲我還眞看不出，除了與一位誠篤的、有用的、值得尊敬的愛國人士保持長久而持續不斷的友誼之外，這一生中還有什麼更大的快樂、還有什麼能留在身後的更好紀念了。

您最卑微的忠僕

約翰・洛克

一六九二年三月七日[1]

1 在我所見的最早的（一六九九年）版本中，這封書信的日期是如此刊印的。眞實的日期應爲一六九三年。——英文版一八八〇年版編者教育漫話

目次

一 [1]

人生幸福有一個簡短而充分的描述：健全的心智寓於健康的身體。凡身體和心智都健全的人，就不必再有其他的奢望了；身體或心智如果有一方面不健全，那麼即便得到任何其他的東西，也是枉然。人的幸福或苦難，大部分是自己造成的。心智不明的人，做事情找不到正確的途徑；身體衰弱的人，即使有了正確的途徑也無法有進展。我承認，有些人生來就有聰慧的心靈和強健的體魄，而不用別人多少幫助；憑藉天賦的才氣，他們自幼便能向著最好的境界去發展，憑藉超人的體質，他們生來就能成就偉大的事業。但這樣的人本來就很少；我敢說，平常的人之所以有好有壞，之所以或有用或無用，十有八九都是教育造成的。人與人之間所以千差萬別，都是出於教育的不同。我們幼小的時候得到的印象，哪怕極其微小、幾乎覺察不到，都會對一生產生長久而深遠的影響；正如江河的源泉，水性柔和，稍用一點人力就能將它引向別處，使河流的方向發生根本的改變；只要最初從根源稍作引導，河流就有了不同的趨向，最後流到十分遙遠的地方去了。

二 [2]

我想，兒童的心智易於引導，就像水性易於引導一樣：這的確是教育的主要部分，我們主要關心的也應當是內心，儘管如此，「泥塑造的小屋」[1]也是不可忽略的。因此，一開始我要先談一談身體的健康問題，由於我曾經專門研究過這個問題，而大家都以爲我對這個問題有更深的研究，所以你可能早就料到了，我會先談這個問題；不過這個問題涉及的東西不多，大概很快就能談完。

三

我們要有自己的事業，要得到幸福，必須先有**健康**的身體；而要功成名就，出人頭地，更必須先有能夠忍耐辛勞的強健體魄；這些道理十分明顯，不需要任何證明。

四

我現在要討論的健康問題，並不是要討論醫生對於有病或身體不佳的兒童，應當採取什麼措施；而是要討論父母對原本健康的、至少是沒病的子女，在不用醫藥的情況下，應當如何**維護他們的身體**、**使他們更加健康**。這個問題也許只要一條簡短的規則就能說清楚：紳士

1 指身體，參閱本書後面編者的注釋。——譯注

應該像誠篤而富足的農民那樣對待自己的子女。不過，母親們可能覺得這樣做有點過於嚴酷，而父親們又可能覺得這樣做太簡單，因此我要詳細地說明一下。在此我只要說一個大家都能確實觀察到的現象，希望女士們仔細考慮，那就是，大多數兒童的身體都是由於**嬌生慣養**弄壞的，或至少由此受到了損害。

五

應當注意的第一件事情是：無論夏天還是冬天，兒童都不應穿得過暖。我們剛剛出生時，臉部與身體的其他部分一樣很嬌嫩。只是因爲習慣了，臉部就比其他部分更經得起風寒。從前有個雅典人看到錫西厄哲學家[2]在風天雪地中赤身露體，感到很奇怪，錫西厄哲學家的答覆令人深思。他說：「**冬天的天氣冷得刺骨，你的臉怎麼就受得了呢？**」那個雅典人說：「**我的臉已經習慣了。**」「**那你就把我的身體當作臉部好了。**」錫西厄人這樣回答。其實我們的身體一旦養成習慣，是什麼都能經受得住的。

爲了說明習慣的力量，不妨再舉一個突出的例子，雖然這個例子說的是酷熱，與上面說

2 原文爲Scythian philosopher。「錫西厄」是古代歐洲東南部以黑海北岸爲中心的一個地區。——譯注

的嚴寒正好相反；這是我在最近出版的一本頗有見地的遊記（D.M.先生的《東方新旅》[3]上看到的，現在我把原文抄錄如下。

他說，馬爾他這個地方比歐洲任何地方都熱，不僅比羅馬還熱，而且特別悶；加上沒有什麼涼風，所以更加令人難受。大部分人都曬得很黑，像吉普賽人一樣；但是那裡的農民都不怕熱，每天照樣在大太陽底下幹活，在最熱的時候也不躲一躲灼人的陽光。這使我相信，只要我們從小習慣了，有許多看上去似乎是不可能的事情，憑我們的天性是完全可以適應的。馬爾他人就是用這種辦法來鍛鍊兒童的身體、使之適應炎熱的，那裡的兒童從出生起，一直到十來歲，全都赤身裸體，既不穿上衣，也不穿褲子，頭上也沒有任何東西遮蔽。

所以我要勸你，在英國這樣的氣候條件下，不必過分地操心風寒問題。英國也有些人，無論冬天還是夏天都穿著同樣的衣服，他們並沒有感到什麼不方便，也沒有覺得比別人

---

3 原文爲法文*Nouveau Voyage du Levant*, par le sieur D.M.）——原注

冷。即便要考慮風雪的侵襲，做母親的怕孩子受凍，做父親的怕別人指責，也千萬不要讓孩子在冬天穿得過暖；尤其應當記住：孩子天生就有頭髮遮蓋腦袋，又有了一、兩年的時光來經受鍛鍊，他在白天玩耍時固然不必戴帽子，晚上睡覺時最好也不戴；**腦袋捂得暖和**，是最容易引起頭痛、感冒、發炎、咳嗽以及其他一些疾病的。

六

我提到孩子的時候，都用「**他**」這一代詞，是因爲我這裡所談的，主要是男孩子的教育培養方法，對**女孩**的教育不完全適用；雖然，要知道在什麼地方不同的性別需要不同的對待，也並非一件難事。

七

我還要建議，他應當每天用冷水**洗腳**；**鞋子**也應該做得薄一些，碰到水時，**水要透得進去**。說到這裡，恐怕主婦和女僕都會反對。主婦會覺得，這樣做太髒，女僕會覺得，襪子洗起來太麻煩。然而眞理卻是：孩子的健康要比這種種顧慮重要十倍。如果想一想，那些嬌生慣養的人，一旦**沾溼了腳**便會發生種種麻煩，大家就會覺得，還不如與窮人家的孩子一起**光**

著腳長大的好。窮人家的孩子習慣赤腳、習慣腳上沾水，弄溼腳就像弄溼手一樣，不會因此而感冒，也不會因此而引發其他的疾病。現在有些人的手和腳之所以形成這麼大的差別，除了習慣之外，還能找得出其他什麼原因來嗎？假如有一個人，從出生起就一直光著腳，而雙手卻始終用暖布包起來，外面再套上**荷蘭人叫作手套的「手鞋」**，久而久之習慣了，那麼，一旦他沾溼了手，我想一定會像現在許多人沾溼了腳那樣發生麻煩。預防的方法，就只有把他的鞋做得容易透進水去，同時天天不斷地用冷水洗腳。洗腳當然還有清潔的好處，但我注重的是健身的一面，所以並不想確定每天洗腳的時間。據我所知，有個兒童每天晚上洗腳，效果很好，冬天也從沒有間斷過；有一晚非常地冷，水面上都結了厚厚的一層冰，那孩子還是把腳和腿都浸到水裡洗，雖然他當時年齡還小，還不會自己搓腳擦腳，最初鍛鍊的時候還哭哭啼啼的，很嬌弱。這樣做的目的是使兒童養成經常用冷水洗腳的習慣，免得像那些嬌生慣養的人，腳部偶爾沾了一點水，就會發生種種麻煩；至於洗腳的時間是在晚上還是在早晨，我想可以由父母斟酌，看什麼時候方便。只要能有效地實行用冷水洗腳的辦法，在什麼時間洗腳，我認爲沒有什麼關係。用這種辦法所獲得的健康和堅強，即便花費更大的代價，也是值得的。此外，用冷水洗腳還能預防雞眼，這對某些人來說，尤其是一件很有好處的事。不過，鍛鍊最好從春天開始，最初用溫水，以後逐漸把水調冷，要不了幾天就可以完全用冷水了，此後不分冬夏，都要堅持洗下去。因爲我們在這件事情以及其他**改變**生活常規的事情上，都只能慢慢地、不知不覺地改變；這樣，我們的身體就可以適應一切，而不會遭受痛苦和危險。

不難預料，溺愛孩子的母親對我這種說法會作出怎樣的反應。這樣來對待她們嬌弱的寶寶，那不等於在謀害他們嗎？這都是些什麼話！好不容易在冰天雪地的日子裡把腳弄暖和了，卻要孩子把腳放到冷水裡？讓我舉幾個例子來消除她們的恐懼吧，否則她們是不會聽從這個十分明顯的道理的。**塞內加**[4]在其第五十三和第八十三封信中告訴我們，他自己在冬天最冷的日子裡也常常在冰冷的泉水中洗浴。塞內加本人很富有，完全有條件洗溫水澡，而且那時候他的年紀已經很大了，要想舒服一點也是應該的，假如不是因爲他覺得洗冷水澡對健康有好處，並且自己也還忍受得住，他是不會那麼去做的。可能有人覺得，他這樣刻苦忍耐，是因爲他信奉斯多葛派[5]的原則，就算是這樣，但冷水浴爲什麼適於他的健康呢？因爲他的身體並沒有因這種刻苦的習慣而受到損害。**賀拉斯**[6]不贊成任何宗派，更不贊成斯多葛派的一切做作的苦行，對於他，我們還能說什麼呢？可是他也告訴我們，他在冬天是一直洗

4 Seneca（西元前四—西元六十五），古羅馬雄辯家、悲劇作家、哲學家、政治家；當過執政官，西元一世紀中葉羅馬學術界的領袖人物。——譯注

5 古希臘晚期的一個哲學學派。——譯注

6 Horace（西元前六十五—西元前八），古羅馬傑出詩人，主要作品有《歌集》和《書札》。——譯注

冷水浴的。也許又會有人覺得，**義大利**的氣候要比**英國**暖和得多，那裡的河水在冬天不像這裡那麼冷。如果說**義大利**的河水比這裡的暖和，那麼**德國**和**波蘭**的河水總要比這裡的任何河流都冷得多，然而**德國**和**波蘭**的**猶太人**男男女女一年四季都在河裡洗浴，他們的身體也沒有受到任何損害。誰也不覺得這是一個奇蹟，誰也不認爲「**聖威尼弗瑞德井**」[7]有什麼特性，使得那裡面的冷水不會損害浴者的嬌嫩身體。現在人人都知道，冷水浴能有效地幫助身體虛弱的人恢復健康；那麼身體比較健康的人用冷水浴的辦法來鍛鍊和增強體格，也就不會是行不通的或無法承受的了。

假如有人覺得，這些成人的例子不適於兒童，覺得兒童的身體太嬌嫩，受不了這樣的鍛鍊，那就請他們看看古代的**德國人**和今天的**愛爾蘭人**對兒童的做法吧。在那裡，即便是大家認爲最嬌嫩的嬰兒，都洗冷水，不僅用冷水洗腳，而且用冷水洗澡，並沒有任何危險。現在**蘇格蘭**高地有一些婦女，也在冬天用這個辦法鍛鍊她們的孩子，即使水裡結了冰，也沒有發現冷水造成了任何危害。

[6]

---

7 St. Winifred's Well，英國威爾士弗林特郡境內的一口泉，因西元七世紀一位威爾士女基督徒St. Winifred而得名，據傳說這位婦女在那個地方被斬首而後又復活，現在已成爲人們朝拜的聖地。參閱本書後面編者的注釋。——譯注

八

孩子到了能夠學習**游泳**的年齡、又有人教他的時候，應該學習游泳，其實這是不必由我贅言的。許多人的性命，正是因爲會游泳才得救的；所以**羅馬人**很看重游泳，把它和文化教育並列；他們有一句諺語，形容一個人沒有受到良好的教育是無用之輩，就說他**既不會讀寫，又不會游泳**。會游泳不僅可以使一個人獲得一種應付急需的技能，而且能使他在炎夏經常在**冷水中洗浴**，對健康很有益處，所以是不必由我來提倡的；只是有一點要注意，當運動使得全身發熱的時候，或在血脈賁張的時候，不能下水去游泳。

九

還有一件事情對每個人的健康都大有好處，而尤其對兒童的健康有益，那就是要多到**戶外**去活動，即使在冬天也應當儘量少烤火。這樣，他就會既習慣於冷，也習慣於熱，既習慣於烈日，也習慣於風雨了；一個人的身體如果連冷熱晴雨都不能忍受，那對他的人生是沒有什麼幫助的；如果要等他長大成人再著手培養這種習慣，就爲時太晚了。要儘早養成這種習慣，並且要逐漸地培養，這樣，身體就幾乎可以忍受任何事情。假如我勸他，**不戴帽子到太陽底下或有風的地方**去遊戲，恐怕他就受不了。他會說出許多理由來反對，其實無非就是怕曬。如果老是把小主人放在陰涼的地方，不讓他吹一點風、曬一點太陽，以免損害他的膚色，這種辦法也許可以把他養成一個**漂亮的男子**，但卻不能把他教成一個有用的人才。女孩子固然應該多注意一點容顏；但我敢說，**戶外活動**對她們的臉部並無損害，戶外活動愈多，她們的身體就愈健康強壯；她們的教育在刻苦嚴厲方面愈接近於自己的兄弟，這種教育給她們以後的一生所帶來的益處就愈大。

十

據我所知，**戶外**遊戲只有一件事情比較危險，那就是怕他到處亂跑，跑熱了之後便坐在或躺在寒冷潮溼的地上。我承認有這種危險，不僅如此，當他們勞動或運動得發熱時喝冷的飲料，那確實會使他們發燒得病，甚至得重病，還有病死的。不過他年幼的時候隨時有人照顧，這種危險很容易防止。而到了兒童時代，只要時時嚴格管教，不准他坐在地上、不准在身體發熱的時候喝冷的飲料，那麼一旦這樣的克制形成**習慣**之後，即使沒有女僕或導師的照顧，他也能自己照料自己了。對於這種情況，我所想到的辦法只有這個。因爲隨著年齡的增長，便應該逐漸給他自由；許多事情他都應該依靠自己的行動去應付，因爲他不能永遠受人監護；只有讓他在心中樹立的良好原則和牢固習慣，才是最好最可靠的，所以也是最應當注重的。因爲一切告誡與規則，無論如何反覆叮嚀，除非由於實行而養成習慣，否則全是不中用的；在這裡是如此，在其他情況下也是如此。

十一

說到女孩子，我又想起了一件事，那就是不可忘記，你兒子的**衣服千萬不能**做得**太緊**，尤其是胸口那部分。應當讓「自然」按照它所認爲的最好方式去形成體型。「自然」的作爲比我們對它的指導不僅要好得多，而且要精確得多。假如兒女在子宮時，婦女們就能按自己的設想去形塑兒女的體型，就像兒女生下之後她們常常竭力去修正他們的體型一樣，那我們就根本生不出完善的兒童了，就像**衣著緊綳**、全身都受到束縛的兒童很少有優美的身材一樣。我想，那些好管閒事的人（不必提及那些無知的看護和緊身上衣的製作者），如果能想一想這個道理，就應該不會再去干預自己並不懂得的事情了；她們對兒童體型的形成一竅不通，就應該不敢再去排斥「自然」的力量了。不過我還是看到，有許多兒童因爲**衣著太緊**而受到了傷害，這使我不得不認爲，世上除了猴子以外，確實還有些生物比猴子聰明不了多少，他們由於無意識地過分愛護自己的兒女，竟把兒女給毀了。

十二

緊身和**狹小**的衣服，自然會導致胸部狹窄、呼吸短促、肺功能衰弱和上身佝僂，這種結果幾乎經常可以見到。本想使孩子長得腰部苗條、身材秀麗，結果反而害了他們。身上各種器官所預備的養料不能按照「自然」的意思去分配，身體各部分的發育就自然不會勻稱。於是，養料便在身體上那些穿得不很緊扎的地方堆積起來，常見的結果，便是高於尋常的肩背或大於尋常的臀部，那又何足爲奇呢？大家都知道，**中國**的婦女從小身體受到嚴格的束縛（我想像不出這樣做會產生何種美），因此她們的腳很小。不久前我見到過一雙據說是**中國**的成年婦女穿的小鞋：它們與我們這裡的婦女的腳相比是如此的不成比例，連這裡的小女孩都不能穿。除此之外，據說那裡的婦女個子也很小，而且壽命不長；然而那裡的男人卻像其他民族的男人一樣高大，壽命也不短。中國女性的這些缺點，在相當程度上要歸咎於不合理的纏足，因爲血液的自由循環由此受到阻礙，而整個身體的成長和健康也由此受到損害。我們不是常常看到，有的人因爲腳部的某一小部分被扭傷或打傷、使得整個腿部失去了力量和營養、以致萎縮了嗎？**胸部**是維繫著生命的心臟的所在地，如果違反自然地加以壓迫，阻止它正當擴展，那麼由此造成的麻煩還要大得多，這不是可想而知的嗎？

十三

至於他的**飲食**，應該清淡而簡單；在我看來，當兒童年齡尚小、還穿著童裝的時候，至少在兩、三歲以前，應該禁止肉食。儘管禁止肉食對他當下及未來的健康都有好處，但恐怕做父母的因爲自己養成了多吃肉食的習慣，不會贊同這種做法；他們會錯誤地從自己出發來考慮孩子，認爲一天至少要吃兩次肉食，否則便會挨餓。可是我確信，如果兒童不像現在那樣，被溺愛的母親和愚蠢的僕人把肚子塡得滿滿的，並且在三、四歲以前完全不吃肉食，那麼他們長牙就會順利得多，小時候也更不容易罹患各種疾病，從而能夠更加確實地爲健康強壯的體格打下堅實的基礎。

假如小主人一定得吃點肉食，一天也只能吃一次，並且每次只吃一種肉。最好是清淡的牛肉、羊肉、小牛肉等，不用調味品，餓了他自然要吃；要多加注意的是，進餐時不論有無其他食物，都要讓他多吃**麵包**；凡有點硬的食物，要讓他細嚼慢嚥。我們**英國人**在這方面往往很不注意，由此便產生了消化不良以及其他一些不小的麻煩。

十四

關於**早餐**和**晚餐**，我們**英國人**習慣的**牛奶**、**奶酪**、**燕麥粥**、**粥凍**以及其他種種食品，對於兒童都是很合適的；只是要注意，所有這些食品都要清淡，不要多加調料，儘量少加糖，最好是不加；尤其是**各種**性熱的**香料**，如薑、肉豆蔻、肉桂、丁香等，以及其他性熱的佐料，都應當小心避免。還有，他的所有食物裡**鹽**都要少放，不要讓他習慣於吃調味很濃的肉食。我們喜歡品嘗味濃的食品，那都是習慣養成的；可是過多的用鹽，除了常常使人口渴、過多地飲水之外，還會對身體產生其他害處。我覺得，對於小主人來說，最好的早餐便是一大塊品質上乘、烘烤合宜的**黑麵包**，有時候加一點**黃油**或**乳酪**，有時候則不加。我確信，這樣的早餐與美味的食物一樣有益於健康，同樣能使他身體強壯；而且只要吃慣了，他同樣會喜歡吃。如果他在兩餐之間還想吃東西，只可使他習慣於吃乾**麵包**。假如他的確餓了，麵包也就足夠了，假如他並不餓，他就不該吃東西。這樣做有兩個好處：第一，由於習慣他會愛吃**麵包**；如我所說，我們的口味也是喜歡習慣吃的東西的。第二，這樣做還有一個好處，即不會使他吃得比自然所需要的更多、更頻繁。我並不認爲每個人的胃口都是一樣的；有些人生來胃口大，有些人生來胃口小。但我認爲，許多人**好吃**是出於習慣，而不是天生胃口好：據我所知，有些國家的人一天只吃兩頓飯，有些國家的人卻由於習慣，每天要定時吃四、五次，但前者的身體和後者一樣堅實強壯。**羅馬人**通常要到晚上才進餐，因爲這是他們每天唯一固定的一頓飯，即使那些一天不只吃一次的人還要吃早飯，時間也不固定，有的在八點，有的在十點，還有的在十二點，有的還要晚一些，而且進餐時既不吃肉，也不做任何事先準備。**奧古斯都**[8]是當時世界上最偉大的君王，據他自己說，他在兵車上每天也只吃一點乾麵包。**塞內加**在他的第八十三封信中描述了自己的生活狀況，當時他年齡已很大了，生活舒適一些是應該的，但他每天的正餐只是一塊乾麵包，吃的時候都不正式地坐一下，儘管他很富有，（假如健康需要的話）完全能夠像任何一個富有的**英國人**那樣吃得更好一些，即使吃雙份，他也吃得起。世界上的偉大人物都是吃這麼一點長大的；而**羅馬**的年輕紳士也並沒有因為每天只吃一頓，而感到身體沒力氣或精神不飽滿。他們即使偶爾覺得很餓，等不到每天唯一固定的晚餐時間，也不過是吃一點乾麵包，至多再加一點葡萄之類的小東西聊以充饑。在他們看來，這種節制的精神無論對於健康還是對於事業，都是十分必要的，所以，雖然後來的東征掠奪得來的財寶使他們的社會風氣變得奢靡，但他們每日一餐的習慣仍然保持不變；其中有些人不再粗茶淡飯而大吃大喝，但不到黃昏時候也是不會開始的。他們覺得，每天要吃一頓以上的飯簡直是駭人聽聞的事情，所以直到**凱撒的**時代，如果有人在日落之前招待賓客或赴宴席，還是會受人指責。因此，假如大家不認為這種做法過於嚴厲，那麼我認為小主人最好**早餐**也只吃**麵包**。習慣的力量是難以想像的；而我認為，我們

8 Augustus（西元前六十三—西元十四），原名屋大維，凱撒的義子，古羅馬帝國第一代皇帝，古羅馬在他統治下進入黃金時期。——譯注

英國人的一大部分疾病，就在於**肉**吃得太多而**麵包**吃得太少。

十五

至於他的**用餐**時刻，我認爲最好盡可能不固定。如果他養成了在一定的時間進食的習慣，他的胃到了那個時候，便會等著食物的到來，一旦等不到食物就會犯病；或者胃口亢奮以至於飲食過飽，或者胃口不振以至於不思飲食。因此我不主張，他的一日三餐都有固定的鐘點，而要幾乎每天有所變化。如果在這三**餐**之間，他還要吃東西，可以隨時給他上等的乾麵包。假如有人認爲，這種飲食對於兒童太刻薄、太少，那麼他們應該知道，一個兒童午餐有肉，晚餐有肉湯之類的東西，此外想吃的時候，隨時可以得到上等的麵包和啤酒，他是絕不會挨餓的，也絕不會因營養不良而身體虛弱。所以我再三考慮之後，認爲這種飲食對於兒童是最好的。上午通常是學習的時間，吃得太飽是一種不良的準備。乾麵包雖然最有營養，但卻最不吸引人；任何人只要關心兒童的身心健康，不願意讓他昏昏沉沉的，變得不健康，就不會讓他在早晨把肚子塡得太飽。大家也不要以爲，這種飲食不適合有財產有身分的人。一個紳士，無論年齡大小，都應該這樣養育，以便拿得起武器，能當一名士兵。凡是讓自己的兒子席豐履厚、優游歲月、一輩子都要靠遺產混日子的人，都是不大知道吸取經驗教訓，也不懂得自己所處的時代的。

十六　他的**飲料**應當只用淡啤酒；並且絕不應當在兩餐之間喝，而只能在吃完麵包後喝。理由如下。

十七　第一，身體燥熱的時候，喝飲料最容易引起發燒和積食。因此他在很熱的時候，絕不應當**喝飲料**。當他玩得熱了、渴了的時候，麵包是難以下嚥的；此時如果他只能在吃完麵包後**喝飲料**，就得忍耐著不喝；而一旦先吃了一大塊麵包，那就能勻出時間來，使啤酒的**溫度上升到與體溫相等**，再喝也就不會出問題了。假如他確實很渴，那就像這樣等到啤酒熱了再喝，這時止渴的效力也更大；假如他不能等到啤酒熱了再喝，那麼不讓他喝也不會有什麼害處。而且，這樣做能使他學會忍耐，這是一個對身心健康都大有好處的習慣。

十八　第二，不先吃麵包就不准**喝飲料**的做法，能防止他養成貪杯的習慣；貪杯對於**友誼**是一種危險的開端和準備。人們常常使自己養成一種習慣性的饑渴。如果你願意試一試，你可以使一個已經在晚上斷奶的嬰兒，重新養成在晚上必須**吃奶**的習慣，他不吃便睡不著。由於看護們慣於用這種方法來止住嬰兒的啼哭，我相信母親們剛把孩子接回家的時候，要讓孩子在晚上**斷奶**一般都有點困難。你應當相信，無論在白天還是在晚上，都可以養成一定的習慣；假如你願意，你可以使一個人時時都感到口渴。

有一次我住在別人家裡，那家有一個性情倔強的孩子，爲了使他安靜，一哭泣就給他**喝**；因此他一天到晚喝個不停。雖然他還不會說話，但每天二十四小時卻比我喝得還多。你願意的時候可以試試，無論是淡啤酒還是濃啤酒，都會讓你喝得口乾舌燥的。教育上應當注意的一件大事，就是要培養什麼樣的**習慣**；因此在這件事情以及在其他所有的事情上，如果你不願意讓它繼續下去日益發展，就要想辦法不使它成爲習慣。**喝飲料**應當止於解除眞正的口渴，這對健康和自制都有益；如果不吃鹹肉，也不喝烈性飲料，那麼在兩餐之間是很少會感到口渴的，除非已經養成了**濫飲**的習慣。

十九

特別要注意的是，不可讓他接觸**葡萄酒**或**酒精飲料**。在**英國**，給兒童喝這種飲料是最常見的，也是對他們最有害的。無論哪種**烈性飲料**，除非醫生吩咐用作興奮劑，否則絕不可讓

[13]

他們**喝**。即便醫生囑用，也得特別小心身邊的僕人，不可讓他們超過劑量，否則就應給予最嚴厲的懲罰。這類卑賤的人，自己把大部分的快樂寄託在**烈性飲料**上面，就總喜歡把自己最心愛的這種東西拿來討取小主人的歡心，他們自己喝酒感到快樂，就愚蠢地以爲酒對兒童沒有害處。這是你要小心注意、並且要竭盡全力去防止的一件事情，孩子們一旦養成了**喝烈性飲料**的習慣，尤其是私下**與僕人一起**喝的習慣，那對他們今後的身心會造成的損害，是沒有什麼能夠比得上的。

二十

在健康問題上，尤其是在兒童的健康問題方面，**水果**是最難以處理的問題之一。我們的始祖爲了它，不惜冒著失去**樂園**的危險；[9]這就不奇怪，我們的孩子即使要以健康爲代價，也忍受不了它的誘惑。應當如何對待水果，這不是任何規則所能說清楚的；我不像有些人，認爲水果對兒童的健康是完全無益的，因而幾乎任何**水果**都不願意讓他們吃：這種嚴厲

[14]

9 洛克在這裡引的是《聖經》故事，據說人類的祖先亞當和夏娃因受蛇的誘惑，偷吃伊甸園中的禁果而受到上帝的懲罰。——譯注

的辦法只會使他們更加貪欲水果，只要一遇到水果，就會不分好壞，不管成熟與否，一味亂吃的。我認爲，兒童應當**完全不吃甜瓜**、**桃子**、大部分種類的**梅子和李子**、以及**英國葡萄**，因爲這些水果的味道非常可口，但其汁液卻很不利於健康；因此，最好盡可能地不讓他們看見這些水果，或者根本不讓他們知道有這類東西。但是完全成熟了的**草莓**、**櫻桃**、**醋栗**和**覆盆子**，我認爲對兒童並無害處，如果注意以下各點，還可以放手讓他們多吃一些：第一，不能像我們一般的做法那樣在飯後吃，因爲此時胃已充滿了其他食物；我認爲水果應該在飯前或兩餐之間吃，兒童還應當在早餐時用水果。第二，吃水果時要吃一點麵包。第三，水果一定要完全成熟的。如果這樣吃水果，我想它們對健康不僅無害，而且有益。**夏天出產的水果**正適合於夏令時節，那時由於炎熱而令我們食慾不振，吃些水果可以清熱開胃；因此在這一點上，我不願像有些人對待自己的孩子那麼嚴格；適量的上好**水果**可使兒童得到滿足，如果一點水果也不給他們，那麼一旦他們有機會或能透過賄賂僕人得到水果，便會連果屑都吞個一乾二淨、吃得過飽的。

還有**蘋果**和**梨**，只要完全成熟了，採下之後又放了一段時間，我想也可以隨時吃，沒有什麼害處，尤其是蘋果，多吃一些也沒關係；據我所知，**十月份**以後採摘的**蘋果**，對身體是絕無損害的。

沒有用糖漬過的乾**水果**，我認爲也對身體有益。但是一切**糖果蜜餞**類的東西都應避免不吃；很難說這類東西對製作者的害處較多，還是對食用者的害處更多。我所確信的是，吃糖果蜜餞是虛榮心所致的最不合適的花費方式之一；這些問題就留給女士們去作決定吧！

二十一

在所有各種溫柔的事情中，最應當允許兒童充分享受的，便是**睡眠**了。唯有睡眠應當讓兒童得到完全的滿足；因爲**睡眠**對兒童的成長和健康所起的作用，是其他東西比不上的。在這方面只有一件事需要規定，即一天二十四小時中哪一部分應當用作睡眠；不過這個問題很容易解決：只要他們養成**早起**的習慣就行。早起有益於健康；而且，一個人從小就養成早起不賴床的習慣，長大成人後就不會把一生中最好最有用的時光浪費在床上的昏睡中了。爲了培養孩子早起的習慣，很早就要叫醒他，這樣他當然必須早睡；而早睡又可以使他養成那種不去參加不健康、不安全的、放蕩的夜生活的習慣；按時作息的人，是很少會因行爲不良，而染上大的身心疾病的。我的意思並不是說，你兒子長大成人之後，也絕不可以在晚上八點以後與人交際，或者絕不可以在午夜時還與人對酌談心。我只是說，你應當在他年幼的時候，盡可能讓他養成一種習慣，使他不願意參與那些不利於身心健康的活動；早睡早起的習慣會使他難以忍受徹夜不眠，從而會使他儘量避免而很少參加各種徹夜的尋歡作樂活動，由此帶來的好處是不可小視的。假如事情不能做得那麼澈底，還要考慮到時尙和社交，要讓他在二十歲以後能像別人一樣生活，那麼在他不到二十歲的那段時間內，爲了增進他目前的健康以及其他各種好處，也值得讓他養成早睡**早起**的習慣。

雖然我說過，兒童幼小的時候應該讓他們多**睡**，甚至他們想睡多久就可以睡多久；但我的意思並不是說，他們長大了一些之後，還應該睡那麼長的時間，在床上昏沉沉地懶著不起床。不過，究竟應當從什麼時候開始限制他們的睡眠時間，是從七歲？還是從十歲？或者別的什麼時候，這卻很難精確地予以規定。應該考慮到他們的氣質、體格以及強壯的程度。但如果到了七歲與十四歲之間，他們還是過於貪睡，我想那時就可以開始把他們的睡眠時間逐漸減少到每天八小時左右了，因爲每天八小時的睡眠，對於健康成人的休息來說，通常是足夠了。假如你已經盡到責任，使他養成每天早起的習慣，那麼，這種貪睡的毛病是很容易改掉的，大多數兒童由於晚上想和大家一起玩，隨著年齡的增長，自然會逐漸減少睡眠的時間；不過，如果沒有人看護，他們往往會在早晨去補足晚上的睡眠，那是絕對不許可的。每天一早，就應當有人把他們叫醒，讓他們起床；但叫醒他們的時候，一定要小心從事，不能太急，也不能大聲尖叫，凡突如其來的巨大聲響都應避免。因爲這類做法常常會驚嚇兒童，使他們受到很大的傷害；無論是誰，**睡**得正香的時候突然這樣被人驚醒，都會煩躁不安的。把兒童從**睡夢**中叫醒的時候，一開始聲音一定要輕、動作一定要柔和，讓他們漸漸地醒來，然後再和顏悅色地招呼他們，直到他們完全清醒，穿好了衣服，才算眞正醒了。如果強行把他們從**睡夢**中弄醒，那麼無論動作多麼柔和，對他們來說都是一件很痛苦的事情；此外還得注意，不要使他們感到其他的不適，尤其不能讓他們受到驚嚇。

二十二

他應當睡**硬床**，床上用品應當用棉的，而不要用羽絨的。硬床能夠鍛鍊體格；而每天晚上裹在羽絨被褥裡，則會消融體魄，常常導致虛弱和短命。結石病的起因常常就在於睡覺用過於溫暖的羽絨被褥，此外還有其他一些疾病以及成爲病根的體質虛弱，有一大部分的原因也在於**羽絨被褥**。再者，在家睡慣硬床的人，出外旅行就不會由於床鋪不軟或枕頭不合適而失眠（這時最需要睡眠）。因此我主張，**他的床鋪**不妨經常有所變化，有時讓他的頭枕得高一點，有時讓他的頭枕得低一點，使得他對以後必然要遇到的細小的床鋪變化無感，因爲他不可能永遠睡自家的床，有女僕每天爲他把床鋪得整整齊齊，讓他沉入夢鄉。**睡眠**是「自然」賜予人的甘露，失眠的人無不感到痛苦；一個人如果只能在母親精緻的金杯裡、而不能在木質的粗碗中飲到這種甘露，那是極其不幸的。只要能夠熟睡，便能飲到這種甘露；至於睡的是柔軟的**床**還是堅硬的鋪板，都無關緊要。唯一必要的事情是**睡眠**。

二十三

還有一件對健康大有影響的事情，那就是要按時**大便**。大便**過頻**的人，很少有銳利的思想和強壯的身體。不過這種毛病可以從飲食和醫藥兩方面去治療，醫治起來比便祕要容易得多，因此無須多說：如果情況嚴重，無論是因爲來勢凶猛還是因爲爲時太久，會儘早請醫生；但有時還是會請得太早，如果症狀不重，或爲時不久，那麼一般來說最好是順其自然。反之，**便祕**也有害處，醫治起來卻要困難得多；瀉藥雖看起來能夠通便，其實會使便祕加重。

二十四

便祕這種毛病，我有特殊的理由要加以研究，由於書上找不到醫治的方法，我只得自己動腦子解決問題，相信只要方法正確，步驟合理，便祕是可以治好的，即便要使我們的身體產生更大的變化，也是可以做到的。

第一，我認爲，**大便**是身體的某些動作造成的；尤其是腸道蠕動的結果。

第二，我認爲，有些並非完全自覺的動作，也可以透過不斷的練習而成爲習慣性的動作，只要持續不間斷地在一定的時間點嘗試如廁。

第三，我曾注意到，有些人在晚飯後抽菸，便必定要去**大便**，於是懷疑，他們之所以享有這種「自然」的好處，恐怕主要是出於習慣的力量，而較少是因爲菸草的作用；至少，如果是菸草產生的作用，那也是由於菸草激起了腸道的激烈運動，而不是因爲菸草具有腹瀉的效用；假如菸草具有腹瀉的效用，那麼它就還會產生其他的影響。

一旦有了這樣的見解，認爲大便可以養成習慣之後，接下來的事情就是要去考慮，最有可能達到這一目的的途徑和方法是什麼。

第四，於是我猜想，如果一個人在早晨首次進食之後，馬上去求助「自然」，強迫自己 [18]
大便，那麼在持續努力之後，遲早會養成大便的習慣。

二十五

我選擇早餐之後這個時間有如下幾個理由：

第一，因爲早晨胃是空的，此時如果吃了它願意吃的東西（我始終以爲，一個人只有在需要並且想吃的時候，才應吃他願意吃的東西），它就會發生強烈的收縮，擠壓消化食物；我想這種收縮很可能會擴展到腸子，因而增強腸道的蠕動，正如我們在**腸阻塞**中所看到的那樣，腸子的任何一個部位如果發生內容物不能正常運行及順利通過腸道，便會擴展到整個腸道，甚至使胃部也發生不規則的運動。

第二，因爲人在進食時，思緒通常處於放鬆的狀態，此時精神不作他用，便會更多地集中於下腹，從而會產生同樣的效果。

第三，因爲人一旦有空進食，也就有足夠的閒置時間來求助於「**排泄女神**」，[10]得以大便；而在其他時間裡，則人事繁雜，不可能確定某一時間爲大便之用，習慣就不免中斷。健康的人雖然進食時間會有變動，但每天至少進食一次，是很少有例外的，因此仍然能夠保持每天大便的習慣。

二十六

根據這些理由，我進行了實驗，結果發現，只要堅持不懈，不論什麼時候，也不管是否想要大便，每天在首次進餐之後就去廁所，竭力使「自然」盡職，那麼任何人都會在數月之內獲得預期的成功，養成按時大便的習慣，每天首次進餐之後必然要去**大便**，除非是自己偶爾疏忽：因爲無論他們是否想要大便，只要去了廁所，盡了本分，「自然」就一定會服從他們。

10 原文爲Madam Cloacina，參見本書的編者注。——原注

二十七

[19] 因此我要勸告，兒童每天吃過早餐之後，都應當馬上讓他坐在便桶上大便，要讓他自己和女僕都相信，大便與進食一樣都是可以由他自己支配的，而不要讓他們有相反的看法；假如迫使他努力，在解了**大便**之後才允許他遊戲或再次進食，至少要讓他盡力試著大便，那麼我相信，用不了多久，他就會養成按時大便的習慣。有理由認爲，兒童遊戲時，通常都全神貫注而不留意其他事情，常常不顧那些「自然動作」的微妙提醒，於是便會忽略它們的及時提醒，逐漸地就形成了習慣性的便祕。說這種方法可以防止便祕，這並不僅僅是一種猜測，因爲我知道有一個兒童，在一段時間內持續實踐這一方法後，就養成了每天早餐之後**大便**的習慣。

二十八

成年人是否也願意試一試這種方法，得由他們自己決定；不過我不得不說，考慮到便祕的諸多害處，我眞不知道還有什麼比大便通暢更有益於身體的健康了。二十四小時大便一次，我認爲已經足夠，我想也沒有人會認爲這樣會太多。採用這種方法，就可以不借助藥物而做到大便通暢，對於頑固的習慣性便祕，藥物的治療效果是很差的。

二十九

有關他健康的日常事務，我只有最後一個問題要打擾你了。大家也許期望，我會給出一些關於**藥物**的指導，以預防疾病；對於這種期望，我只有一點的確應當認眞地給予建議，那就是，絕不要爲了預防疾病而給兒童吃任何**藥物**。我想，遵從我這個建議，比太太們的飲食療法和藥商們的藥物要好。千萬不要濫用藥物，否則不僅無法預防疾病，反而會引起疾病。也不要每當兒童稍有不適時，就立即給他服**藥**、請醫生，尤其當請來的醫生是一個多事的人時，他就會馬上在病人的窗臺上擺滿藥瓶，給病人的胃裡塞滿藥品。其實，與其把孩子交給一個喜歡濫用藥物的人，或一個認爲兒童的普通疾病只有用食物之外的東西才能治好的人，或相信與此相差無幾的方法的人，還不如完全任其自然更爲安全，因爲理智和經驗都告訴我，除非是到了絕對必須的時候，兒童的嬌嫩身體應該儘量少加干涉。有許多疾病，剛開始時，只要一點點不起泡的冷紅**罌粟水**——一種眞正的消食水，同時靜心休養，禁止肉食，常常就可以治好，如果用藥太急，反而有可能變成重病。假如這種溫和的療法無法起作用，不能阻止它變成眞病，那時才應當去請一位頭腦清醒、處事愼重的醫生。我希望，這一部分易於爲人信奉；因爲一個曾經花時間研究過醫藥的人，勸告你不要濫用**藥物**，不要濫請**醫生**，那是誰也沒有藉口懷疑他的勸告的。

三十

關於身體的健康，我就談到這裡，總結起來可以歸結爲下面幾條易於遵守的規則：多吸**新鮮空氣**，要有充分的**運動**和**睡眠**，**飲食**要清淡，不喝**酒**或**烈性飲料**，**藥物**要少用或不用，**衣服**不可過暖過緊，尤其**頭部**和**腳部**要保持涼爽，**腳**要習慣於冷水並常常與水保持接觸。

三十一

身體應該得到應有的注意，保持強壯而有活力，以便能夠服從並執行**心靈**的命令，在這樣做了之後，其次的主要問題，就是讓**心靈**走上正道，使它在一切場合都能體現出一個理性動物的高貴卓越。

三十二

我在本文一開始就說，人們的行爲和能力之所以千差萬別，**教育**所起的作用比其他任何事物都要大；假如這種說法的確如我所信的那樣，那麼我們就有理由得出結論說，應當在形成兒童的**精神**方面予以極大的注意，而且應當及早加以調教，那會影響他們終身：無論他們的行爲是否端正，人們都會因此讚揚或責備他們所受的教育；而當他們做錯事情時，人們便會說，那是他們的**教養**造成的。

[21]

三十三

正如身體的強壯主要在於能夠吃苦耐勞，精神的強壯同樣在於能夠吃苦耐勞。一切德性和價值的偉大原則和基礎便在於：即便一個人欲望傾向於另一個方向，但仍能夠**克制自己**的欲望，不顧自己的愛好而純粹遵從理性認爲是最好的指導。

三十四

在我看來，人們對子女的教養有一個重大錯誤，即兒童的教養沒有得到**及時**而充分的注意，兒童的精神在最柔軟、最易於支配的時候，沒有使之遵從戒律、服從理性。「自然」很明智地使父母愛自己的子女，但這種自然的愛，如果擺脫了理性的嚴密監視，就很容易轉變成溺愛。父母愛自己的子女，本來是一種義務；但他們卻常常因爲這種愛，而縱容子女的過錯。做父母的當然可以說，子女的意願不可橫加干涉，應當允許他們在各種事情上運用自己的意志；由於孩子的年歲還小，也做不出什麼大壞事，做父母的就以爲子女可以放縱自己的行爲，甚至以爲孩子的任性很合乎他們的天眞年歲而加以逗引。但是，對一個溺愛子女、不去糾正子女的惡作劇而總是予以原諒、說那是一件小事的父母，**梭倫**[11]的回答很好：「**不錯，可是習慣卻是一件大事啊！**」

三十五

被溺愛的孩子必定學會打人、罵人，必定能得到他哭叫著想要的東西，也必定會去做他想做的事情。就這樣，父母在孩子幼小的時候逗引孩子，敗壞了孩子的本性，他們自己汙染了源泉，日後嘗到苦水卻又感到奇怪。因爲，當孩子長大以後，這些惡習也隨之形成；由於此時孩子已大，不能逗著玩了，父母不能再把他們當作玩物，於是便抱怨孩子不成器、太任性；這時做父母的才對孩子感到生氣、才爲孩子身上養成的那些惡習所困擾；而此時要想拔除他們親手種下的雜草，也許已爲時太晚，因爲這些雜草現在已根深蒂固，不容易去除。當

[22]

11 Solon（西元前六三〇—西元前五六〇），雅典政治家和詩人，曾長期任雅典執政官，消除了雅典城邦的貧困，制定了憲法和法典，爲民主制奠定基礎。——原注

他還穿著童裝的時候，就已習慣支配一切，現在長大了，他仍然想要支配一切，這有什麼可奇怪的呢？的確，隨著年齡的增長，孩子的毛病也暴露得愈來愈明顯；那時就很少有做父母的仍然不能覺察孩子的毛病，也很少有做父母的如此麻木不仁，甚至連他們自己縱容的惡果也感覺不到。他在不會說話、不會行走之前，就已支配著女僕；剛剛牙牙學語，便開始支配父母；現在他長大了，比以前更強壯也更聰明了，爲什麼突然之間必須要接受約束呢？爲什麼他在七歲、十四歲或二十歲的時候，必須要失去父母長期以來一直大量給予的優待呢？你可以隨便在一隻狗、一匹馬或任何一個動物身上試試，看看它們幼小時養成的壞脾氣，在牠們長大之後是否容易得到改正；而所有這些動物，牠們的任性和驕傲、牠們想要主宰自己和別人的欲望，都還不及人類的一半呢！

三十六

對待動物，一般來說我們都很聰明，不論是狗是馬、還是其他我們想要使之成爲有用的動物，在牠們**很小**的時候，我們就會著手加以**及時**的訓練。唯有對我們自己的後代，卻忽略了這一點；我們造就了惡劣的兒童，卻愚蠢地期望他們成爲棟梁。因爲，假如兒童想吃葡萄或糖球，就一定能如願以償，而不是讓那孩子可憐的哭叫或不高興；那麼爲什麼當他長大成人了，想要喝喝酒、玩玩女人，就不可以如願以償呢？如果說，小孩子哭泣以求的東西合乎兒童的愛好，那麼同樣可以說，喝酒、玩女人也合乎年齡較大的人的欲求。不同年齡的人有不同的理解和喜好，因而有不同的欲望，這並沒有什麼錯；錯誤之處在於不能使得這些欲望受制於理性的規範和約束：這裡的區別不在於有沒有欲望，而在於能不能控制和克制自己的欲望。一個人**在小時候**不習慣於讓自己的意志屈從於別人的理性，到了自己能夠運用理性的時候，也不會聽從自己的理性。這樣的兒童會長成哪一種人，是不難預料的。

三十七

這些情況，通常都為那些表面上最注重孩子教育的人所忽略。如果稍微觀察一般人對兒童的管教，想想他們那種為世人所指責的放蕩不羈，我們眞有理由懷疑，其中是否還留有些許德行的足跡。我眞想知道，還有什麼邪惡，孩子的父母以及周圍的人，在兒童剛剛能夠接受邪惡的時候沒有汙染他們、在他們身上播下了種子？在這裡我指的不是他們給予的榜樣，也不是在兒童面前樹立的行為模式，那至多是鼓勵；我所注意的是他們直接教授邪惡給兒童，實際上使兒童離開了德行的道路。當兒童還不會行走的時候，他們就把暴力、報復和殘忍教給兒童。「**打我一下，好讓我可以打他**」，便是大多數兒童每天都能聽到的一課；大家都對此不以為意，因為兒童的手還不夠有力，不會惹出禍事。可是我要問，難道這種教訓不會敗壞他們的精神嗎？難道這不就是讓他們走入強力和暴行的道路嗎？如果他們在小時候就學會打人、傷人，以別人受到自己的傷害爲樂，那麼當他們長大之後、自我感覺有了力量、能夠爲了某種目的去打人的時候，難道他們反倒不會去打人嗎？

穿衣服的目的本來是爲了遮羞、保暖和保護，可是由於父母的愚蠢和無聊，卻要使孩子相信，衣服具有別的用處而成了虛榮和爭勝的工具。兒童受到教育，爲了貪圖漂亮而去盼望一套新衣服；當小女孩被新衣、新帽打扮之後，她的母親如果不叫她幾聲「**小皇后**」、「**小公主**」，教她讚美自己，那怎麼能行呢？這樣，小孩子還學不會穿衣，卻已學會了**誇耀**自己的衣服。父母在孩子如此小的時候，就這樣教導孩子，他們長大之後，爲什麼就不應當以裁縫師爲他們縫製的時髦外表來評價自我呢？

只要對自己有利，老師或父母往往教導和鼓勵學生或子女說謊、支吾其詞以及與說謊相差無幾的找藉口。當年輕人發現，只要對神聖的老師有利，歪曲事實就受到鼓勵，那麼一旦歪曲事實對自己有利，他就不會說謊找藉口嗎？

底層社會的人由於家境窘迫，無法在飲食方面縱容孩子，也無法讓孩子**吃喝得過多**；但每當富足一些時，他們自己的惡劣榜樣就顯示他們平時之所以沒有醉飲暴食，並不是因爲他們不喜歡大吃大喝，而是因爲貧困。不過，如果看看那些稍微富裕一些的家庭，吃喝就被當成了生活中的一件大事和幸福之所在，假如兒童沒有分享到這一點，就被認爲受到了歧視。即便吃飽了，他們還用羹湯、肉菜和各種烹製精美的食物引誘自己的口味，然後又藉口怕腸胃負擔太重，得喝點酒幫助消化，儘管這樣做只是增加了積食而已。

我的小主人有點不舒服嗎？那麼第一個問題便是「**寶貝，想吃什麼？要我拿點什麼給你吃？**」大人馬上就要逼迫孩子吃喝；其實，疾病剛開始的時候，「自然」就聰明地讓病人缺乏食慾，以防止疾病的加重，可是大家偏要想方設法去搞些過分香甜的東西，來增進食慾；那時腸胃如果不再納入新的食物、不再承擔平時的消化任務，本來可以得到休息，就能克服剛起的疾病。

有些兒童很幸福，由於父母的明智照顧，他們不會過分吃喝，並且安於粗茶淡飯，但他們的精神仍然不免受到腐敗風氣的毒害；雖然在明智的管教下，他們的身體健康也許能夠得到保障，但由於到處都能聽到**吃好**、**喝好**的教導，他們的欲望就不免會受其支配。大家都在宣揚「**吃得好**」，就必然會有效地刺激人的自然欲望，使之很快地喜歡山珍海味。從而每個人，甚至那些譴責惡行之人，都會將「吃得好」稱爲「**生活得好**」。社會風氣如此，嚴肅的理性又能表示什麼反對意見呢？社會精英如此普遍地奉行「吃得好」，若說這是一種奢侈又有誰會去聽呢？

大吃大喝這種惡行現在已經如此成風，擁護的人那麼多，眞不知道這會不會獲得德行的美名；此時如果反對大吃大喝，眞不知道會不會被看成傻瓜，或者被認爲不懂人情世故？說老實話，我希望，如果做父母的能看到，他們不僅處身於各種誘惑之中，而且時時要面對各種邪惡的教導，即便在他們以爲是安全的地方也是如此，那麼，我在這裡所說的這一切，或許可以在兒童的教育方面引起他們的注意和警惕，否則，大家很可能會責備我不是在說正經話而是在譏諷人了。

這個問題我不打算多說，至於人們耗費精力來敗壞兒童、向他們灌輸不道德行爲原則的種種細節，我更不想多說；但我希望，凡做父母的人都認眞地想一想，兒童們在無形中受了哪些不道德的教育，做父母的如果是明智而有責任心的，是否應當在兒童的教育方面改弦易轍！

三十八

在我看來，一切德行與卓越的原則，就在於能夠克制理性所不允許的欲望的滿足，這是顯而易見的。這種克制能力的獲得和改進，要靠習慣，而駕輕就熟的運用則要靠**及早**實踐。假如大家願意聽我的意見，那麼我要勸告，與常見的做法相反，兒童**從嬰兒時期開始**就應當克制自己的欲望，而不應懷有什麼渴求。他們應當學會懂得的第一件事情，就是他們之所以得到了某個東西，不是因爲它能使他們感到高興，而是因爲它適合於他們。假如適合他們需要的東西便給予他們，從來不因爲他們的哭泣懇求而讓他們得到過任何東西，那麼，他們就能學會不無理取鬧，就不會大聲哭叫、糾纏不休地非得到所要的東西不可，也絕不會鬧得自己和別人都不安寧了，因爲從一**開始**他們就沒有被這樣對待過。假如他們從來就沒有因吵鬧而使自己的欲望得到滿足，他們就不會哭著去要求什麼，正如他們不會哭著去要月亮。

三十九

我的意思並不是說，兒童不可縱情於任何東西，也並不期望他們會像國會議員那樣理性地聽從別人的建議。我知道兒童就是兒童，他們應當得到溫和的對待，應該玩遊戲、應該有玩具。我的意思是說，兒童想要的東西或想做的事，如果不適合於他們，就不應當因爲他們**年齡還小**，便允許他們；無論他們爲了什麼糾纏不休，也不應當允許，正因爲他們糾纏，就更不應讓他們得到。我看到有些兒童，用餐時無論餐桌上放了什麼，也不會去要，而只滿足於自己的一份；但在另一個地方，我看到其他一些兒童，見到什麼便哭著要什麼；每份菜都得先給他們才行。是什麼造成了這麼大的區別呢？那僅僅是因爲，後者已習慣於得到所要的或哭著要求的東西，而前者則沒有這種習慣。我認爲，兒童的年齡**愈小**，就愈不應當依從他們的任性；兒童愈缺乏理性，就愈應當受到管教者的絕對權力的約束。因此，只有謹慎明智的人，才可以接觸兒童。如果通行的做法與此相反，我也無可奈何。我所說的是我認爲應當奉行的做法；假如這種做法早已通行，也就無須在此談論這個話題了。不過我確信，在這個問題上，一定會有人贊同我的見解，即**愈早**對兒童進行這樣的管教，兒童與管教者愈會感到輕鬆愉快；人們應該把這樣的做法當成不可違背的箴言來加以遵守：無論什麼東西，一旦拒絕給予兒童之後，就絕不能因爲他們哭泣懇求，再給予他們，除非是有意教他們變得沒有耐心和令人討厭。

四十

因此，凡有心管教兒童的人，都應該在兒童**很小**的時候就著手加以管教，使他們完全遵從父母的意志。假如你希望自己的兒子過了兒童期之後仍然服從你，那麼，就一定要在他**剛剛**懂得服從、知道自己歸誰管教時，便樹立起父親的權威。假如你希望他敬畏你，便應當讓他在**嬰兒時期**就敬畏你；而隨著他年齡的增長，則應當逐漸與他親近；這樣，就可以讓他在小時候恰當地成為你的順從的臣僕，長大之後則成為你的親密的朋友。我認為，許多人對待孩子的方法很不正確，子女幼小的時候，放縱親狎，子女長大之後，卻對之聲色俱厲，不去親近他們。自由與放縱對**兒童**的確沒有什麼好處，他們還缺乏判斷能力，因此需要約束管教；相反，成年人擁有理性來指導自己，用專制與嚴厲來對待他們就很不恰當；除非你有意讓自己的孩子長大之後厭惡你，希望他們在暗中盤算：「**爸爸，你什麼時候才會死呢？**」

四十一

我想，每個人都會認為，這樣的看法是合理妥當的：子女**幼小的時候**，應當把父母視為君主和絕對的統治者，去敬畏他們；而當子女長大之後，則應當把父母視為最可靠的唯一毫無保留的朋友，去敬愛他們。假如我沒有弄錯的話，那麼我上面所述的方法，乃是達到這一目標的唯一途徑。子女長大成人之後，我們必須將他們視爲和我們一樣的人，具有和我們一樣的情感和欲望。我們希望自己被視爲有理性的人，希望擁有自己的自由；我們不喜歡時時受人指責、遭人白眼，也受不了交往對象的奚落和冷淡。任何成年人如果受到這樣的對待，都會轉而尋求別的同伴、別的朋友、別的談話對象，以求得輕鬆愉快。假如兒童**從最初起**就受到嚴格的管教，那麼他們在小時候就會柔順聽話，安靜地服從管教，因爲那時他們除此之外不知道還有別的做法；假如隨著年齡的增長，他們逐漸能夠運用理性之後，嚴格的管教也按照他們應受的對待漸漸放鬆，父親的臉色更加和藹，父子間的距離逐漸縮短，那麼父親以往的管教反而會增進他們對父親的愛，因爲這時他們已經懂得，這種管教只不過是對他們的關心和愛護，是爲了使他們值得父母的關愛和他人的尊重。

四十二

關於如何在子女的心目中樹立起父親的權威的一般原則，我就談到這裡。最初應當借助於恐懼和敬畏來建立起對子女的權威，但隨著子女的逐漸長大，便要用愛和友誼來維繫這種權威。因爲總有一天，棍棒和懲戒會不管用的；到了那個時候，如果你的愛不能使他們孝順，如果愛德行、重名譽的心理不能使他們走上光明大道，那麼我要問，你還有什麼辦法能使他們走上光明大道呢？當然，由於害怕得不到你的喜愛、會少得遺產，也許可以使他們成

[28]

爲你的財產的奴隸，但他們在私下仍然會是邪惡的；而且這種約束也不會長久。任何人總有一天要完全依靠自己和他自己的行爲；一個人的善良、德行和才幹都必須內在地養成。所以，教育應賦予他的、會改變和影響他一生的東西必須是他身上及時養成的品格；這種品格是織入他的天性之中的習慣，而不是由於害怕父親一旦生氣，會剝奪他的繼承權而一時裝出來的行爲和外表。

四十三

按理定下了一般的原則之後，現在便應當進而考慮較爲具體的管教方法了。由於我一再談到，兒童應當**嚴加管教**，也許大家會認爲，我沒有充分考慮到兒童由於年齡的幼小和身體的柔弱所應得到的對待。不過只要再聽我說幾句，這樣的誤解就會消除。因爲我也認爲，過分**嚴厲**的懲罰是沒有什麼好處的，在教育上的害處還很大；並且我也相信，**事實會顯示**，受到**最嚴厲懲罰**的兒童很少能成爲優秀人才。至今爲止我所主張的只是，無論需要哪種**嚴格的管教**，兒童的年齡愈小，愈應當多加管教；一旦恰當的管教有了效果，就應當放鬆，改用比較溫和的管教方法。

四十四

父母如果在子女記事之前，就能透過堅持不懈的努力，使子女的意志變得平和近人，那就可以使它自然成性，不會引起子女的反抗和怨恨。唯一應當注意的是，這樣的管教要盡早著手並且要堅定不移，直至他們養成一種**敬畏**之心，對父母的順從沒有一點勉強。這種**敬畏的心理**（必須及早培養，否則，要恢復這種敬畏的心理就很勞心費神，還得透過體罰，耽誤的時間愈久就愈費勁）一旦建立起來，兒童就不會過分任性，他們將來長大成人較為懂事之後，靠著這樣一種心理就能管束得住，用不著**棍棒**、**責罵**以及其他**種種使人受屈辱的懲罰**。

四十五

只要設想一下教育的眞正目的是什麼，其關鍵在哪裡，這樣的道理是很容易爲人接受的。

第一，凡不能控制自己的愛好、不知道如何**抗拒當下的快樂與痛苦**的糾纏以便聽從理性告誡的人，便缺乏德行和勤勉的眞正原則，就有流於一無所能、一事無成的危險。自制的品格與人的未受引導的本性是全然相反的，所以應當及早養成；而這種習慣是未來的能力和幸福的眞正基礎，所以應當儘早深植兒童的精神之中，在兒童剛有知識、稍稍懂事之初就要著手，任何對兒童負有教育責任的人，都應當想盡一切方法，使兒童養成這種習慣。

四十六

第二，另一方面，如果兒童的**心靈**受到過分的**貶抑**；如果他們的**精神**由於管教太嚴而遭到過多的**打擊**，他們便會失去活力和勤奮，這種情形比前一種情形更糟。因爲任性放縱的青年，往往精神振奮、富有活力，一旦走上正道，常常會成爲能幹的、偉大的人物；而**心情沮喪的人**，則往往膽小羞怯、**萎靡不振**，很不容易振作起來，因此難以成就事業。要避免這兩方面的毛病是一門眞正的藝術；如果有誰能找到一種方法，既能使兒童的精神保持舒暢、積極、自由，同時又能使他約束自己對許多事物的欲望，而靠近自己不合意的事物；那麼在我看來，他便懂得如何調和這些表面上的矛盾，掌握了教育的奧祕。

四十七

一般導師知道或想到的唯一管教方法，通常是那種只圖便利的棍棒懲罰，但這種方法最不宜於在教育中採用，因爲它有兩種弊端，正如我們已經表明，這兩種弊端會使人們**進退兩**

難，從而使這種方法失去效用。

四十八

第一，我們人類的天性傾向於迷戀肉體的與現實的快樂，而力圖避免一切痛苦，但體罰的方法不僅無法控制這種傾向，反而會助長我們增強這種傾向，那是產生一切惡行和罪惡的根源。一個兒童本來不喜歡念書，現在因爲怕挨打而苦讀起來，本來愛吃不衛生的水果，現在因爲怕挨打而不吃了，其行爲動機除了肉體的快樂和痛苦之外，難道還有其他東西嗎？他這樣做只不過是爲了更大的**肉體快樂**、或避免更大的**肉體痛苦**而已。用這樣的動機來管束和指導兒童的行爲，結果會怎麼樣呢？除了在他身上培養起我們本該予以根除的趨樂避苦傾向之外，還有什麼呢？因此我覺得，對兒童的任何管教，如果不能使他爲做錯了事而感到羞愧，而只是使他感到肉體上的痛苦，那是沒有用處的。

四十九

第二，棍棒懲罰自然會使兒童對導師要他們愛好的東西產生逆反心理。對某些事物，兒童最初是能夠接受的，但當他們因爲這些事物而受到**棒打和責罵**後，便痛恨起這些事物來，這不是顯而易見的事實嗎？在兒童身上發生這種情形，是不應當感到奇怪的，因爲即便是成年人，也不能用這樣的方法來使他們接受任何事物。任何無害的、其本身引不起某人興趣的娛樂，假如他沒有心思去玩，卻有人用棍棒**打**他，用惡言惡語**罵**他，硬逼他玩；或是玩的時候，因爲某些情況而常常被人這樣對待，難道他不會厭惡那種娛樂嗎？結果自然是會厭惡的。令人惱火的情境通常會影響到與其相關的無辜事物；假如有人常用某個杯子喝令他噁心的藥水，那麼只要一見到那個杯子，就會令人反胃，哪怕杯子潔淨無比、杯形美觀、質料名貴，杯子裡的東西終究無法使他覺得好吃。

五十

第三，這種奴**隸性的管教**，只能養成一種**奴隸性的脾氣**。棍棒威逼的時候，兒童會屈服，會假裝服從；可是一旦不用棍棒，沒人看見，知道不會受到懲罰，他便會放任自己的自然傾向；這種傾向根本不會由於體罰的方法而有所改變，反而會在他的身上繼續增長，而且經過這種約束之後，一旦爆發起來往往更加凶猛。

五十一

第四，這種管教如果極其嚴厲，雖然也可以治好目前任性的毛病，但由於它會破壞人的精神，結果常常會帶來一種更糟糕、更危險的毛病，那時你雖然改變了一個放蕩不羈的青年，卻換來了一個**心神沮喪的**傢伙，他違反天性的拘謹狀態的確可以取悅於那些喜歡馴良死板的兒童的蠢人，因爲這種兒童既不吵鬧，也不會給他們帶來任何煩擾；但這種兒童終其一生對自己和別人都是沒有用處的，而且很可能也不會使朋友們感到愉快。

五十二

所以，如果我們想要兒童變成聰明、賢良、磊落的人，那麼棍棒以及其他種種奴隸性的體罰便是不合適的管教方法，這種方法只有萬不得已的時候、在極端的情形之下才能偶爾用一用。另一方面，拿兒童喜歡的事物去**獎勵**兒童，討取兒童的歡心，也應該小心避免。父母如果拿**蘋果**、**糖球**或其他一些爲兒子最喜愛的東西來促使兒子念書，那只是在認可兒子對於快樂的愛戀，是在縱容兒子身上危險的自然傾向，這種自然傾向父母本應該盡全力去遏制的。對於兒童的喜好，一方面加以制約，另一方面卻予以滿足，那是絕沒有希望教會他控制自己的喜好的。爲了把自己培養成一個賢良的、聰明的、有德行的人，兒童應該學會克制自己的欲望，每當理智提出反對、責任加以要求的時候，他應該抑制自己對於**財富**、**服飾**和**美食**等事物的喜好。可是當你要他做些該做的事，就用錢作爲報酬，看到他念書，就用美味酬勞他；要他做一些小事，就允諾給他**鑲有花邊的領巾和漂亮的新衣服**；你提出這種種報酬，不就是認爲這些東西是好的、是他應該追求的、從而鼓勵他去想望這些東西、使他習慣於把自己的快樂放在這些東西上面嗎？除此之外難道還有什麼別的解釋嗎？於是，人們爲了使兒童勤於學習文法、舞蹈以及其他各種對於他們的幸福或利益並沒有多大說明的東西，便錯誤地使用**獎勵**與**懲罰**的方法，結果犧牲了他們的德行，顛倒了他們的教育，把奢侈、驕傲、貪婪教給了他們。因爲，這類方法鼓勵了那些本該加以約束和壓制的不良喜好，從而給未來的罪惡打下基礎，而那些罪惡，除非我們克制自己的欲望並及早使它們習慣於服從理智，否則是無法避免的。

五十三

我的意思並不是說，我不希望兒童享受一切無害於健康或德行的舒適和快樂。恰恰相反，我希望兒童能夠充分地享受到各種無害的快樂，使他們的生活盡可能地愉快和舒暢；不過要注意，他們獲得的各種快樂，僅僅應當出於父母和導師對他們的尊重和讚賞；絕不可因爲他們不願意去**做某件事情**、除非給予某種報酬才肯去做、因而爲此給予他們**各種報酬**。

[33]

五十四

但是，你會說假如一方面取消了棍棒，另一方面也不能運用那些對兒童行之有效的小小鼓勵，我們又要如何去管教兒童呢？一旦取消了希望和恐懼，任何管教都將隨之完結。我承認，善與惡、**獎勵**與**懲罰**，是理性動物的唯一行爲動機：它們是所有人類因此而去工作、由之而受指引的激勵物和約束物，因此也應當運用於兒童。我一直勸告做父母的和做導師的要永遠牢記這一點，即應當把兒童當作理性動物來對待。

五十五

我承認，假如我們想要教育兒童，就必須對兒童進行**獎勵**與**懲罰**。在我看來錯誤的地方在於，通常運用的獎懲辦法**選擇不當**。我認爲肉體的痛苦和快樂如果被用作獎勵和懲罰施加在兒童身上，將導致惡劣的後果；因爲正如我以前所說，它們只會增長和加強那些應被我們加以抑制和控制的喜好。假如你要消除兒童對一種快樂的欲望，採取的辦法卻是滿足他對另一種快樂的欲望，這會在他身上養成什麼樣的德行原則呢？這只會擴大他的欲望，教他走入歧途。假如一個兒童哭鬧著要一種不衛生而對身體有害的水果，你便給他一些對身體危害較小的糖果，以得到他的安寧。這樣做也許可以保持他的身體健康，但卻損害了他的精神，使他的精神遠離正道。在此你只是改變了欲望的對象，但仍然鼓勵了他的欲望，並認爲他應該得到滿足，然而我已經表明，毛病的根源就在這裡；除非你能使他克制那種**欲望**，否則，雖然孩子目前也許會安靜下來，但毛病並沒有治好。使用這種辦法，你便在他身上培育了一切罪惡的源泉，下次一有機會，它必定會更加猛烈地爆發出來，帶給他更強烈的欲望並給你帶來更大的煩擾。

五十六

我們藉以使兒童走上正道的**獎勵**與**懲罰**完全屬於另一類，它們具有那樣一種力量，乃至一旦我們能使它發揮作用，事情便大功告成，困難便成爲過去。人們一旦領略到尊重與恥辱的涵義，**尊重**與**恥辱**對於他們的心靈便是最有力量的一種刺激。如果你能使兒童愛好名譽、知道羞恥，你就使他們具備了一個眞正的原則，這個原則會永遠發生作用，使他們走上正道。不過大家會問，怎樣才能做到這一點呢？

我承認，這件事情乍看上去有些困難；但我覺得我們値得花時間去尋求一些方法（並在找到後實行它們）來做到這一點，這在我看來是教育的一大祕密。

五十七

第一，兒童（也許比我們想到的時期還早）對於**表揚**和稱讚是極爲敏感的。他們覺得受到別人的尊重和讚譽是一種快樂，尤其是在受到父母與自己所依賴的人的尊重和讚譽的時候。所以，假如父親**看見子女的行爲好就加以讚揚，看見子女的行爲不好就生氣和冷淡**，同時母親以及兒童周圍的人都用同樣的態度去對待他們，那麼，要不了多久就會使兒童感覺到其中的差異；這種辦法如果堅持下去，我相信其功效一定比威嚇或者打罵要大得多，威嚇和打罵如果成了家常便飯就會失去力量，而如果不能隨之使兒童感到羞恥則沒有用處；所以除了後面所說的極端情況之外，應該禁止使用威嚇和打罵。

五十八

第二，爲了使兒童更加深切地感受到**受尊重**的快樂與受屈辱的羞恥，並增加這種感受的分量，在兒童感受到尊重的、快樂的同時，**應當始終伴隨有其他各種令人愉快的事物**，在兒童感受到屈辱的、羞恥的同時，應當始終伴隨有其他各種令人不快的事物；這些令人愉快或令人不快的事物，並不是作爲某個特定行爲的獎勵或懲罰而給予的，而是作爲兒童的良好行爲或不良行爲所導致的受尊重或被羞辱的必然狀態、始終伴隨的結果而出現的。用這種方法對待兒童，就可以盡可能使兒童認識到，凡行為良好而受人尊重、得到他人讚揚的人，必定為人人所喜愛，結果自然會得到其他各種美好的事物；與此相反，凡行為不端而被人看不起、不愛惜自己名譽的人，就不可避免地要遭受別人的冷淡和輕視；結果，無論什麼能使他滿足或使他高興的東西他都得不到。這種方法可以從一開始就使兒童獲得一種固定不變的經驗，教給他們知道，他們所喜愛的事物只有名譽良好的人才能得到、才能享受，這樣一來，兒童的欲望反而有助於他們的德行。一旦你能借助這些方法，使他們為自己的錯誤行為感到羞恥（除此之外我不希望用其他的懲罰手段），使他們熱愛自己的名譽並為此感到快樂，你就可以隨意地管教他們，而他們也會熱愛一切德行了。

五十九

我想，實行這種方法的一大困難來自僕人們的愚蠢和頑固，因為在實行這種方法時很難阻止他們不來干擾父母們的設計。兒童犯了錯誤，遭到父母的冷遇之後，往往可以從這些愚蠢的奉承者的撫慰中得到庇護和安慰，這樣就把父母為了培養子女的德行所做的一切努力都破壞了。當父母不給孩子好臉色時，其他的人都應該以同樣的冷淡態度對待他，任何人都不能給他一點好臉色，直到孩子自己請求原諒、改正錯誤、恢復了自己以往的名譽時為止。只要這種做法能夠堅持下去，我相信，是不太需要打罵孩子的：兒童為了求得自己的舒服和滿足，不用打罵，很快就能學會博得他人的稱讚，而不去做那些他們發覺是人人反對的、必定會使自己吃苦的事情，這可以使他們學會謙遜與知恥；於是他們很快就會自然而然地嫌棄那些他們發覺會使人人都輕視自己的事物了。至於僕人方面的障礙應當如何消除，只能留給爲人父母者自己去考慮了。我只是覺得，這一點事關重大；他們如果能夠得到一些小心謹慎的人來照顧他們的孩子，那就是非常幸福的。

六十

所以，我們應當小心地**避免**經常**打罵**孩子，因爲這種懲罰的好處僅僅在於，它可以使兒童對導致懲罰的錯誤行爲產生羞恥與厭惡的心理，此外是絕沒有其他任何好處的。假如懲罰的主要結果沒有讓兒童明白自己做錯了事情，也沒有讓兒童明白自己已咎由自取地使最好的朋友們厭惡自己，那麼棍棒所產生的痛苦只能作出一種不完全的治療。它只是對潰瘍作了暫時的處理，使傷口得到表面的癒合，但並未觸及潰瘍的病根；只有發自內心的**羞恥心**和不願得罪於人的畏懼心，才能成爲眞正的約束；只有這兩者才配掌管馭人的韁索，使得兒童走上正道。但是如果經常施用體罰，結果必然會失去那種效力，會毀滅**羞恥**心。兒童的羞恥心與婦女的謙順之情一樣，它無法時時被人侵犯而仍然保持下去。至於**父母**把子女棒打幾下之後，若很快就收起**惱怒**，則兒童對於父母的惱怒是不會懼怕的。做父母的首先應該深思熟慮，想清楚子女的哪些過失才値得他們生氣；可是一旦生氣實施了懲罰之後，他們就不應該馬上收起他們的怒容，而應該花力氣去恢復子女原有的美德，一直要等子女服從了，比平時表現得更好了，充分改正所犯的錯誤，才可以完全恢復原來的態度。否則，懲罰用得過多就成了家常便飯，就會完全失去作用；犯錯、受罰、被原諒就會被認爲是一種自然而然的循環，就像是中午過後是晚上、晚上過後是早晨一樣。

六十一

關於**名譽**我還有一點要說，那就是，名譽雖然不是德行的眞正原則和標準（德行的眞正原則和標準是對於人的責任的認識，遵循上帝的啓示，期望上帝的歡心和保佑以及如此服從造物主所感到的滿足），但它最接近於德行的眞正原則和標準：名譽是大家根據理智、對於有德行的良好行爲的一種不約而同的證明和讚揚，因此在兒童長大之前、還不能運用自己的理智去辨別是非的時候，最適合於用來引導和鼓勵兒童。

六十二

這種考慮可以指導父母，使他們知道自己應當如何去責備或讚揚自己的孩子。兒童的錯誤行爲有時是不能容忍的，必須加以斥責，因而斥責不僅應當出之以冷靜嚴肅的、不動情感的詞句，並且應當背著別人在私下進行；但當兒童應受讚揚的時候，則應當當著別人的面讚揚他們。對兒童的讚揚經過大家一番傳播，則獎勵的意義就更大；而父母不宣揚子女的過錯，則會使子女更加看重自己的名譽，他們覺得自己的名譽沒有受到損失，因而會更加小心地去保持別人對於自己的好評；但如果當眾宣布他們的過錯，使其無地自容，他們便會覺得自己已喪失了名譽，而制裁他們的工具也就沒有了，他們愈是覺得自己的名譽已經受了打擊，則他們就愈沒有心思去設法保持別人的好評。

六十三

不過，假如對兒童進行正確的管教，那麼我們設想的一般常用的獎勵與懲罰是無須多用的。因爲，只要他們能夠尊重其他在場的人，則他們所做的一切天眞的傻事與**幼稚的行爲都是可以完全任其自由、不加約束的**；而且不妨儘量放任他們。這種種兒童時期所有的、由於年齡而不是作爲人所產生的過失，假如留待時間、模仿與成熟的年歲去加以改正，兒童便可以免受許多誤用而無益的懲罰，這種懲罰無非導致兩種結果，或者是懲罰雖然頻繁，卻沒有效力，並不能克服兒童時期的本性，乃至遇到其他必須加以懲罰的情形，也減少了懲罰的力量；或者是懲罰的力量很大，能夠壓服兒童時期的一片童心，以至損傷了兒童的身心。假如父母已經在兒童的心目中樹立起應有的威信，那麼，即便有時候兒童的遊戲過於吵鬧、或者不合時宜（這種情況只能發生於他們的父母在場的時候），也只要父母說一句話，使一個眼色，就足以使他們走開或是安靜了。不過這種好玩的脾性，是「自然」聰明地使之與兒童的年歲和性情相適應的，本應該加以鼓勵，使他們精神振奮，增進他們的力量與健康，而不應加以阻止和約束；教導兒童的主要技巧乃是把兒童應做的事也都變得像遊戲一樣。

六十四

談到這裡，我要提及一般教育方法上的一個錯誤，那就是要兒童隨時隨地都牢記許多**規則**和教訓，而那些規則和教訓對他們來說常常是無法理解的，總是聽過就忘記。其實，假如你想要兒童做某件事，或者想要他們換個做法，結果他們還是忘了沒做，或者做得不好，你應當讓他們反覆做，直到做好為止；採用這種辦法有兩層好處：**第**一，你可以借此知道兒童否有能力去做某件事情、是否可以對兒童抱有期望；因為有時候我們吩咐兒童去做某些事情，試過之後才知道他們原來沒有做那些事情的能力，需要事先加以教導和練習才可以要他們去做。可是對導師來說，下命令總是比進行教導要容易得多。**第**二，這種辦法還有一個好處，就是一種動作經過多次練習，可以在他們身上變成習慣，如此便不需再靠記憶與回想，就能自然而然地做出來，記憶與回想是謹慎與年歲的伴隨物，不是童年的伴隨物。例如有人向他致禮，他應鞠躬作答，有人對他說話，他應注視對方的臉部，這對於受過良好教養的人來說，因爲不斷應用的緣故，就像呼吸空氣一樣自然；用不著思考，也用不著回想。用這種方法改正孩子的任何過失之後，那過失就同時永遠地改正了；這樣一件一件地繼續改正，便可以把他的過失全部消除，在他身上養成你所喜愛的習慣。

六十五

我看到有些父母把一大堆的**規則**加在兒童身上，乃至於可憐的孩子連那些規則的十分之一都記不住，更不必說去實行了。可是如果他們違犯了這許多繁雜的、常常是非常不恰當的規則，就會受到打罵。這種做法的後果自然是，兒童知道自己的注意力不夠，很難不違犯這些教訓從而難逃隨之而來的懲罰，於是乾脆就不去注意別人的囑咐了。

所以，你對兒子所訂的規則應該愈少愈好，寧可少於而不可多於表面上絕對必要的規則。因爲，如果你訂的規則太多，使他受不了，那麼必定不外有兩種結果：或者是，兒子必定時時受到懲罰，而懲罰過於頻繁，結果就不會好；或者是，兒子違犯了某些規則，你卻不加以處罰，結果他勢必輕視這些規則，而你的威信在他的心目中也就降低了。**規則**應該少訂，一旦訂下就要讓孩子嚴格遵守。年齡愈小所需的規則也愈少，隨著他年齡的增長，一種規則經過練習而得到了確立，可以再增加另外一種規則。

六十六

但是請記住，兒童**不是可以用規則教得好的**，因爲規則總是會被他們忘掉。你認爲什麼是他們必須做的，就應該利用一切機會，甚至在可能的時候創造機會，讓他們進行不可缺少的練習，使其在他們身上固定下來，這就可以使他們養成一種**習慣**，這種習慣一旦養成之後，用不著借助記憶就能自然而然發生作用了。不過我在這裡還有兩點要提醒一下。第一，你讓他們練習所要養成的習慣時，要和顏悅色地進行勸導、提醒他們，而不可聲色俱厲地責備他們，好像他們是故意違犯似的。第二，還應該注意的一件事是，不要試圖一下子培養過多的習慣，否則花樣太多，把他們搞得頭昏腦脹，反而一種習慣都培養不成。要等某一件事情經過經常的練習、變得容易自然、他們能夠不假思索地做出來之後，才可以再去培養另外一種習慣。

這種以反覆的**實踐**來教導兒童的方法並不要兒童去死記規則，而是在導師的監督指導下讓兒童反覆地做同一種行爲，直至兒童養成做好那種行爲的習慣。無論從哪方面考慮，這種方法都有很多優點，可是它竟這樣被人忽視，我眞是覺得奇怪（假如可以對任何不良習慣感到奇怪的話）。現在我順便再提一些它的優點。採用這種方法可以讓我們知道，要兒童去做的事情是否適合於他的能力、是否適合於他的天資與稟賦；因爲正確的教育還應當考慮到這些。我們不應該希望完全改變兒童的本性，我們無法把天性歡樂的人變得鬱鬱寡歡或者把天

[40]

性憂鬱的人變得愉快樂天，而同時卻不對他們造成損害。上帝在人類的精神上面印上了特定的品格，那些品格如同他們的外形一樣，也許可以稍微改變一點點，但是很難把它們改成另一種樣子。

所以，照料兒童的人應該仔細研究兒童的天性和才能，並且應該經常試試，看他們做什麼事情比較容易，什麼事情比較適合於他們；應當看看他們天生是一塊什麼樣的材料，這塊材料要如何才可得到改進，適合於做什麼；也就是說，他應當考慮兒童欠缺的是什麼，所欠缺的是否能透過努力去獲得、透過實踐去吸收，並且值不值得去努力。因爲在許多情形之下，我們所能做的或者應該做的，乃在於儘量利用兒童的天賦，在於防止這種天賦所最易產生的惡行與過失，並把它的各種優點全部發掘出來。每個人的天生才智都應該儘量得到發展；但是要把另一種天資強加給他，那只會白費力氣；即便竭力加以粉飾，充其量也只能勉爲其難，永遠帶有一種局促不安和矯揉造作，使人感到不舒服。

我承認，**矯揉造作**的毛病不是兒童從小就有的，不是沒有經過教導的天性的產物。這種雜草不是生長在荒蕪的野地裡，而是生長在花園裡，由於園丁的疏忽或無能才滋長起來。一個人之所以會**矯揉造作**，起因於管理與教導以及一種不能沒有教養的感覺；它想改正本性中的缺點，並且總是具有一個值得稱讚的目的，即取悅別人，儘管它總是達不到這一目的；它愈是勞心費神地去裝出優雅的舉止，它離優雅的舉止便愈遠。因爲這個理由，所以我們愈該提防它，因爲它正是教育所產生的毛病；這的確是一種走入了歧途的教育，但是年輕人或者由於自己的過錯，或者由於周圍的人行爲不端，卻常常受到這種教育。

優雅的態度永遠討人喜歡，但只要觀察一下就會發現，優雅的舉止在於永遠自然而然地在恰當的場合做恰當的事。我們遇到一個溫文爾雅、友善殷勤的人，只能心生歡喜。一個落落大方、能夠控制自己和自己的一切行爲、不粗俗狹隘、不孤高傲慢、也沒沾染任何重大缺點的人，是沒有人不喜愛的。從這種完善的心靈自然流露出來的行爲，由於是心靈的眞實標記，當然也會使我們感到高興；而這種行爲既是內心的自然流露，就必定是從容自如、毫不勉強做作的。在我看來這是一種美，這種美透過一些人的行爲表現出來，使他們的所作所爲光彩照人，凡是和他們接近的人無不爲之傾倒；他們經過不斷的練習，把自己的舉止陶冶好了，在與人交往時，由於生性或習慣，彬彬有禮、尊重別人、表現自如，毫不做作，亦無心機，而自然而然地流露出美好的心靈和良好的素質。

反之，**矯揉造作**是對於本應純眞自如的事情的一種拙劣的勉強的模仿，缺乏那種自然的美；因爲在矯揉造作之中，外表的行爲與內在的心靈總是不相符合的，表現有二：第一，一個人實際並沒有某種性情，卻要裝腔作勢，竭力在外表上裝出這種性情；但是這種勉強做作是會自行暴露的；例如有些人有時候實際上並無悲哀、愉快或慈愛的心態，卻偏要裝出一副悲哀、愉快或慈愛的神情。

第二，有時候他們並不裝腔作勢、假充具有某種性情，但一些與其不相稱的舉止卻表現了出來；比如他們與人交往的時候各種勉強的動作、言行或表情，其本來的目的雖然是要向對方表示尊重或禮貌，或者表示自己的稱心和愜意，但它們實際上並不是自然的或眞實的表露，而是他們內心的某種缺陷或錯誤的表露。這種情形，大都是因爲他們只知道模仿別人，卻不知道分辨別人的行爲之中哪一部分是優雅的，哪些東西是別人的性格中所特有的。一切**矯揉造作**，無論它的方式如何，總是令人討厭的；因爲我們生來憎惡一切僞裝的事物，譴責那些只能以虛假的態度去博取別人歡心的人。

率眞而不造作的本性，任其自然，要比人爲的醜態和刻意的怪樣好得多。沒什麼成就，或者行爲方面有某種缺陷，舉止不能達到十分優雅的境界，通常不至於被人注意、遭人指責。但是我們的舉止中無論哪一部分有了**矯揉造作**的成分，就等於給我們自己的缺點點上了一支蠟燭，結果一定會被人注意，不是認爲我們沒見識，就是認爲我們不眞誠。這種情形，做導師的人應該特別提防，因爲，正如我上面所說，犯矯揉造作的毛病，大都是那些冒充有教養、不願被人認爲自己不懂得如何與人交往的人，此外很少有別種人，這是一種習得的醜態，起因於錯誤的教育；假如我沒有弄錯的話，它常常是起因於導師的懶惰，他們只是定出規則，提出範例，卻不把他們的教導與練習相結合，沒有讓學生在自己的監督之下反覆某種行爲，以便改正其中失禮和做作的成分，使那種行爲成爲良好的習慣而運用自如。

[42]

六十七

所謂**禮貌**，兒童們往往弄不清楚，而聰明的女僕和家庭女教師卻在這方面有許多好意勸誡，不過在我看來，學習禮貌與其借助於規則，不如借助於榜樣；如此一來，兒童如果不結交壞朋友，知道自己的行爲有禮貌便能得到大家的尊重和贊許，那麼他們就會樂於仿照別人的榜樣，使自己的行爲變得優雅。如果由於禮貌方面的小疏忽，孩子的脫帽禮或屈膝禮的姿勢不那麼優雅，那種缺點可以由舞蹈教師去改正，把時髦人物稱爲粗俗的率眞天性完全去掉。我覺得**跳舞**最能使兒童具有適當的自信心與舉止，使他們能夠與年長的人交往，所以我認爲他們一到能學跳舞的年歲就應該學習跳舞。因爲跳舞雖然只是一種外表優美的動作，可是不知道爲什麼，它使兒童在思想和姿態上具有男子漢氣概的作用卻比什麼都強。除此以外，我是不主張小孩子因爲教養上的細節而多吃苦頭的。

要知道，兒童在禮貌方面的那些過失只要隨著年歲的增長就可以改正過來，因此絕無必要爲此費心。兒童幼小的時候，只要他們的內心**有禮貌**（那是你必須及早注意培植的），舉止上的禮貌有不周到的地方，做父母的人盡可少去操心。假如他稚嫩的心靈充滿了對父母師長的敬愛，不敢違背他們；同時對其他人也懷有**尊重**和**善意**；那麼，這種尊重的心理本身就會讓他察言觀色，學會那些最受人歡迎的表達方式的。你一定要在他的內心中建立起善良仁愛的原則；盡可能利用名譽、讚揚以及隨名譽讚揚而來的種種美好事物，使這種善良仁愛的原則變成一種習慣；一旦這種原則經過不斷的實踐，在他的內心中生了根、發了芽，那麼不用擔心，一切談吐的文雅和社交禮儀的得體，到時候都會在孩子身上自然而然地形成；不過當孩子們不再需要女僕的照料時，要讓一個教養良好的男子去做他們的導師。

孩子很小的時候，任何**粗心大意**都出自天性，而非驕傲或壞脾氣的跡象，都是可以原諒的；但是如果他們的任何行爲顯露出這種跡象，就應該按照上述方法，立刻加以糾正。關於禮貌方面的一切問題，我的意思並不是說，即便我們懂得如何讓兒童有禮貌，也不應該在兒童很小的時候去逐漸塑造他們的動作和舉止。假如在幼兒剛會走路的時候起，就有懂得禮貌教育的人採用恰當的方法陶冶他們，那本是一件極好的事情。我所不滿意的是在這個問題上通常所用的錯誤辦法。有些人，平時從來沒有在行爲舉止方面對兒童進行過任何教導，卻常常（尤其是有陌生客人在座的時候）由於禮貌上的一點點不周到之處，對孩子大加訓斥，在脫帽禮和屈膝禮之類的事情上大做文章。這些人表面上雖然是在改正兒童的錯誤，實際上多半只是爲了遮掩自己的恥辱；他們爲了自己不受責備，便盛氣凌人地歸罪於可憐的孩子，爲的只是懼怕旁人議論，說孩子的不良行爲是出於他們對孩子照料不夠，不會管教孩子。

從兒童方面來說，這種偶爾的教訓是沒有絲毫益處的。應該事先進行教導，讓兒童知道該做什麼，並且還應反覆練習合適的做法，而不應該臨時要兒童去做他們事先根本沒有做過、也不知道應當怎麼做的事情。每逢事到臨頭便訓斥一頓，那不是在教導他們，而是在無故地煩擾折磨他們。應當隨他們去，而不必因爲一些並非他們自身的過失、也非他們聽了一番告誡就能夠改正過來的過失就去斥責他們。兒童們由於幼小而天然具有的粗疏或率直，應當讓他們年歲長大了去注意，這比經常不合時宜地斥責他們要好得多，因爲這種斥責不會、也不能使他們養成優雅的舉動。他們如果心地純正，內心具有禮貌，那麼，即使他們因爲缺乏良好的教導而在外表上粗率一點，但只要他們是在良好的同伴之間成長，這種外表上的粗率大部分是會被時間與觀察沖淡的；相反，他們如果經常與不良的同伴在一起，那麼，哪怕你用盡世界上的所有規則，使盡一切可以想像到的懲罰，也還是無法使他們的行爲優雅。因爲你應該知道這個眞理：對於孩子們儘管可以給予各種訓導、天天告訴他們一些關於禮儀的精湛的指示，但是最能影響他們的舉止的還是那些與他們朝夕相處的人和他們周圍的人的言行。兒童（不，成人也一樣）的舉止大半是模仿得來的。我們都是一種模仿性很強的動物，是近朱者赤、近墨者黑的；而孩子們的耳聞不如眼見，也是不足爲怪的。

六十八

我在前面提到過僕人對於兒童的一大害處，即他們對兒童的奉承會使父母對兒童的斥責失去效力，從而損害父母的威信。這裡要提到的另一個大的不利之處是，孩子們會從卑賤的僕人那裡學到許多不良的行爲。

如果可以，最好完全不讓兒童和這種人交往；因爲禮貌和德行上的壞榜樣就如瘟疫一樣，只要一接觸，就會可怕地傳染給兒童。兒童常常從沒有教養或者沒有德行的僕人那裡學到許多言辭、詭計與惡習，他們如果不與僕人接觸，也許一生一世都不會知道這些東西。

六十九

要完全防止這種弊病的確很難。假如你雇用的僕人中沒有一個是低賤邪惡的人，假如你的孩子一點也沒有從僕人那裡沾染惡習，那你的運氣就眞是太好了。不過我們還是應該盡力去防止這種弊病，並且應當盡可能讓兒童**與他們的父母**以及受託照料他們的人**待在一起**。[12]爲了這個目的，兒童在跟前的時候，應使他們感到舒適自在；他們在父母或導師的跟前應該獲得與他們的年歲相適應的自由，而不可使他們受到不必要的約束。假如他們覺得在父母、導師面前就像坐牢似的，那他們自然就不喜歡跟父母、導師在一起了。兒童畢竟是兒童，只要不做壞事，他們孩子氣的遊戲或孩子氣的行爲舉止，都不應該受到阻礙，其餘的自由也都應給予他們。此外，爲了使兒童喜歡**與父母在一起**，凡是他們心愛的東西都應該在他

12 羅馬人認爲子女的教育是父母本身的應有責任，此點可參見：Suetonius, *August*, §64; Plutarch, *in vita Catonis Censoris*; Diodorus Siculus *l. 2, cap.* 3。——原注

們與父母相處的時候由父母親手給予。不可讓僕人們給兒童烈性飲料、酒、水果、玩具等各種東西，去討兒童的歡心，使兒童喜歡與他們交往。

七十

提到**同伴**這一點之後，我眞想擱筆，不願在這個題目上再打擾你了。因爲同伴的影響既然比一切教訓、規則、教導都大，我覺得再去多談別的事情，再去談論那些幾乎無效的東西，簡直就是白費力氣。你還會說，我對自己的兒子有什麼辦法呢？假如我老是讓他待在家裡，他就有變成我的小主人的危險；假如我把他放出去，外面又到處充斥著粗野與邪惡，他又怎能不受影響呢？讓他待在家裡，也許會比較單純，但是也會更不知道人情世故；他在家裡沒有新的同伴，天天看到的都是幾張熟面孔，一旦出門，就會成爲一個懦弱畏怯或虛驕自負的傢伙。

我承認，無論讓他待在家裡還是放他出去，都有其不利之處。誠然，經常讓孩子出門，他的膽子會大些，也更善於和同年歲的孩子相處；同學之間因爲相互攀比競爭，常常會使年輕人充滿活力、肯用功。不過，除非你能夠找到一所學校，裡面的教師能夠照管學生的禮貌，能夠卓有成效地培養學生的德行，陶冶學生的儀容，就如他能夠卓有成效地教學生學會學者的語言，否則你得承認，你對語言的看重有點古怪，因爲你看重的是**古希臘羅馬**的語言，而不是使孩子成為勇敢的人，你覺得值得把你兒子的純眞和德行去冒險，去換取他學到一點點**希臘文**與**拉丁文**。至於男孩子從學校裡的玩伴那裡學來的大膽與神氣，通常都含有粗魯與不良的自信，這些不合適和不正直的處世方法和習氣日後必須加以清除，代之以較好的原則和使人成為一個眞正有價值的人的儀態。大家只要想一想，良好生活的技能以及像一個人那樣為人處世，與從同學那裡學到的魯莽、詭計或粗暴是絕不相容的，就會覺得，私人教育雖有缺點，但較之學校教育所帶來的弊病還是要好得多，於是就會設法把孩子留在家裡，保持他的純潔和謙遜，因為孩子留在家裡，和親人比較接近，更容易學到那些能成為一個有用的和能幹的人的品格。女孩子根本就是在退縮羞怯中長大成人的，也並沒有人發現或認為她們因此就少懂事，就變得比較不能幹，大家對於這一點是無可置疑的。她們一旦踏進社會與人的交往後，很快就會賦予她們一種適當的自信；至於男子方面的任何粗魯與喧嚷，最好也要避免；因為我認為勇敢與鎮定並不在於粗魯與不良的教養。

德行比人情世故更難獲得；年輕人失去德行是很少再能恢復的。怯懦無能和不懂人情世故是大家歸給私人教育的弊病。其實這並不是在家庭教育的必然結果，也並不是無法醫治。較之於怯懦和不懂人情世故，邪惡是更頑固、更危險的毛病，所以應該首先加以防備。如果說家裡的溺愛常常使人懦弱無能，應該小心避免，那麼其主要的目的也是為了德行；因為我們擔心，這樣一種易屈服的脾性太容易接受邪惡的印象，使剛進入社會的年輕人極易墮落。一個年輕人在離開父親的住宅和家庭教師的保護之前，應該具有堅定的決心，應該熟悉人性，使自己的德行不至於發生動搖，否則，如果他對交友的危險不夠了解，無法堅定地抗拒一切誘惑，他就很容易陷入某種危險的歧途，走上致命的絕徑。假如不是因爲這一點，就用不著過早地去關注青年人的羞澀畏怯和不知人情世故。交際可以在很大程度上治好這種毛病；如果不能，那就只不過提出了一個更加有力的理由，說明家庭中需要一個好的導師。因爲，我們之所以要勞心費神、讓他及時養成一種男子氣概和自信的態度，其主要的作用乃是在他獨自步入社會的時候使他的德行有一道保障。

既然堅強和自主的主要作用只是爲了保持他的德行，那麼，爲了使兒童具有自信心，獲得些許與人相處的技能，就去犧牲他的純眞，讓他和那些沒有教養的邪惡孩子交往，顯然是顚倒主次、很不合理的。因爲，一旦自信心或機靈與邪惡合流，支持他的不良行爲，他就只不過更加無疑地走上了歧路；那時你就必須重新設法消除他從同伴中間學來的毛病，否則便只能讓他毀掉。男孩子只要有了與人交往的機會，必然能學會自信，這只是個時間的問題。在此之前，謙遜和服從使他們更適於受教導；所以事先完全不必過於注意培養他的自信。最應該花時間、下苦功夫和努力的，是使他們養成德行的原則、實踐和良好的教養。這才是他們應該多加準備的事，以免後來容易失掉。正是這些東西，他們事先需要充分具備；因爲他們進入社會之後，與人的交往就會增加他們的知識與自信，但同時也容易使他們失去德行；所以他們應充分地養成德行，使德行深深地在他們身上扎根。

至於要如何使他們長大之後適合於與人交往、進入社會，我們之後再說。但是那種終日與頑童爲伍、在擲球遊戲中學會相互爭鬥、在擲幣遊戲中學會相互欺詐的兒童，如何能夠適合於文明的交往或事業，我卻看不出來。從這樣一群學校的玩伴中學到的品格，通常來自形形色色的父母，一個父親竟會如此貪求這些品格，眞是難以看透。我相信，凡是請得起家庭教師的人，可以借此使他的兒子學到更優雅的舉止、更加剛毅的思想，同時還能學到什麼是有價值的、什麼是合適的，而且知識能掌握得更透澈，成熟也更迅速。關於這一點，我並不責怪學校裡的教師，也並不認爲他能做到。家庭裡只有兩、三個學生，而學校教室擠滿了七、八十個學生，這兩者的區別是很大的。無論教師如何勤奮、有本領，他也只能在學生聚集在學校的時候進行教育，在其他時候他是不可能同時照顧到五十或一百個學生的；除了書本以外，也無法指望他還能在別的方面對學生進行卓有成效的教導；學生的精神和禮貌的形成是需要不斷予以注意的，並且還需要有針對性地進行個別教導，這在一大群的學生中是做不到的，而且，由於學生一天二十四小時之中絕大部分的時間是獨處，或者處於同學的惡習薰染之中，（即使教師有時間去研究和改正每個學生的個別缺點和錯誤傾向）教師的努力也不過是白費功夫。

但是一般做父親的人，眼看那些膽大的人往往最能走運，於是樂於看到自己的兒子及早變得恣意妄爲；認爲這是一種吉兆，表示他們長大了會興旺發達，他們看見自己的兒子對同學要詭計，或是從同學那裡學到一點詭譎的伎倆，便以爲子女學會了謀生的本領，可以與世周旋了。但是我必須不客氣地說，只有把子女的幸福奠定在德行與良好的教養上面，才是唯一可靠和保險的辦法。造就一個人才的不是學生之間玩弄的惡作劇或欺騙，不是他們的彼此無禮，也不是一起偷盜一座果園的周到計謀；要造就一個能幹的人才，需要的是正直、慷慨大方和嚴肅認眞的品格，再加上觀察與勤奮，而這些品質我認爲學校裡的學生們是不能彼此學到多少的。如果一個在家庭裡教養成人的年輕紳士不能比學校裡的學生學到更多這樣的品格，那就只怪他的父親選錯了家庭教師。你可以從文法學校裡挑出一個頂尖的學生，再找一個在家庭裡受過良好教養、年紀相仿的孩子，使他們成爲好朋友；然後你可以看看，誰的舉止更有男子氣概，見到陌生人時誰談吐更加充滿自信、不卑不亢。我相信，那個學生到了這種時候若不是缺乏自信，就是會自信得過了頭而讓人見笑；假如他的自信心只能使他和孩子們交往，那還不如沒有的好。

大家普遍抱怨，邪惡在我們這個時代眞是成熟得太快了，很早就在年輕人的身上撒下了種子，假如你竟敢冒危險，讓子女在外面廝混，任他在學校裡靠機遇或者靠自己的傾向去選擇同伴，他是免不了會受到這種流行病的傳染的。關於近年來邪惡在我們之間究竟爲什麼會如此盛行，是什麼人在縱容支持，使得它如此猖獗，我都打算留給別人去研究。我希望，那些抱怨基督教的虔信與德行到處大大衰退、抱怨這一代紳士的學識和教養都大爲退步的人仔細想想，如何才能在下一代的人身上恢復這些美德。就此而言，我確信無疑的是，我們如果不從年輕人的教育與原則性上去打好基礎，那麼其餘的一切努力都將是徒勞的。我們的德行、能力和學問，把**英格蘭**造就成一個世界上不敢小看的國家，但是如果我們不去注意和保

[50]

存下一代的純潔、嚴謹和勤奮的美德，而又希望他們充分具有這種德行、能力和學問，繼續在世界這個舞臺上獲得成功，那簡直是笑話。我本來還要提到勇敢，雖然勇敢一直被看作是**英國人**天性中的遺產。近來大家談到海上發生的一些事情，那是我們的祖先前所未聞的，我想到這些事情時不得不說，淫逸放蕩會消磨人的勇氣；一旦荒淫的行爲吞噬了眞正的榮譽感，勇氣是很少能夠繼續存在的。我覺得，世界上任何一個民族，無論如何以勇猛著稱，一旦腐敗的蔓延消融了紀律的約束，邪惡的猖獗到了厚顏無恥的境地，它是絕不能夠保有武力的威名或威震鄰邦的。

所以，教育上難以做到而又極有價值的那部分目標，是**德行**，是一目了然的**德行**，而不是魯莽冒失，也不是任何一點點處世的技巧。其餘一切的考慮與成就，都應該爲德行讓路，放在德行之後。唯有德行才是堅實的眞正的善，家庭教師不但應該教導談論它，而且應該利用教育的工作與技巧，將它灌輸給心靈、深植在心靈中、並且絕不能停止，直至年輕人對它發生眞正的愛好，把自己的力量、榮譽和快樂放在德行之中。

德行愈高的人，獲得其他的成就也愈容易。因爲凡是按德行行事的人，對於一切適合於自己的事，是不會採取一種固執或倔強的態度的；所以我不能不傾向於把年輕紳士留在家庭裡，放在父親跟前，由良好的家庭教師去教導，只要能夠做到這一點，做得又恰當，那是達到教育上這一偉大的主要目標的最好、最安全的辦法。紳士們的家庭裡並不是沒有各種各樣的同伴的；他們應該使子女習慣一切來訪的陌生人，子女一旦具備與有才能、有教養的客人交際的能力，便應該讓他們去交際。我不知道爲什麼，有些住在鄉下的人，出外拜訪鄰居時也不帶子女一起去。我確信的是，父親把兒子留在家裡教養，較之送到外面，就有較多的機會單獨與兒子相處，因而就可以給予兒子應有的鼓勵，就能使他少受僕人和卑賤小人的沾染。但是事情究竟如何決定，在很大程度上必須由做父親的人斟酌，根據具體的情況與便利去決定；我只覺得，如果做父親的人一點也不願費神教養自己的兒子，那是最壞的治家辦法；無論他的境遇如何，親自教養子女都是父親能夠留給子女的最好的事物。最後，如果仍然有人認爲，家庭教育太缺少同伴，而普通的學校又不適宜於年輕紳士的教育，那麼我想，將來也許能夠想出辦法，來避免兩方面的弊病。

七十一

前面已經考慮到，**同伴**的影響是很大的，我們每個人，尤其是兒童，都喜歡模仿別人；現在我必須冒昧向做父母的人提醒一件事，即任何人如果希望兒子尊重自己和自己的命令，他自己便應當十分尊重他的兒子。**後生可畏**，[13] 你不願意他去仿效的事，你自己絕不可

---

13 原文爲拉丁文，英文的意思是"A boy should be given enough reverence"。——譯注

在他的面前做。如果你認爲他做了某種事情是一個過錯，你自己卻不小心做了，那麼，他便一定會用你的榜樣來庇護自己，那時你再想用正當的方法去改正他的錯誤就不容易了。假如他看見你自己做了某種事情，而他做了同樣的事情你卻要懲罰他，那麼，雖然你的嚴厲是出於愛護他，想要小心地改正他的過錯，但他是不會這麼認爲的；而一定會認爲你是倚仗父親的地位，專橫無理，毫無理由地不許做兒子的人去獲取自己享有的自由和快樂。假如你認爲你所享有的那種自由是年歲較大的人的特權，而不是一個孩子所應當想望的東西，那麼，你只會給你做出的榜樣增加新的力量，使那種行爲對他更有吸引力。因爲應當永遠記住，兒童之所以愛冒充成人要比我們料想的早；他們愛穿短褲，並不是因爲短褲的式樣好或者穿著舒服，而是因爲穿了短褲就是達到成人時期的一個標誌或步驟。關於父親在子女面前的言行舉止，我所說的這些東西適用於一切有權管教兒童或者應受兒童敬重的人。

七十二

現在讓我們回到**獎勵**與**懲罰**的問題上。兒童的一切幼稚行爲和不優雅的舉止、以及一切完全可以由時間與年歲去改善的事物，如果（像我所說的那樣）不用棍棒來進行管教，那麼人們就無須像現在這樣，經常對兒童祭出棍棒了。假如我們在讀書、作文、舞蹈和外語等學習方面，也這樣對待兒童，那麼在一種坦誠的教育中，是很少用得著棍棒或強力的。把這些東西教給兒童的正確方法，是使他們對於你要他們去學習的東西發生興趣，然後他們自己便會去用功。假如我們能恰當地對待兒童，小心地運用上面提到的獎勵與懲罰，同時在教導他們的方法上遵循下面提到的幾條簡單規則，我覺得要做到這一點是不難的。

七十三

（一）兒童應學的東西，絕不應該變成兒童的一種負擔，也不應該當作一種**任務**強加在他們身上。否則他們就會立刻討厭它；哪怕他們以前喜愛的或至少並不討厭的事情，他們都會感到厭惡。你可以吩咐一個兒童，要他每天到了一定的時候，就去抽陀螺，不管他願不願意；你只要讓抽陀螺變成他的一種責任，使他每天早晚都得因此花費許多時間，照這樣下去，你看他是否要不了多久，就會厭倦任何遊戲。其實，成人又何嘗不是如此呢？他們自己高興去做的事情，一旦變成了他們的一種責任，他們難道不也是立刻就覺得厭倦、覺得無法忍受嗎？隨你怎麼看待兒童，但與最自尊的成人一樣，兒童也想表示自己是自由的，願意旁人知道他們的良好舉動乃是出自他們自己，希望他人知道，他們是絕對獨立的。

七十四

（二）因此，即便是那些你已經使他們開始產生興趣的事情，如果他們還不**願**去做，你也應該少叫他們去做。有些人很喜愛閱讀、寫作、音樂，但在某些時候對於圖書、文字和音樂也會感到索然無味；即便那時勉強爲之，結果也無非是自尋煩惱，兒童同樣如此。所以應該注意觀察他們的這種脾性的變化，應該留意把握住他們的**興致**上的有利**時機**：假如他們自己無法經常具有進取的精神，也應當對他們進行勸導，使他們眞正有意向去做，然後才可以叫他們去做。我覺得，這對於一個細緻周到的導師來說，並非一件難事，因爲他對於兒童的脾性已經有了研究，會設法向兒童灌輸一些恰當的觀念，使他愛好目前所從事的工作。採用這種方法，便可以節省許多時間、減少很多疲勞：因爲兒童**興致好**的時候，學習就有事半功倍的效果，而勉強被迫去做的結果，卻是事倍功半。假如這個道理能夠受到應有的注意，那麼盡可以放手讓兒童去遊戲，直至他玩膩了之後，仍然有充分的時間去學習各種年歲所能學習的東西。但是一般的教育方法，並不考慮而且也無法周延地考慮到這一點。因爲那種粗魯的棍棒教育，是建立在其他原則之上的，它沒有吸引力，不考慮兒童特有的心情，也不懂得利用兒童有興趣的時候。的確，當強制與棍棒已經使得兒童對他的任務產生反感時，卻期望兒童自動地停止遊戲，高高興興地去學習，這是可笑的；然而，假如事情安排得合理，正如遊戲可作爲學習以後的消遣，學習任何應學的東西也同樣可以作爲遊戲以後的消遣。這兩個方面同樣都需要付出辛勞，因為兒童好動好忙碌，天生喜歡變化和變換式樣，他們也不怕勞苦。遊戲與學習兩者之間唯一的區別，是我們所謂的遊戲是兒童不受拘束地去做的，勞累也出於自願（你可以觀察到他們遊戲時是從來不惜氣力的）；但是他們所要學習的東西，卻是強加在他們身上的，他們是被吩咐、被強制和被驅使去做的。這等於從一開始就是一道當頭棒喝；他們缺乏的是自由。要設法使他們自己去請教導師，就像他們經常向玩伴請教一樣，而不要讓導師吩咐他們去學習，這樣一來，他們便覺得自己的學習是出於自願，與做別的事情沒有分別，於是他們就會同樣高興地去學習，而學習與各種遊戲也就變得沒有什麼分別了。這種方法如果謹慎地採用，就可以使兒童自願去學習任何你想讓他學習的東西。我承認，最難的是如何引導第一個或最年長的孩子；不過一旦把他引到正途，就可以隨心所欲地去借助他引導其餘的孩子了。

七十五

兒童學習任何東西的最合適的時機，是當他們**興致高**、**心裡想**學的時候；那時他們的精神不會不好，心思也不會放到別的事物上面，因此不會在學習時感到彆扭與厭煩，這是無庸置疑的；但是仍然需要注意兩件事情。㈠如果這種時機沒有小心地把握住，或者這種時機根本就不經常有，也不可因此而忽視對兒童的管教，任他養成一種怠惰的習慣，使他更加不想去做應做的事。㈡雖然在沒有心思或者另有用心的時候，是學不好東西的；但仍然有一件事非常重要，值得我們去努力，即教導兒童學會自我控制，能夠在權衡選擇之後，毫不爲難地放得下正做得起勁的事而高高興興地去做另一件事，或能夠在任何時候擺脫懶性、精力充沛地投入到理智或別人指導去做的事情中。要在兒童身上做到這一點，可以在他們慵懶不想做事或者想做別的事情的時候試一試，設法讓他們努力去做指定的事情。假如借助於這種辦法，使兒童能夠習慣於自我控制，在必要的時候能夠放下原有的想法或事務，心甘情願或平靜地去從事新的、不那麼願意去做的事情，那麼，將來帶給孩子的好處，較之拉丁文、邏輯學或一般要求兒童去學習的大多數東西來說都要大得多。

七十六

兒童比較活潑好動，只要有事可做並且能做，他們就會去做，做什麼他們是無所謂的，如果外在的鼓勵與壓制相同，**跳舞**與**跳格遊戲**在他們看來沒有什麼區別。可以說，對於我們要他們學習的東西而言，唯一的巨大阻礙是，他們是被吩咐去學習的，學習**被當作是他們的任務**，並因此**受到強求**、**受到責罵**，使他們戰戰兢兢地去做；或者當他們願意去做的時候，卻讓他們做得太久，使他們十分疲倦；所有這些做法都過分地侵犯了他們所極其熱愛的、固有的自由。他們之所以能從日常的遊戲中得到眞正的樂趣，全是因爲自由之故。如果澈底改變教育的方式，你就會發現，他們很快就會改變自己的做法；尤其是當他們看見他們所尊重、自以爲不如的人的榜樣時更是如此。假如讓他們看見別人所做的事，使他們慢慢地理解到，那是年歲較大與地位較高的人的特權；那麼，雄心、想要上進、想要與那些地位較高的人並駕齊驅的欲望，就會促使他們去工作，使他們精神飽滿、快樂地前進了；這種快樂出自於自己的欲望而開創的工作，他們得到了心愛的自由，這對於他們就是一種不小的鼓勵。此外，如果還能在名譽方面再得到滿足，我覺得其他促使他們用功的鞭策便可以不必多用了。我承認，爲了達到這種目的，最初的確需要忍耐、技巧、溫和、注意和小心謹慎。不過，如果兒童的教育無須勞心費神，你又何必要請一位導師呢？而且一旦做到了這點，此後的一切事情就會比較容易了，這是任何嚴厲和專斷的管教所做不到的。我覺得要做到這點並不難；只要兒童的眼前沒有不良的榜樣，我相信並不難。因此我認爲，唯一的大危險來自僕人和其他管教不良的兒童、以及其他壞人或蠢人，他們一方面自己在兒童面前作出不良的榜樣，一方面又把兒童絕不應當同時得到的兩件東西同時給予兒童，去毀壞兒童；這兩樣東西我是指邪惡的快樂和讚譽。

七十七

正如兒童應該很少受到棍棒的懲罰，我覺得經常的責罵，尤其是盛怒呵斥，差不多也具有同樣的不好結果。這些會降低父母的威信和子女對於父母的尊敬；因爲你應當記住，他們很小就能區別憤怒與理智了；他們不得不尊重出自理智的東西，同時也會很快地藐視憤怒；即使憤怒可以一時懾服他們，但是這種懾服的力量很快就會煙消雲散的；出於天性，他們很快就會看不起這種缺乏理智、虛張聲勢的威嚇。兒童只有做了邪惡的事情時（這在他們幼小的時候是很少的），才值得父母去加以制裁，如果他們做錯了事，要改正他們的錯誤只需給點顏色即可；即使有時候不得不責備幾句，責備的話語也應當嚴肅、和藹而又莊重，應當說明，他們的過失究竟有些什麼不好或者爲什麼不合適，而不只是**匆匆責罵**他們幾句了事；因爲這會使他們分不清，你之所以生氣是不是針對他們的成分多而針對過失的成分少。盛怒的呵斥常常不免混雜一些粗暴下流的言辭，結果還會產生一個壞處，把罵人的話也教給了兒童，而且也許可了兒童說；既然它們是父母或師長加之於他們的，那麼使用它們就有了很好的根據，於是他們將其用到別人身上，也不會感到羞恥或者有所顧慮了。

七十八

說到這裡，我預料有人會反對我，說兒童犯了過錯既不能打、也不能罵，那麼還有什麼辦法呢？這不等於放棄了約束一切混亂的轡繩了嗎？其實，只要從一開始調教兒童的心靈時就採用正當的方法，並且如上述所說的培植起兒童對父母的敬畏之心，事情是不致弄到這種地步的。因爲長期的觀察使我們發現，如果兒童在挨打時所畏懼的或所感到的懲罰，只是棍棒產生的痛苦，則棍棒懲罰的好處並不多；因爲痛苦消失得很快，兒童對於它的記憶也會隨之忘卻。不過，有一種過錯，也只有這種過錯，我認爲兒童是應當受到棍棒懲罰的，那就是**頑固**，或者**反抗**。即便在這種情形之下，我也主張盡可能設法把責打所造成的羞辱而不是責打造成的痛苦作爲懲罰的最大部分。唯一眞正合乎德性的約束，是因爲做錯了事、應受懲罰而感到羞恥。如果兒童被打而並不感到羞恥，那麼棍棒所產生的痛苦是容易消失並被遺忘的，而且不久就會因爲習慣於挨打而失去威懾力量。據我所知，有一家名門貴族約束孩子的辦法，是使得孩子最怕被脫掉鞋子，就像別的孩子害怕棍棒一樣。我覺得脫掉鞋子這類懲罰比責打要好；因爲，假如你要他們具有一種眞正磊落的脾性，他們怕的應該是羞於犯錯以及與犯錯相隨而來的被人羞辱，而不是痛苦。但是**頑固**與**頑抗**是應該用強力和棍棒去克服的，因爲此外沒有別的辦法。無論什麼行爲，如果你已經吩咐要他去做，或者要他別做，就一定得讓他服從不可；此時不能作絲毫讓步，也不准他反抗。如果你命令，他反抗，形成了一種互相比腕力、爭勝負的局面，那時你就一定要堅持到底，如果使過眼色或者吩咐過之後還沒有效力，那時便得不顧一切責打了，除非你打算在以後的日子裡一直服從你的兒子。我認識一位細心和藹的母親，有一次就遇到了這樣的情形，她的小女兒剛從保姆那裡回家，她爲了一件無關緊要的小事要女兒服從，在那天早上一連打了女兒八次，才算克服了孩子的**頑固倔強**。假如她早一點鬆手，打到第七次便不再打了，她便從此把孩子毀了，因爲不澈底的打法只會增長孩子的**傲氣**，使得日後極難矯正過來；但是她聰明地堅持下去了，直至實現這種懲戒的唯一目的，即女兒的內心被降服、意志變順從，於是在第一次機會中便徹底樹立起了自己的威信，從此以後，無論什麼事情，她的女兒沒有一次不立即服從的；這是這位母親第一次責打她的女兒，我相信也是最後一次。

兒童**第一次**應該受責打之苦，一定要在完全達到目的之後才可中止，否則還要逐漸加重，這種痛苦應該首先克服兒童的內心，樹立父母的威信；威信樹立以後便應當採取一種嚴肅之中寓有和藹的態度，把它永遠保持下去。

大家如果仔細想想這個道理，就會比較謹慎地使用棍棒，而不會再以爲棍棒是一種安全的萬靈丹而隨時亂用了。的確，棍棒如果無法產生良好的結果，那麼就會產生很大的害處；它如果無法觸及心靈，使意志變柔和，那麼就會使犯事的兒童變得頑固冷酷；無論他受了多少皮肉之苦，棍棒只會使他更加冥頑不靈，因爲這種頑固已使他這次獲得了勝利，於是會使他準備再去爭勝，希望將來再獲得勝利。所以我相信，許多本來可以變得溫良柔順的人，由於錯誤的懲罰方法，結果養成了一副**倔強的脾氣**。因爲，假如你這樣怒火沖天地懲罰兒童，好像只是爲了報復他的過失，這對於本應當加以改正的心靈，究竟能起什麼作用呢？假如兒童的過失並沒有**頑固的脾性**或**故意的成分**，那就根本用不著嚴酷的棍棒懲罰。一種和藹的或者嚴肅的勸誡，就足以改正他們由於意志薄弱、疏忽健忘或粗心大意所造成的過失了，他們所需要的不過如此而已。但是意志中如果參雜**頑固的成分**，或是一種有意的、有決心的反抗，那麼懲罰的分量是不能根據他所犯的過失大小的，而應該看他對於父親的命令不敬重、不服從究竟到了什麼程度；父親的命令必須永遠嚴格地執行，否則便應不斷地加以責打，直至責打的力量達到他的內心，你能看出一種眞正懺悔、羞恥和自願服從的表示。

當然，責打不應當只流於吩咐兒童去做一件事，一旦他們沒有做或做得不如我們的意，就給予一頓棍棒。我們還需要小心、注意和觀察，並且應認眞研究兒童的性情，仔細評估他們所犯的過失，才能夠加以懲罰。這樣做較之手裡時時拿著一根棍棒，把它當作管束兒童的唯一方法，難道不是要好些嗎？難道不比不分場合地濫用棍棒、使這個最後的有效方法到了必須採用的時候也失去了效力要好？倘若每當犯了一點點小事，便不分青紅皀白地打一頓，則此外還有什麼方法可用呢？假如一個脾氣溫良、勤奮用功的孩子查錯了**《聖經》的索引**或者作文用錯了一、兩個字，便受到棍棒的嚴酷對待，與一個頑梗的孩子故意犯事所受到的對待沒有兩樣；這樣的管教辦法怎麼能夠對他的心靈發生良好的影響、使它走上正道呢？改造心靈是我們唯一應當追求的事情；一旦心靈走上了正道，那麼你所希望的其餘一切都會隨之而來。

七十九

兒童的**意志**如果**用錯了方向**而無須改正，那麼是用不著棍棒的。至於其他各種過失，只要心靈沒有毛病，也不反抗父親或導師的管束和權威，那就只是單純錯誤而已，大多可以不必加以理會；即使理會，也只需採用溫和的勸告、指導和訓誡等方法就夠了，除非他們一而再、再而三地故意不予理會，這就表示毛病出在心靈，不服從的根子在於意志的一種**頑固**。但是一旦發現了**頑梗**即公然的反抗時，我們**便**不能假裝不知道或不予理會，而必須在它初次出現的時候就加以克服與控制；只是必須小心，不要弄錯，必須看準它的確是頑梗而不是別的因素。

八十

不過，既然應該儘量避免懲罰，尤其是棍棒的懲罰，那麼我以爲就不應當常常對兒童加以懲罰。兒童只要有了我談到過的敬畏之心，在大多數情況下只要給點眼色就足夠了。而且，我們也不應指望年幼的孩子與年歲較大的人具有同樣的舉止、同樣嚴肅和用功。如我所說，凡是與他們的年歲相適應的愚蠢幼稚的舉動，都應該被許可而不去加以理會。粗心大意和愛好快樂本是兒童時期的特徵。我認爲，我所說過的嚴厲辦法不應該擴展到這種不合時宜的約束。也不應把兒童的年歲或脾性的自然產物，匆忙地解釋爲頑固不化或故意對抗。就這類過失而言，我們應該把他們看作天然的弱者，去協助他們，幫助他們改正；那種弱點經過提醒以後，即使重新出現，也不能認爲完全是出於兒童的忽視而立即視爲他們頑固的表現。意志薄弱所產生的過失固然絕不應當忽視、不應當不聞不問，但除非這種過失含有故意的成分，是絕不應當誇大其詞、太過斥責的；而應當在時間與年歲所許可的範圍內，用一種溫和的手段將它們改正過來。這麼一來，兒童就會明白，一切過失之中主要的討厭癥結究竟是什麼，從而學會避免。這就會鼓勵他們保持正當的意志；要竭力讓他們知道，正當的意志可以使他們不至於經受任何重大的不快，而他們的其他弱點都會得到導師與父母的關切和幫助，而不是生氣和盛怒。只要不讓兒童接近邪惡、養成邪惡的脾性，兒童在各個年齡階段的行爲，一般都會適合於兒童的年歲和他們平常交往的夥伴；而隨著年歲的增長，他們便愈能用心與努力。但是，你說的話應當永遠具有分量與權威，不論什麼時候，一旦你吩咐他不做某種幼稚的事情，你就一定要做到，不可讓他占上風。不過我仍然主張，在這種情況之下，除非兒童的行爲傾向於邪惡的習慣，做父親的人要少用權力、少下命令。我覺得此外還有更好的方法可以制服他們：只要你一開始能使孩子服從你的意志，大多數時候，溫和地據理勸說一番效果要好得多。

八十一

我提到要對兒童**說理**，也許會使人覺得奇怪；然而我不得不認爲說理是對待兒童的眞正辦法。兒童一到會說話的年齡，就懂得道理了；假如我的觀察是對的，他們希望被人視爲具有理性的動物，比我們能想像到的年歲還要早。他們這種自尊的態度是應當得到愛護的，我們也應該盡可能地使它成爲支配兒童的最好的工具。

不過我所謂的**說理**，是指一種適合兒童的能力與理解力的說理。沒有人會認爲，我們應當像對待成年人那樣去和一個三歲或七歲的孩子進行辯論。長篇大論的說教和富有哲學意味的推理，充其量只會使兒童感到驚訝與迷惘，而無法教導他們。所以，我之所謂應當把他們**當作理性的動物來對待**，意思是說，你的舉止應當溫和，即使懲罰他們時態度也要冷靜，使他們感覺到你的做法是合理的，對於他們是有益而必要的；要使他們感覺到，你之所以吩咐或者禁止他們去做某件事情，並不是**隨心所欲**、出於情緒或者異想天開。這是他們能夠懂得的；我想，世界上沒有什麼應遵循的德行和應避免的過失是不可以使他們信服的；不過所說的**道理**必須與他們的年紀相適合，能爲他們所理解，並且始終要用**極少的**、**極明白的措詞**表達出來；即便是那些不習慣於根據通俗的見解進行抽象思維的成人，要想讓他們眞正明白責任的基礎和是非的緣由，也不是一件容易的事。兒童就更不能夠根據高遠的原則來進行**推理**了，他們感受不到冗長的演繹的力量。要想用道理打動他們，那種**道理**就必須**明白易懂**，適合他們的思想水準，而且應該能夠(假如我能這樣說的話)被觸摸到和被感覺到。不過，只要考慮到他們的年齡、性情和愛好，就絕不會缺乏足以說服他們的動力。爲了防止他們犯任何引起注意的過失，即使沒有其他較爲特殊的動力可以利用，也永遠可以讓他們理解，那種過失會使他們喪失名譽、蒙受恥辱、失掉你的歡心，而且這永遠是一種有力的動力。

八十二

不過，就各種教導兒童以及培養他們的禮貌的方法而言，其中最簡明、最容易而又最有效的辦法，是在他們面前樹立起你要他們做或要他們避免的事情的**榜樣**；當你把他們所知道的人的榜樣指給他們看，同時就這些榜樣的美或醜發表一些自己的評論，那麼，這些榜樣要比任何說教都具有更大的力量，去吸引或阻止他們去模仿。如果你能指導他們去觀察，讓他們看看別人行爲中的優劣表現，那麼，這些行爲要比任何語詞都更能使他們明白無誤地懂得，什麼是德行，什麼是邪惡。而別人的**榜樣**也比任何規則或教導都更能使兒童清楚地了解並深刻地感受到良好教養的美和不良教養的醜。

這種方法不僅應該在兒童年幼的時候採用，而且，只要他們還要受別人的管教，就應該繼續採用；不僅如此，我認爲，只要做父親的人覺得合適，任何時候他都可以把它當作一個最好的辦法，去改正他希望兒子改正的任何缺陷；**榜樣**比任何事物都更能溫和而深刻地滲入人們的內心。兒童無論忽略了或者自己陷入了什麼壞事，但只要看見別人做了同樣的事，他們是沒有不厭惡並爲此感到羞愧的。

八十三

關於**棍棒的使用**，大家也許會提出疑問：它作爲一種最終的矯治手段不得不用時，應該要在什麼時候、由誰執行呢？是否應在兒童剛犯錯誤、過失還歷歷在目時，打鐵趁熱地立刻執行？父母是否應當親自責打孩子？關於第一點，我認爲**不**應當在犯錯誤的**當時立刻**執行，怕的是感情用事；如果感情用事，那麼即使棍棒使用過度，它也會失去應有的效力；因爲兒童也看得出來我們感情用事。不過我在前面說過，凡是冷靜地出自於父母的理性的行爲，就具有最大的力量；這種區別，他們並不是分辨不出來。其次，假如你有做事考慮周到的僕人，能夠擔負責打的責任，同時家裡又有管教孩子的地方（如果有請導師，那無疑會有這樣的地方），那麼我認爲，雖然責打的命令應由父母發出，責打的時候父母也應在場監視，但是**責打**最好**由別人直接去執行**；這樣既可以保持父母的威信，而兒童因蒙受痛苦所生的怨恨，卻會轉向執行責打的人。因爲我認爲，**做父親的人是不可多去責打兒子的**，除非萬不得已，到了最後一步，沒有別的辦法可想；到了那種時候，也許做父親的才應當親自去執行，以免他很快就又忘了。

八十四

但是我在前面說過，在管教兒童方面，**棍棒懲罰**是最不可取的一種方法，所以也是最後才可以使用的方法，只有在極端的情況之下，一切比較溫和的方法都試驗過了，都失敗了，才可以採用；這一點如果能夠得到遵循，那麼棍棒是很少用得著的。因爲，一方面，兒童即使會在某件事情上偶爾當面違犯父親的命令，也不會常常違犯父親的命令；另一方面，做父親的既不應透過嚴厲的規則、利用自己的絕對權威去干預兒童幼稚的或無關宏旨的舉動，因爲兒童本該享有那樣的自由，也不應該干預兒童的學習或進步，因爲那是不應當進行強迫的；除此之外，就只有邪惡的行動需要禁止了，在這方面兒童有可能頑固，所以才用得著棍棒；所以凡考慮周到、能正確對孩子進行教育的人，是極少有機會運用棍棒的。可是兒童在七歲以前，除了說謊或者一些不良的惡作劇以外，還會有什麼惡行竟會在父親直接禁止以後，反覆重犯，以至被人視爲頑固而加以責打呢？假如兒童在剛剛表現出任何一點邪惡的傾向時，就能得到正確的處理，開始時向他表示驚愕，再出現時父親、導師以及身邊親近的人都給他一點嚴厲的眼色，同時按照並運用上述對待頑固的兒童的辦法；直到使他明白自己的過失並爲此感到羞愧，我覺得這樣一來，其他懲罰就都用不著了，也不再會有責打的機會了。棍棒懲罰之所以必要，通常都是以往過於縱容、疏於管教的結果；如果邪惡的傾向自始就受到監視，兒童最初做了不規矩的事情時，就能爲那些比較溫和的方法所矯正，那麼我們每次所要對付的毛病，很少會超過一種以上；那時我們便很容易將它改正，用不著嚷鬧，也不需要棍棒那樣的粗暴管教了。這樣，這些毛病就會在剛剛出現時一個接一個地被剷除，一點不留下它們出現過的痕跡或記憶。但是我們縱容自己的小寶貝，讓他們的過失滋長，進而根深蒂固、雜草叢生、連我們自己也因之感到羞愧不安的時候，才不得不起而加以犁耙；那時鏟鋤就必須深入土中，才能達到過失的根蒂了；哪怕用盡氣力、費盡功夫，也難以清理那已被滿地雜草敗壞了的苗地，不再能使我們希望得到豐碩的果實了。

八十五

如果能夠遵循這種辦法，那就可以使父子雙方都省除了那種由於反覆的訓誡和繁多的清規戒律所引起的麻煩。因爲我認爲，就那些（父親唯一應該利用自己的權威加以干涉的）會導致惡習的行爲而言，在兒童沒有犯過之前，事前全都不必加以禁止。因爲這種不合時宜的禁止，即使不產生更壞的結果，至少也等於告訴了兒童，這些禁令預設兒童也許會犯事，其實兒童如果根本不了解這些過失，很可能反倒會更加安全一些。阻止這種過失的最好方法，我已經說過，是在第一次發現兒童具有邪惡傾向的行爲時，立即表示出一種**驚愕的態度**。例如，當第一次發現他說了謊、或做出了任何不良的惡作劇，最初的醫治方法，應該是把它當作一件**奇怪可怕的事**，說想不到他居然會做出這種事情，使他感到羞愧而不再做這種事情。

八十六

很可能有人會提出異議說，無論我覺得兒童如何易於駕馭、利用羞辱和讚譽的溫和方法多麼優越有效；事實上有許多兒童，如果沒有棍棒的驅策，他們是絕不肯專心於讀書、去學習他們應該學習的事物的。我想，這裡所指的恐怕只是一般學校所流行的語言教學，它們在可以找到其他方法的地方，也從來沒有嘗試過那些方法。否則，**爲什麼兒童學習**拉丁文與希臘文**需要教鞭的驅策，而學習**法文與義大利文**卻用不著呢**？兒童學習舞蹈、學習擊劍都不用教鞭；就是學習算術、學習畫畫等，他們自己也很能用功，用不著教鞭；這就不得不令人懷疑，文法學校裡所教的東西或者所用的教學方法，確有不適合兒童的年齡特點的地方，使得兒童非有教鞭的驅策才肯學習，而且即使在教鞭的驅策之下也是極爲勉強的；否則，要說只有棍棒才能讓兒童去學這些語言就是錯誤的。

八十七

即使可以預設有些兒童的確漫不經心或者懶惰成性，無法用我所主張的溫和方法使他們

[65]

去學習（因爲我們應該承認，世界上有各種性情的兒童），但也不能因此得出結論認爲所有的兒童都得用粗暴的棍棒教育。而且，在**比較溫和的方法**沒有**澈底實施**以前，我們也不能就下結論，斷定某個兒童是無法用比較溫和的方法去管束的；萬一它們眞不能夠使兒童努力去做他力所能及的事情，我們對於這種頑固的兒童也並不原諒。對於這種兒童，棍棒是一種正當的矯治；但是責打的方式應當要有所不同。對於故意荒廢學業、面對父親的明確認眞的命令仍舊執意不做力所能及的事情的兒童，不可因爲他沒有執行任務就狠狠地打兩、三下了事，此後又一而再、再而三地反覆因爲同樣的過失祭出同樣的懲罰；我認爲，到了兒童明顯地表現出故意不從、不得不使用棍棒的時候，懲罰應該更加沉著嚴厲一些，責打應該持久一些（同時應該伴之以訓誡），直到能從兒童的面容、聲調與屈服中看出責打對於他的內心發生了作用，不只是感到痛苦，而是意識到自己所犯的錯誤，並且內化爲眞摯的懺悔，才可以停止責打。假如這種懲罰的方法在適當的間隔時間實施過幾次，並且極其嚴厲，同時父親對他始終明白表現出不高興的樣子，卻仍舊沒有效果，不能觸動他的心靈，使他日後變得順從，那麼**棍棒**又有什麼用處？我們又何必再用棍棒呢？**責打**如果不能產生良好的影響，它看起來便不像是出於一位有同情心的朋友的善意，而像是出於一個被激怒的敵人的憤怒了；這種懲罰只是惹人惱火，卻絲毫沒有使人改進的希望。任何一個父親如果不幸有了這樣一個桀驁不馴的兒子，那麼除了替兒子祈禱以外，我眞不知道他還能做什麼了。不過我想，如果從一開始就能用正確的方法教育兒童，那麼，會變成這個樣子的兒童畢竟還是極少的；即便存在著這樣的例子，它們也不能成爲通則，並不適用於那些本性比較善良、可以用較好的辦法去管理的兒童的教育。

八十八

假如家裡能有一個**家庭教師**，他能自居於爲人父親的地位，擔當起教育孩子的責任，喜歡教育工作，並且從一開始就能專心地實行它們，他以後就會發現，自己的工作是很輕鬆的；而你的兒子呢，我想，則會在短期內在學習與教養兩方面都能獲得意想不到的成就。但是，沒有得到你的同意與指導，任何時候都絕不能讓他打孩子；至少得等到你有了經驗，摸清了他的脾氣，知道他確是一個小心謹慎的人才行。不過，爲了保持家庭教師在學生心目中的威信，不能讓孩子知道他沒有責打的權力，而且你自己對他應當非常尊敬，並且要全家的人都同樣尊敬他：因爲你是無法指望你的兒子會去尊重自己的父母或者他人所輕視的人的。假如你覺得他應該受到輕視，那你就是選錯了人；假如你對他表現出任何一點輕視，那麼他也難逃你的兒子的輕視：一旦發生這種情況，那麼無論導師本人具有多大價值，無論導師有多大教育能力，對你的孩子來說這些東西都已喪失了，而且此後也絕不會對他有任何用處。

[66]

八十九

父親應當以身作則，教導孩子尊敬導師，導師也應以身作則，引導孩子去做他希望孩子做的事情。導師的行爲千萬不可違犯自己的訓導，除非他有意讓兒童變壞。導師如果自己放任自己的感情，那麼教導兒童克制感情便是徒勞無益的；導師如果自己行爲邪惡，舉止無禮，他要改正兒童的邪惡行爲和無禮舉止的努力，就會是白費力氣。壞榜樣比良好的規則更容易被模仿；所以他應該時時小心不讓兒童受到不良的榜樣的影響，尤其是僕人的榜樣最危險；不要讓兒童接近僕人，但是不可採取禁止的方式，而應該採取我所說過的其他方法，因爲禁止反而會使兒童更想去接近他們。

九十

我現在要說的東西，在整個教育事務中恐怕是最少爲人聽從或最難得到嚴格遵守的；那就是，幼兒牙牙學語時，就需要有個**謹愼**、**清醒**甚至**聰明**的人來照顧他們，其任務是把兒童領上正道，不讓他們接近一切壞事，尤其是不讓他們受到不良同伴的影響。我以爲，這種工作需要很大的**鎭定力**、**忍耐心**以及**溫柔**、**勤勉**、**謹愼**等種種德性；具備這種種德性的人是很難用一般的薪水聘請到的，也不容易找到。至於費用，我認爲這是最值得花在兒童身上的一

[67]

筆錢；所以，即使這筆費用要比一般花費多一些，也不能算貴。在這上面花些錢，使子女具有善良的心地，有德行、有才能而又具有禮貌與良好的教養，較之用這筆錢為子女購置更多的地產，來得更有價值。你盡可以在玩具、絲綢、緞帶、花邊以及其他各種無用的費用上省錢；但在這種必須花錢的費用上是不能夠節省的。使子女財產豐裕而精神貧乏，那不是治家的好辦法。我常常極其驚訝地看到，有些人大肆揮霍，把子女打扮得花枝招展，為他們提供豪門大宅、山珍海味以及過多無用的僕人，同時卻使他們的精神貧乏，也不注意去遮蓋那最令人羞愧的地方，即他們本性中的錯誤傾向與無知。在我看來，這只是為了自己的虛榮心所付出的代價，與其說表現了他們對子女的利益的眞正關心，不如說表現了他們的驕傲；反之，只要是為了兒子的精神上的增益，那麼不論你做了什麼，都可以表現出你的眞正的慈愛，即使這樣做會減少他的財產。一個聰明善良的人，在別人的心目中以及在事實上，都很少不是偉大與幸福的；但是一個愚蠢或邪惡的人，無論你留下多少財產給他，也是既不偉大又不幸福的。我想問你，難道世界上就不存在這樣的人，使得你寧願兒子每年收入五百英鎊，也要成為這樣的人，而不願他變成你所知道的某些人，即便他們每年收入五百英鎊？

九十一

因此，對於有經濟能力的人來說，費用不應成為問題。最大的困難在於，到哪裡去找這麼一個**合適的人**來當導師：年齡較小、能力和德行較差的人，不宜擔任這種工作，而年齡較大、能力和德行較好的人，又不容易請來擔任這種工作。所以你應當及早四處訪求；世界上不乏各種各樣的人。我記得**蒙田**[14]在他的一篇文章裡說過，當博學的**卡斯塔利奧**[15]爲了糊口不得不到**巴塞爾**去製作木盤時，蒙田的父親正要爲自己的兒子重金聘請這樣一位導師，而**卡斯塔利奧**也一定願意以極合理的條件接受這種聘請；可惜的是訊息互不相通。 [68]

九十二

假如你發覺難以遇到這樣一位我們所希望的導師，你也不必奇怪。我只能說，應該設法找到這樣一位導師，要盡心盡力，不惜代價。一切事物都應這樣去得到：我敢向你保證，假如你能得到一位良師，你是絕不會後悔所花的金錢的；而會永遠覺得，這筆錢在你所花的金錢之中是花得最值得的。不過，請導師絕不可憑藉友誼，不可作爲善舉，也不可信賴極力的推薦。不僅如此，按理說，一個人僅僅具有謹嚴的聲譽和豐富的學識（通常對於一個導師的

14 Montaigne（一五三三—一五九二），法國思想家、作家，名著爲《隨筆集》。——譯著

15 Castalio，參閱本書後面編者的「注釋」。——譯著

要求也不過如此），還是不夠資格當你家的家庭教師的。爲子女選擇導師，要像爲他選擇配偶一樣，應當精心從事；不應該去想姑且試試，試得不好再去更換；這種試試的辦法會給你造成很大的麻煩，而且會給你的兒子帶來更大的麻煩。當我考慮我在這裡要你謹慎從事的種種建議時，我覺得看起來好像是我在勸你去做一件我想做而並沒有做成的事情。但如果想一想，事實上一般的導師是多麼不稱職，許多人對於導師的職務又多麼不明白，甚至連自己想做導師的人也是一樣，也許就會贊同我的想法了，就會同意，適合於教育年輕紳士、塑造年輕紳士的精神的人，並非到處都可以找到的，選擇這樣的人要比平常多費心，否則就達不到你的目的。

九十三

我在前面說過，人人都希望導師具有謹嚴和博學的品格。一般認爲這就夠了，父母通常尋求的也不過如此：但是一旦這樣一個人把自己從大學學到的拉丁文與邏輯學等知識全部灌輸給學生，這種條件難道就能使學生變成一個優雅的紳士嗎？難道就能期望學生會比年輕的**導師**更有教養、更懂得人情世故、在眞正的德行與慷慨大度方面有更好的基礎嗎？

爲了培養一個恰如其分的年輕紳士，他的**導師**本身應當具有良好的教養，懂得對於什麼人、在什麼時候以及什麼地方，應當有什麼樣的舉止與禮貌；並且要在學生的年齡所要求的範圍內，儘量使學生遵守。這是一種藝術，從書本中是學不到的，也不是可以根據書本教會學生的。除了良好的同伴並結合以實踐，什麼都不能使它產生出來。裁縫師可以使兒童的衣服合身，舞蹈教師可以使兒童的動作得體；但這些固然可以把外表裝飾得很好，卻沒有一樣能夠造就一個具有良好教養的紳士：即使他還具有學問也不行，學問如果處理得不好，反而可以使他在與別人交往的時候更加無禮、更加令人難堪。教養潤飾了人的所有其他美德而使之光彩奪目，使這些美德變得有用，爲美德的擁有者贏得了周圍人們的尊重與善意。沒有良好的教養，其餘一切成就就會被人看成驕誇、自負、無用或愚蠢。

在沒有教養的人身上，勇敢帶有野蠻的色彩，並且也必然被別人視爲野蠻：學問變成了迂腐、才智變成了滑稽、率直變成了粗俗、善良變成了諂媚。缺少了教養，無論什麼美德都會變樣，反而對美德的擁有者不利。不僅如此，德行和才能雖然應當得到應有的讚譽，卻不足以讓人得到別人的喜歡、到處受到大家的歡迎。沒有經過琢磨的鑽石，是沒有人喜歡的，這種鑽石戴了也顯不出價值。但是一旦經過琢磨、加以鑲嵌，便能展現光彩。美德是眞正的精神財富，但是讓它們展現光彩的乃是良好的教養：任何人若要受人歡迎，他的行動就不僅要有力量，而且要優美。堅實甚至於有用，都是不夠的，必須優雅才能光彩奪目，惹人喜愛。在大多數情況下，做事的態度對後果的影響，較之所做的事還要大；他人之感到滿意或厭惡，也就在於這個態度。這不在於脫帽致禮，也不在於見面問好，而在於根據不同的人在不同的場合，自己的言談、表情、動作、姿態、位置等等，全都做得鎮定自如，而這些東西是只能透過習慣與踐行才能學會的，儘管這超出了兒童的能力，並且年幼的孩子也不應該爲此受到煩擾。然而，一個年輕的紳士在獨立進入社會之前，就應當在導師的指導下開始學習這些東西，而且要學到相當的程度：因爲，小事情上的一些習慣性粗鄙言行，到了進入社會後再去改正，通常爲時已晚。一個人的言行舉止，只有到了習慣成自然的時候，才能做得恰到好處，就像技藝高超的音樂家，指尖所觸，無不成調，不必用心，也不必思索。假如一個人與人交往的時候，其內心還在時刻警惕自己的某一部分行爲，那麼，他的行爲不僅得不到糾正，相反會很勉強，不自然、不優雅。

良好的教養是最需要由**導師**來調教養成的，因爲教養方面的錯誤雖然最初就會被別人注意，但卻最後才能爲本人聽到；這種錯誤，不僅一般人極愛加以非議，而且他們的非議，犯者本人往往是永遠聽不到的，他無法善用別人的評判、透過別人的指謫而加以改進。的確，教養方面的問題是非常敏感難以言傳的，即便朋友之間希望對方加以改進，也常常不敢明說，不敢告訴自己所愛的朋友，說他們在某件事情上犯了不良教養的毛病。其他方面的錯誤，常常可以客客氣氣地告訴別人；要別人改正，也是既不傷禮貌、又不傷友誼的；然而，一個人若有良好的教養，其本身就不允許自己去觸及教養方面的錯誤，不允許自己去暗示別人，說別人沒有教養。只有那些有權管束別人的人才能指出這種錯誤；對於成人，則有權管束他們的人也會難以啓齒，即使說了也不中聽；對涉世不深的人來說，無論這種批評如何委婉，聽了終歸是不高興的。所以，讓兒童具有良好的教養應當是**導師**的主要任務，他應

[71]

該在兒童沒有離開他之前，儘量使兒童的一切言行舉止養成一種習慣性的、優雅有禮的態度；使他在後來既沒有時間也沒有心情去接受、又沒有人來給他這種指導的時候，他在這方面可以不需要別人的勸告。因此，**導師**首先應當自己具有良好的教養：一個年輕紳士從**導師**那裡學到了這種美德，日後所得到的好處是很大的，他會發現，這一點成就爲他打開了更寬廣的道路，使他獲得了更多的朋友，在這個世界上就可以達到更高的造詣，這是他從文科教育或**導師**的淵博的**百科全書**中所學到的困難詞句或眞正知識所趕不上的：並不是說可以忽視那些詞句和知識，而是說絕不可把它們看得比教養更重要，或者竟因此排擠掉教養。

九十四

導師除了應具有良好的教養之外，還應該深知世態人情；他應該懂得他那個時代人們的行徑、脾性、罪惡、騙術和缺點，尤其是他本國的人。學生到了能夠懂得這些事情的時候，導師應當把這些事情告訴學生；他應該使學生練達人情；應該向學生揭穿人們的各種假面具，使學生看得出假面具後面的眞相，以免他像一般沒有經驗的年輕人一樣，如果沒有人在旁邊提醒，便會以黑爲白、以貌取人、自我炫耀、對優雅的舉止或樂於助人的行爲進行冷嘲熱諷。導師應該教導學生，使學生懂得如何推測和防備不得不與之打交道的人的圖謀，對人既不過於多疑，也不過於輕信；由於年輕人最容易走極端，不是過於多疑就是過於輕信，導師便應當對此加以糾正。人們在一些小事情上的表現，常常最能說明他們的本來面目和內心狀況，尤其是當他們不故意做作、沒有提防的時候，導師應該使學生習慣於儘量根據這些跡象，對別人作出正確的判斷。他應該使學生熟悉人世的眞情實況，既不過高也不過低地評價一個人，既不把人看得太聰明也不把人看得太愚蠢。這樣，他就可以安全、不經意地長大成人，度過整個人生旅程中這一個最危險的階段。所以這是應該格外小心的，應當十分努力地幫助年輕人渡過這一關；不應像現在的一般做法，讓孩子脫離**導師**的指導，突然地被抛入社會，一切全靠自己，這樣做不無立即墮落的明顯危險；許多年輕人一脫離嚴格的教育之後，立刻就變得驕淫放蕩、無所不爲，世界上沒有比這更爲常見的了：我覺得這種情形的主要原因是由於錯誤的教養方式，尤其是在人情世故這方面；他們是在對世界的眞實面貌一無所知的情況下養育長大的，一旦進入社會，才發現世間的情形與導師所教的理想狀況和自己所想像的完全不同，於是就會很容易地被他們必然會遇到的另外一種導師所說服，相信他們以前所受的管教和所聽的教訓，都只不過是教育的一種形式，是爲了約束兒童；相信成人是有自由的，可以充分享受他們以前被禁止去享受的事物。這另一種導師讓那些剛踏入社會的青年看到，世界上到處充滿了這類時髦燦爛的榜樣，使年輕人立即神昏目眩，把持不住。我的小主人也和其他年記相仿的翩翩少年一樣，想要表示自己是個成人了，於是就想去過一種最放蕩不羈的生活；這樣來抛棄他以前的謙虛謹愼、來博取名譽和自己的男子氣概；他剛剛獨立自主，就開始反對先前導師教給他的一切關於德行的規則，以爲那就是有勇氣。

我認爲，防止這種弊害的最好方法之一，就是要在他踏入社會前便把社會的眞情實況告訴他，他應該逐漸得知各種流行的邪惡、應該得到警告，懂得那些以敗壞他人爲己任的人的做法和圖謀。他應該被告知那種人所用的手段和所設的陷阱；此外還要不時地把世上正在墮落或已經墮落的人的可悲可笑的事例放到他的眼前。這個時代並不缺乏這種事例，這些事例應該用作他的殷鑒，使他看到那些本來很有希望的年輕人，由於這樣墮落而弄得名譽掃地、疾病纏身、窮困潦倒、被人看不起，從而引起他的警惕，並且還使他看到，那些扮成朋友、假裝敬重他們、使得他們墮落的人，居然也瞧不起他們，甚至當他們墮落時趁火打劫加以欺凌。這樣便可以使他在付出昂貴的經驗代價之前就明白，那些人之所以勸他捨棄**導師**所給的嚴肅認眞的訓誡和他自己的理性忠告，說那是被人管束，其目的只不過是想自己控制他；那些人要他相信，自己已經是個成人了，行爲是自己作出的，爲的是他自己的快樂，而其實呢，他還完全是個孩子，被他們引誘去做最有利於他們的壞事。這種知識**導師**應該隨時努力地進行灌輸，應該用盡一切方法使他懂得並澈底信服。

我知道人們常常認爲，讓年輕人知道各種當代的邪惡，就等於把那些東西教給他。我承認，就實際情況而言，這種看法在某種程度上是正確的，所以才需要一個有才幹的、謹慎的導師，他了解人情世故，能夠判斷學生的脾性、喜好和弱點。此外還應當記住，現今這個時代，爲使一個年輕紳士避免染上邪惡而完全不讓他知道邪惡的事情，那是做不到的（先前也許同樣如此），除非你把他終身關在密室裡，永遠不准他和別人來往。他這樣被蒙蔽的時間愈久，則一旦走出來暴露到光天化日之下，就愈看不清楚外面的事物，就愈容易成爲自己與別人的犧牲品。一個大孩子初見世面的時候，樣子清純可愛，必定會吸引全城「鳥兒」的目光，注視著他嘰喳議論；其中不免就有「猛禽鷙鳥」，立刻就會展翅向他飛去。

對於人世的唯一防備就是對它有透澈的認識；一個年輕紳士應在他能力可承受範圍之內逐步走入社會；而且愈早愈好，以便能夠得到可靠的、有能力的人的指導。場景應該漸漸地展開，應該讓他一步一步地走入場內，還應該向他指出某些地位、某些氣質、某些圖謀和某些團體的人會給他帶來的危險。他應該準備著遭受一部分人的打擊，獲得另一部分人的愛護；應該事先得到警告，什麼人會反對他、什麼人會誤導他、什麼人會陷害他、什麼人才會爲他效力。他應該受到教導，懂得如何去認識、分辨；知道在什麼地方應當讓別人明白，在什麼時候要對別人及其目的與圖謀裝作不知道。假如他過於相信自己的力量和能力而去冒險，那麼，讓他不時地受到一些挫折、遇到一些麻煩，只要不致損傷他的清白、健康或名譽，也不失爲是教他加倍小心的一個好辦法。

我承認，這裡面包含著很大一部分智慧，它不是泛泛地思考或者多讀一些書就可以得到的；而是一個人睜開眼睛生活在這個世界上、與各種各樣的人交往、有了經驗、經過觀察的結果。因此我認爲，最有價值的事情便是利用一切機會教給年輕人，使他將來自己投身於人海之中時，不會像那些在海上迷失了航線、失落了指南針或航海圖的航海家一樣；他會事先注意到暗礁、淺灘、急流和暗流的所在，並且又懂得一點駕駛技術，從而在獲得經驗以前不會遭沒頂之災。一個人如果認爲，對他的兒子來說，這種知識不若語言文字和高深的科學重要，也更不需要一個導師的指點，那麼他就忘記了，正確地判斷人和聰明地與人相處，其用處要比會說希臘文與拉丁文或者能言善辯大得多；也要比將自然哲學和形而上學的深奧理論塞滿子女的腦袋有用得多；甚至比精通**古希臘羅馬**的作家有用得多，儘管對一個紳士來說，精通古希臘羅馬的作家要比作一個優秀的逍遙派或笛卡兒派的學者好得多，因爲那些古代作家對於人類的觀察與描寫還是很深刻的。凡是到過**亞洲**東部的人，都能發現一些有能力而又可親近的人物，他們並沒有以上所說的任何一種學識；但是一個人如果沒有德行，不懂人情世故，沒有禮貌，那麼他在任何地方也不會有成就、不會有價值。

現在**歐洲**學校所時興的大部分學問和通常的教育內容，在很大程度上是一個紳士所不需要的，沒有它，既不會對他自己造成任何重大的貶損，也不會妨礙他的事業。但是小心謹慎和良好的教養卻是在人生的事事處處中都不可少的；大多數年輕人都因爲不謹慎或缺乏教養而吃了苦頭，也正由於這個原因，他們在進入社會時，其爲人處世顯得比較生疏拙劣；小心謹慎和良好教養本來最應該進行教育培養，也最應該得到教師的幫助，可是大家往往不重視，不認爲這些品格的培養教育是導師的主要職責，或甚至認爲那根本不是**導師**的事。大家議論的，只是**拉丁文**和學問；最注重的，是讓學生掌握那些大部分不屬於一個紳士所應當精通的事情；但紳士所需要的，卻是事業家的知識，是合乎他地位的行爲舉止，是要能在自己的位置上成爲國內傑出的有用人才。除此之外，一個人如果還有多餘的時間，或者有興趣鑽研某一門剛被**導師**領進門的學問，那麼，他在以前學到的那些基本知識，就已爲他奠定了足夠的基礎，使他能夠憑藉自己的努力，達到自己所嚮往的或力所能及的目的。如果他認爲，借助於老師的幫助來克服學習中的某些困難可以省些時間與氣力，那麼他到時候也盡可以找一個精通那門學問的人，或選一個他以爲最適合於自己的目的的人。而對**導師**來說，要在年輕人日常不得不學習的任何學問方面，對學生作些啓蒙，只要有一般的能力就夠了。做導師的人，不必是個地地道道的學者，不必對於年輕紳士只需略知一二的那些科學都有透澈的了解。想要深入鑽研的紳士，必須在此後憑藉他自己的天才與努力：因爲沒有一個人是在教師的管束之下得到了高深的學問或成爲科學上的傑出人物。

導師的重大任務在於塑造學生的言行舉止，培養學生的心靈；在於使學生養成良好的習慣，樹立德行與智慧的原則；在於將人世的眞情實況逐漸地揭示給學生，使學生喜愛並且模仿優良的値得被人稱譽的行爲；在於培養學生的活力、積極主動的精神和勤奮不懈的品質。導師要學生進行的學習，只不過是在鍛鍊學生的能力，利用學生的時間，不讓他遊手好閒，教他做事情，使他習慣於吃苦，讓他嘗嘗自己的努力必定會帶來的成果。因爲，誰會期望一個年輕紳士在**導師**的管束之下，成爲一個有成就的批評家、演說家或者邏輯學家呢？誰會期望他去深入鑽研形而上學、自然哲學或者數學呢？誰會期望他成爲一個歷史學或年代學的大師呢？雖然這種種學問他都應該學一點；但其目的只是給他打開大門，讓他可以看到裡面的情形，了解一些情況，而不是讓他長久停留在那裡：如果做導師的人讓學生在那裡停留得太久，或者鑽研得太深，那麼**導師**就會大受責難。但是良好的教養、關於人情世故的知識、德行、勤奮以及對名譽的愛好，對於學生來說是永遠不會嫌多的：而一旦學生具備了所有這些東西，他也就不會長期缺乏他在另一方面所需要或所希望的東西了。

我們既然不可能希望學生會有時間和精力去學習所有的事物，那麼大部分精力便應當用在最需要去學習的事物上面；而他主要追求的東西便應當是他在世上最有用、最常用的事物。

塞內加抱怨過他那個時代的相反做法；然而塞內加的時代也還不像現在那樣，到處都是**伯格斯迪克和沙伊布勒之類的學者**。[16]假如塞內加生活在現在，眼見一般導師以爲自己的重大任務就是用這種作家來充塞學生的課業和頭腦，他眞不知會有什麼感想。他將更有理由說他已說過的話了：「**我們的學習不是爲了生活，而是爲了學問。**」[17]我們的學習不是爲了生活，而是爲了辯論；我們的教育使我們適應的是大學生活而不是社會生活。不過，造成這

16 原文爲the Burgursdicius’s and the Scheibler，參閱本書後面編者的「注釋」。——譯注

17 原文爲拉丁文Non vitae sed scholae discimus，字面意思相當於英文We learn not for life but for the school。——譯注

種風氣的人使風氣適合於他們自己的所得而不適合學生的需要，這沒什麼可奇怪的。在這件事情上以及在所有其他的事情上都一樣，風氣一旦形成，就會流行一時，這也沒什麼可奇怪的，誰會對此感到奇怪呢？這種風氣愈是通行無阻，便愈能抬高一些人的身價，那時如果有人背離了風氣，那麼這些人中的大多數人就會立即叫嚷「那是**異端邪說**」，這就更沒什麼可奇怪的了，誰又會對此感到奇怪呢？令人奇怪的是，那些有地位、有才能的人，居然也被風習與流行的信念如此深地引入了歧路。假如請教一下理性，理性便會告訴他們，子女的時間應該用來學習那些對自己的將來有用的東西，而不應該用來使自己的頭腦塡滿了許多廢物，那些廢物的大部分，他們通常是一輩子也絕不會再去考慮的（他們確實也不需要再去考慮）；如果保留那些廢物，只能給他們帶來壞處。這是眾所周知的事實，所以我要請那些花錢讓子女去學這種廢物的父母們想一想，當他們的兒子進入社會時，身上帶著那種學問的迂腐，難道不是有些可笑嗎？他們在與人交往中顯露出那種迂腐，難道不會降低他們的身分、使他們丟臉嗎？唯有人們在最需要表現自己的才能與教養時因缺乏而感到羞愧的東西，才眞正是一種令人羨慕的學識，值得成爲教育的內容。

還有一個理由也可以說明，爲什麼**導師**所應當具備的東西主要是有良好的教養並且熟知人情世故；那就是，一個年紀較大而有才幹的人，儘管自己沒有深入的研究，也能夠帶領學生對那些科學進行相當深入的研究。他可以借助這方面的書籍來指明道路，足以使他走在前面領導一個年輕人：但是如果他本人對人情世故、尤其是禮貌教養並不怎麼了解的話，那麼他是絕對無法使別人懂得人情世故與禮貌教養的。

導師必須自己具備這種知識，他要透過應用與交際吸收它，用他在最優秀的社交圈子裡觀察到的言行舉止來長期地塑造自己，在自己身上培養這種知識。假如他自己沒有這種知識，那是無法從別處借來以供學生使用的；即便他能夠從書本上找到一些有關的文章，其中詳細談到一個**英國**紳士應有的種種行爲，但如果他自己沒有良好的教養，那麼他自己的不良榜樣就會毀掉他的全部教導；與粗野的、沒有教養的人在一起，是不可能培養出具有良好教養的人的。

我這樣說並不意味著，具有良好教養並且熟知人情世故的**導師**，每天都可以遇到，用一般的薪水也可以請來；我的意思是說，那些有能力的人在這樣重要的事情上，就不應當怕去尋訪或者吝嗇錢財了；而那些付不起高薪的父母也應當記住，他們在選擇負責教育自己子女的導師時，最應當關注的東西是什麼；當子女是由自己照管、跟隨在自己身邊時，他們自己在什麼地方最應當注意檢點；不要認爲教育全在於**拉丁文**和**法文**、或者某些枯燥無味的邏輯學和哲學體系。

九十五

再回過頭來談我們的方法。我雖然提到過，父親的正顏厲色以及由此在子女小時候就建立起來的敬畏之心，是教育子女的一個主要工具；但我的意思並不是說，只要子女還處在受管教的學生時期，就應當一如既往地用這種辦法來對待他們；我以爲，隨著他們年齡的增長，做事較爲審愼、行爲比較良好時，就應當儘快放鬆這種辦法；而且一到兒子已經長大、能夠和他親近的時候，做父親的人還應當進一步和他**親切懇談**；甚至可以就他所知道或所了解一點的事情，**徵求他的意見，和他商量**。做父親的若這樣做，可以得到兩大好處。一個好處是，這樣做比任何規則或勸告，都能更好地促使兒子進行認眞的思考。你愈早**把他當作一個成人來對待**，他就會愈早地變成一個成人：假如你能讓他不時地和你認眞談談，你就能不知不覺地提升他的心靈，使之不再關注年輕人一般所好的娛樂，不再用心於那些通常會浪費其精力的小事了。不難看到，有許多年輕人，由於其父母老是把他們當作小孩子來對待，與他們保持著一定的距離，他們的思想言談就老是停留在小學生的程度上。

九十六

你這樣來對待他還能得到的另一個更大的好處，便是**他對你的友誼**。有許多做父親的人，雖然也根據年齡和具體情況，酌量給兒子一些寬待，但是他們有很大的保留，從不把自己的產業和心事告訴自己的兒子，就好像不把國家的祕密洩露給間諜或敵人一樣。這種態度即便不像是一種忌妒，但也不是父親對兒子所應有的和藹親切的表現，它無疑會使得兒子在與父親攀談、倚賴父親時，常常缺乏或減少應有的愉快和滿意。我常常看到，許多父親儘管非常愛自己的兒子，卻一輩子始終是一種生硬的態度，對兒子擺出一副威嚴的樣子，不和他們接近，好像自己在世的時候，是絕不能從他們最心愛的兒子身上得到任何快樂或安慰似的。對此，我不得不感到奇怪。建立和鞏固友誼與善意的最好方法，莫過於**相互信賴地閒談**自己的心事與家常事務。其他的友愛缺少這一點，便不免留有一些疑隙：但是當你的兒子看到，你向他袒露你的內心，當他發覺，你因爲要留傳給他的東西終究會到他手裡、所以願意讓他參與你的事務，那麼，你既然不把他當作外人，他就會像關心自己的事情那樣也關心你的事情，在愛你的同時耐心地等待自己的機會。這樣做還會使他明白，你在享有自己的一切的同時，並不是沒有舐犢之心的；他愈是能感受到這一點，就愈不會忌妒你的所有，就愈會覺得，自己在這樣一個**可靠的朋友**和謹慎的父親的照管下，是很幸福的。年輕人有了這樣的朋友，遇事可以求助，隨時可以商量，如果還不感到高興，那這種如此缺乏思想、沒有知識的人，在世界上是少有的。做父親的人如果對兒子過於冷淡和疏遠，常常會使兒子失去保護，這種保護對於子女來說，是比上百次的責罵更爲有益的。你的兒子如果想要玩一玩或者鬧一鬧，他這樣做的時候，讓你知道難道不比不讓你知道要好得多嗎？既然這類事情年輕人是可以嘗試的，那麼你對他的謀劃知道得愈多，你就愈能夠防止重大的過失；你可以讓他明白他的做法有可能產生的後果，來正確地勸導他去避免較小的麻煩。你難道不願意他向你敞開心扉、向你請教嗎？那你就必須自己帶頭這樣對待他，用你的行爲去獲得他的信賴。

九十七

不過，無論他向你請教什麼事情，只要那事情不會導致致命的不可補救的過失，你一定要僅僅以一個有較多經驗的朋友的身分出現，對他發表意見；在你的意見中，不要摻入命令或權威的成分，也不要含有你對一個平等的人或一個陌生人不會說的話。否則他從此以後就再也不會向你請教，再也不會從你的指導中獲益了。你應當考慮到，他是一個年輕人，他有你曾經有過但不會再有的快樂和幻想。你不應當指望他的愛好與你一模一樣，也不應當指望他二十歲的時候就具有你到了五十歲時才有的思想。你能夠指望的只是，既然年輕人得有一點自由，可以放縱一些，那麼這點自由和放縱或許就可以與兒子的創造能力爲伴，並且**處於父親的監管之下**，從而不會產生過於重大的危害。達到這一點的方法，我先前說過，是當你發現兒子有了能力的時候，和他談談你自己的事情，**親切地**對他提出問題，徵求他的意見；只要他說得對，就採納他所說的去做；如果做成功了，要讓他得到稱譽。這樣做不僅絲毫不會降低你的威信，反而會使他更加愛你、更加敬重你。當你還掌握著家產的時候，權柄就仍然會在你的手中；但要使你的權威更加可靠，它就需要爲**信賴**與**和藹**所鞏固。只有當他不僅僅害怕會失去將來能夠得到的遺產、而且更加害怕會得罪你這麼一個好朋友時，你才眞正地擁有了支配你兒子的力量。

[80]

九十八

如果說親切的交談適合於父親用來對待兒子，那麼就更適合於導師用來對待學生了。師生在一起的時候，不應當把所有的時間都用來傳授課業和嚴加訓導。聽聽學生的意見，讓學生習慣於運用理性來想一想對他們提出的要求，會使得規則更容易被接受、在學生之間扎下的根更深，並且會使學生樂於學習、樂於受教：當他看到自己有了知識便能夠談論事情，當他能夠參加大家的談話、自己所講的道理有時候能夠得到別人的贊同和聽從、並由此找到了樂趣與信任時，他就會開始看重知識了；尤其在道德、慎重與教養方面，應當把各種事例放到他的面前，讓他自己進行判斷。這種做法比箴言能夠更好地啓發兒童的理性，無論你把箴言解釋得如何明白，也比不上這種做法，而且還能使他們更好地記住各種實踐規則。這種做法能使事物深入人心，並且連同它們的證據一起留駐在心靈；相對來說，話語至多不過是對事物的含糊不清的描述，還談不上稱作事物的眞實影像，因此很快就會被人遺忘。讓學生對各種實例發表自己的見解、並且與導師一起探討一些合適的事例，較之讓學生悶不作聲、漫不經心、昏昏沉沉地聽導師的講課，這是能更好地理解優雅與正義的基礎和標準，並且會對自己應做的事情有更生動、更持久的印象；至於遇到任何問題都去吹毛求疵地從邏輯上辯論一番，或者高談闊論一番自己的看法，那就更不能使學生受益了。這兩種做法，一種是把思想用在機智與虛假的色彩上、而不用在眞理上；另一種則是在傳播謬誤、教人爭吵；兩者都會破壞人的判斷力，使人遠離正確而公平的推理；因此，凡是想要進步、想要受人歡迎的人，都應當小心地避免這兩種做法。

九十九

你讓兒子感覺到他倚賴於你、受你的管束，從而樹立起了你的權威；如果他頑固地堅持去做你所禁止的任何邪惡之事，尤其是說謊，你就堅定不移地始終對他採取嚴厲的態度，從而使他對你產生一種必要的畏懼心理；另一方面，你讓他充分地享有與他年齡相稱的自由，對他在年幼時必需的、就像肉食和睡眠一樣不能缺少的幼稚舉動和歡樂態度，從來不當面加以約束，從而使他成了你的一個同伴，你寬容他、愛憐他，尤其是每當他事情做得好的時候，便以適合於他年齡的、父母親自然會有而不用我多費口舌的種種方式去愛撫他，從而使他感受到你對他的關心和愛護等等。我的意思是，當你借助於這種種父母對子女絕不會缺少的慈愛方式，使他也對你產生一種特殊的感情時，他便達到了你所希望的境界，因爲你已使他對你形成了一種**崇敬之心**，這種崇敬之心應當在以後永遠小心地保持下去，它的兩個部分——即**愛**與**畏**，都要保持下去，作爲你藉以永遠把握住他的兩大原則，使他的心靈走上德行與榮譽的大道。

[82]

一〇〇

一旦打好了這個基礎、你發現這種崇敬之心已開始在他身上發揮作用，接著該做的事情，就是要仔細地觀察他的**脾性**和他的心理特點了。不論他的脾性是什麼樣子，（如前所說）頑梗、說謊以及各種不良的行爲，是從一開始就絕不能允許的。絕不可讓這些邪惡的種子扎下根來，必須當它們剛開始在他身上顯露時，就小心地加以剷除；而你的權威則應當在他剛剛知道一些事情的時候，就建立起來並且影響他的心靈，就像一個自然的原則那樣發揮作用，使他不知道它的起源，不知道情況本來不是這樣或本來可以不是這樣。這樣，如果他很早就對你有了**崇敬之心**，那麼這種崇敬之心對於他來說就會永遠是神聖的而令他難以抗拒，如同他難以抗拒他天性中的原則一樣。

一〇一

你很早就這樣樹立起你的權威，並且一發現孩子有養成任何不道德的習慣的傾向時，便溫和地運用你的權威，使他感到羞愧而改正過來（除非是頑固、難以糾正，否則，不到絕對必要的時候我不主張責罵，尤其不主張責打兒童），在此之後，便應當去觀察他**自然的心理傾向**了。由於不可改變的本性，有些人**勇敢**、有些人**膽怯**、有些人**自信**、有些人**謙卑**、有些人**溫順**、有些人**倔強**、有些人**好奇**、有些人**粗心**、有些人**敏捷**、有些人**遲鈍**。人有各種各樣的心理和脾性，並不亞於人有各種各樣的容貌和體型；只不過其中有那麼一點不同，容貌與體型上的特徵，是隨著時間的流逝和年齡的增長而愈來愈明顯可見的；但**心理上的特徵**卻是在兒童還沒有學會如何隱瞞自己的弱點、還不懂得如何裝模作樣來掩蓋自己的不良傾向的時候，最容易看清楚。

一〇二

因此，應該及時地好好觀察你兒子的**脾性**；而且要在他受約束最少、正在遊戲、自以爲不在你的視線之內的時候觀察。要看看，他的**主要感情**和**主要傾向**是什麼；他是厲害的還是溫和的、大膽的還是羞怯的、心慈的還是殘酷的、坦率的還是含蓄的。他在這些方面不同，你對待他的方法也應不同，你運用權威的方式也必須隨之調整。這些**天生的傾向**，這些本性的展示，是無法被各種規則或直接的鬥爭所改正的，尤其是那些由於恐懼和情緒低落而產生的較爲謙卑的傾向，就更是如此；儘管它們也可以透過技巧的運用而大爲改進、變得有益。不過確實無疑的是，即便用盡方法，一個人的傾向也永遠偏於「自然」最初所安排的那個方向：所以，假如你現在在他幼小的時候就仔細觀察他的心理特徵，那麼即便他長大之後情況變得複雜了，他披著種種僞裝去行事了，你也永遠能夠判斷他的思想傾向以及他的目的所在。

一〇三

我以前告訴過你，兒童是喜愛**自由的**，所以應當引導他們去做適合於他們的事，而不讓他們感到自己受了任何束縛。現在我要告訴你，他們還喜愛一樣東西，那就是**統治**，而這便是大多數日常的自然形成的邪惡習慣的最初根源。兒童對於**權力**和統治的這種喜愛很早就表現了出來，尤其表現在下面兩件事情上。

一〇四

首先我們看到，兒童出生後不久（我確信遠在他們會說話之前）就會僅僅爲了要**如願**而哭泣、使性子、鬧彆扭、不高興。他們想要別人順從他們的願望；試圖要周圍的人都隨時依從他們，尤其是那些年齡和地位與他們相差不大或比他們低的人，他們只要一能夠看出這些區別，就會這樣做。

一〇五

另一件顯示他們喜愛統治的事情，是他們想要把各種東西都據爲己有：他們想要**占有**，並爲由此得到的權力以及隨意處分物品的權力而感到高興。一個人如果沒有注意到，在兒童身上很早就表現出了上述兩種心理，那麼他差不多就沒有注意過兒童的行爲：這兩種心理幾乎是一切擾亂人類生活的不公正與競爭的根源，人們如果認爲，它們用不著及早地加以根除並代之以相反的習慣，那麼他們就忽略了爲一個善良而有價值的人奠定基礎的恰當時機。而爲了這一目的，我想下面幾點是有益的。

一〇六

第一，我說過，兒童**懇求的**東西絕不可讓他得到，他**哭著要求的**東西就更不能讓他得到，**甚至他提到的**東西，也同樣如此：不過這樣說很容易引起誤解，以爲我的意思是兒童不可以向父母要任何東西，大家也許會認爲，這樣做太過束縛兒童的精神了，會損害兒童與其父母彼此間應有的愛和感情；所以我要解釋一下自己的意思。兒童應當有向父母訴說自己各種需要的自由，父母也應當儘量和善地聽取兒童的訴說，並滿足他們的需要，至少在兒童還很小的時候應當如此。但是，說我餓了是一回事，說我要吃烤肉則是另一回事。兒童訴說了自己的需要、訴說了自己的自然需要、訴說了他們由於饑餓、乾渴、寒冷或者其他自然需要所受到的痛苦之後，他們的父母以及周圍的人就有責任去解除他們的痛苦：但是什麼東西最適合於解除這些痛苦，需要多少，卻應該讓父母為兒童去選擇和安排；而絕不能讓兒童自己去選擇，說出我要喝酒、我要吃白麵包；只要他們一提出這種要求，就不應該讓他們得到。

一〇七

在這裡，父母應當關注的，是要區別愛好的需要與自然的需要；**賀拉斯**在下面這句詩中很好地指明了這一點：

有些東西得不到，人自然會感到痛苦。[18]

凡是真正的自然需要，如果沒有其他理性的幫助，那麼單憑自己是無法抗拒的，也無法使它們不來打擾我們。傷病、饑渴、寒冷、失眠以及勞累的身體得不到休息或放鬆等等，所

18 原文為拉丁文*Queis humana sibi doleat natura negatis*；參閱本書後面編者的注釋。——譯注

引起的各種痛苦是人人都能感受到的，哪怕心理素質再好的人也不得不感受到它們引起的不適；所以應該用適當的方法解除，儘管我們最初接觸它們時，如果耽誤一些時間並不會造成某種不可補救的危害，那麼就不應當沒有耐心或者過於急躁。自然的需要所產生的痛苦是一種警告，要我們提防此後會隨之而來的更大危害；因此不能無視於這類痛苦、也不能過分加以忍受的。然而，如果明智的照管使得兒童更能習慣於這種艱難困苦，讓兒童的身心變得更爲強壯，那麼對兒童就愈有好處。在此我用不著提出任何警告，要求讓兒童所受的這種鍛鍊必須限制在對他們有益的範圍之內，要求讓兒童所吃的苦既不可損害他們的精神，也不可損害他們的健康，因爲做父母的只會做得過於溫和。

但是，無論自然的需要應當得到什麼樣的滿足，想像的需要卻絕不可讓兒童得到滿足，甚至連提都不能讓他們提。他們只要提出這種需要，就應該讓他們失去它。當他們需要衣服時，應該讓他們得到衣服；但是如果他們提出要這種料子或者那種顏色的衣服，那就絕不能讓他們得到。我並不是要父母們在那些無關緊要的事情上故意反對子女的願望；恰恰相反，只要子女的行爲舉止值得提出這種要求，而且可以肯定，這種要求不會毀壞他們的精神，或使他們的精神變得脆弱，也不會使他們去喜好瑣碎的小事，那麼我認爲，一切事情都應該盡可能讓他們滿意，使他們感受到良好的行爲可以得到的舒適和快樂。對於兒童來說，最好是根本不要讓他們的快樂放在這些東西上面，也不要讓他們的快樂受到他們的愛好的支配，而要使他們在這些事情上一切順從自然，隨遇而安。這是他們的父母和教師應該追求的主要目標；但是在這一目標沒有達到之前，我在此所反對的只是兒童的自由要求，只要兒童對那些華而不實的東西提出要求，就應當永遠予以拒絕，從而使這種要求得到約束。

天性慈愛的父母對孩子自然會放縱一些，他們也許會覺得，這樣做未免太嚴苛了；但其實這並沒有超過必要的限度，因爲，既然我所提出的方法是不用棍棒的，那麼這樣來約束兒童的發言權，對於建立我們在其他地方談到的敬畏之心，對於保持兒童對父母所應有的尊敬和崇敬，是很有用處的。其次，這樣做可以教育兒童克制自己，從而使他們控制自己的愛好。他們由此可以學會抑制自己的欲望的技巧，每當欲望剛剛產生、還在最容易克制的時候，就去加以克制。我們的欲望如果有了發洩的管道，便會活躍強烈起來；而一個人如果敢於提出自己的願望，那麼他也差不多就是認爲，自己應該得到滿足了。我確信無疑的是，一個人忍受自己的拒絕，總比忍受別人的拒絕要容易一些。因此，兒童應當及早習慣於在放任自己的愛好之前，先去請教一下、運用一下自己的理性。這樣來節制自己的欲望，不把它們說出口來，是向控制我們的欲望邁出了一大步。兒童一旦養成了這種習慣，能夠克制自己的愛好的一時衝動，在**說話**之前能夠想一想該不該說，那麼在今後一些比較重大的事情上，這種習慣對他們具有的益處是非同小可的。我不怕再三強調的一件事情是，就兒童的每一個行爲而言，無論它涉及什麼事情，是大事情還是小事情，我們主要（我幾乎要說是唯一）應當考慮的是，這將對兒童的心靈產生什麼影響；這會使兒童養成什麼樣的習慣；當兒童的年歲稍長時，這是否還適合於他；如果對這加以鼓勵，在他長大成人之後，這會把他引向何

[86]

處。

所以，我的意思並不是要故意把兒童弄得不舒服，這樣做未免太不人道、太惡毒，還會影響兒童。應該引導兒童克制自己的欲望，讓他們養成節制自己的愛好與磨練自己身體的習慣，使自己的身心都變得朝氣蓬勃、安適舒暢和強壯有力，這樣做時不可讓他們感到一點惡意。一方面要讓他們每次都得不到自己**所懇求**或**謀求**的東西，使他們學會謙虛、順從和忍耐，另一方面也要用他們喜愛的東西獎勵他們的謙虛和沉默，使他們體會到當初極力要他們這樣服從的人的愛。他們現在能夠安於沒有自己所想望的東西，是一種美德，此後便應當用適合於他們並為他們所中意的東西獎勵這種美德，作為他們的良好行為的一種自然結果，這不啻可作為一種交換條件。不過，如果他們能夠從別人那裡得到你拒絕給予的東西，那麼你便會白費力氣，而且還會失去他們對你的愛和崇敬。這種情況是應當堅決予以制止、小心加以防備的。這又使我想到了僕人。

一〇八

如果能夠及早地這樣對待兒童，使他們從小就習慣於克制自己的欲望而不說出口來，那麼這種有用的習慣便可以讓他們安定下來；隨著年齡增長，他們做事情比較謹慎、以理性替代情感說話，就可以得到較大的自由，因為凡理性所說的話，都應該聽從。當兒童說要某種特定的東西時，除非那種東西是你先向他們提起的，否則絕不可去聽他們的；相反，當他們想了解某種東西而提出問題、想**知道**它的情況時，則永遠應當傾聽他們的問題，公正和善地回應他們。兒童的其他欲望應該加以抑制，但他們的**好奇心**卻應當小心加以**呵護**。

不論我們應當多麼嚴厲地對待出於愛好的欲望，有一種情況是應當允許愛好說話，並聽取它的意見的。如同工作或食物一樣，**消遣**也是一種必要的東西。但**消遣**總是離不開快樂的，而快樂卻不是永遠依靠理性，相反的，它依靠愛好的時候要多一些，所以不僅應該允許兒童去娛樂，而且應該允許他們按照自己的方式去娛樂，只要這樣的娛樂是無害的，並且不會損害他們的身體健康；因此，在消遣的情況下，假如兒童提出某種特定的**消遣**，我們不應當予以拒絕。雖然我認爲，如果採用正確的教育方法，兒童是很少用得著自己要求這種自由的。應當注意的是，凡是對兒童有益的事，永遠應該讓他們高高興興地去做；在他們對某種有益的事感到厭煩之前，應該及時地讓他們**轉移**，去做另一種有益的事情。不過，假如他們還沒有達到那種完美的程度，使得某種進步方式能夠成爲他們的一種**消遣**，那麼就應該放手，讓他們去做他們所愛好的幼稚的遊戲；做這類幼稚的遊戲時，應該一直讓他們做下去，使他們做得太多而再也不想去做；但是在他們做有益的事情時，卻應該永遠在他們還想做的時候，就讓他們留著餘味離開；至少也要在他們還沒有感到疲倦、還不那麼厭倦的時候，就讓他們放手，使他們還想回頭再做，如同還想回到一件使他們得到消遣的快樂事情一樣。因爲，除非兒童能夠在做有益的事情時感到快樂，除非交替進行的有益的身心鍛鍊，使

[88]

得他們的生活和進步在一連串的**消遣**中成爲一種快樂的事情，疲倦的同時也能不斷得到休息和恢復，否則你絕不能認爲，他們已經上了正軌。我不知道，各種脾性的兒童是不是都能達到這種境地，導師和父母是不是都會下苦功、謹愼而耐心地使兒童們達到這種境地；不過我毫不懷疑，只要採用正確的方法，使得兒童想要得到別人的信任與尊重，想要得到名譽，那麼，大部分兒童都能達到這種境地。兒童由此有了較多的眞實生活經歷，便可以自由地與他們談談最能使他們得到**快樂**的事情，指導他們或者任由他們去做那些事情了；這樣他們就會明白，自己受到的是慈愛和呵護，那些教導他們的人並不是不讓自己得到滿足的敵人。這樣的管教，會使他們去愛自己的指導者，愛自己被指導去做的德行。

在**消遣**方面讓兒童擁有自由，還有一個好處，那就是可以由此發現他們的天然脾性，顯示他們的愛好和才能，從而能夠指導明智的父母爲他們選擇生活和事業的道路，同時，如果發現兒童的本性中存在著任何很可能會把他們引入歧路的愛好，也可以爲他們選擇適當的補救辦法。

一〇九

第二，兒童在一起的時候常常都爭強好勝，喜歡以自己的意志去支配其他人；無論是誰發動了這種**衝突**，都一定要受到制裁。不僅如此，還要教他們學會人與人之間所應當具有的一切**尊重**、**殷勤**和**禮貌**。他們一旦明白這種美德可以使自己得到別人的尊敬、愛與重視，同時自己的地位並未因此受到絲毫損害，他們就會更加喜歡這種美德，而不會那麼喜歡盛氣凌人的無禮態度了。

孩子們互相告狀，通常都只不過是一些憤怒和報復的嚷嚷，目的是想得到別人的支援，那是不該好意地接納、也不該聽取的。容許他們**抱怨叫屈**，會使他們的精神變得脆弱；如果他們有時候受到了別人的打擊，或受了別人的氣，不讓他們覺得奇怪或不可容忍，使他們能夠從容忍受，那麼及早學一點忍耐的功夫，受一點鍛鍊，對他們是沒有害處的。但是，雖然你不應去支持鼓勵**告狀的一方**，卻仍然應當去制止侵害一方的蠻橫與惡意。如果是你自己親眼目睹的事情，那麼你就要當著受害者的面加以斥責；但如果**告發的事情**確實值得你去注意，不能讓它再次發生，那就要避開告發的一方，而單獨對犯事者加以斥責，然後讓他去向對方賠禮道歉，進行補救；這樣去賠禮道歉，表面上似乎是出自自願，於是他會比較樂意去做，而對方也會比較和善地接受，結果兩人之間的感情得到了增強，而你的孩子們彼此之間也會愈來愈習慣於禮貌相待。

一一〇

第三，關於事物的獲得與占有，要教導他們把自己的東西分給朋友，一點不爲難、不吝

[89]

嗇，要讓他們從經驗中知道，最**慷慨**的人總是得到的最多，而且還能得到別人的敬重與稱譽，這樣他們很快就會去學著那樣做了。我覺得，較之常常把兒童搞得昏頭昏腦的許多禮貌規則，這種辦法能夠使兄弟姐妹彼此之間更加客氣、更有禮貌，從而也對別人更加客氣、更有禮貌。貪婪、想要占有並且支配超出我們需要的東西，是一切罪惡的根源，應當及早小心地加以剷除，而那種與貪婪相反、樂於相贈的特質，則應當加以培植。這應當用大量的讚賞和榮譽來予以鼓勵，要時刻留心，不讓他由於**慷慨**而受到任何損失。他無論做了什麼慷慨的事，每次都應該得到加倍的報酬；要讓他感受到，他對別人好，這對他自己來說並不是一件吃虧的事；而會使受到好處的人與旁觀的人也對他好。如果讓兒童去比試誰更加慷慨，他們就會這樣去彼此競爭，用這個辦法，兒童經過不斷的練習，就能不感到爲難地放棄自己的東西，從而會使他們養成溫厚的習慣，而他們則會因自己能夠對別人**和善**、**慷慨**與**有禮貌**而感到快樂、感到自豪。

假如慷慨大度應當予以鼓勵，那麼我們的確應該格外注意，不可讓兒童違犯公正的規則；無論什麼時候他們違犯了公正，都應當加以糾正，如有必要，也應嚴厲地予以訓斥。

我們最初的行動受自愛的支配多，而受理性或反省的支配少，所以兒童做事情，非常容易偏離是非的標準，那是沒有什麼可奇怪的；內心中的是非標準是成熟的理性與認眞反省的結果。兒童愈是容易搞錯這種標準，就應當愈加注意對他們進行防範；在這一重大的社會德行方面，任何細微的偏差都要加以注意並予以糾正；在最輕微、最無關緊要的小事情上也是一樣，既是爲了教導他們的無知，也是爲了防止壞習慣；事情在開始時，往往都是些芝麻綠豆大的小事，但如果任其自然，就會發展爲較高層次的欺騙，最後就有變成露骨的、不知羞恥的、不誠實的危險。兒童第一次表現出**不公正**的傾向時，父母和導師就要對此表示驚愕和憎惡以杜絕。不過兒童在還不明白財產的意義、不知道人們是如何獲得他們的財產的時候，不可能很好地理解**不公正**的眞正涵義，因此，使他們**誠實不欺**的最安全方法，就是及早把誠實的基礎建立在慷慨大度之上、建立在不感到爲難地把自己所有或所喜歡的東西給予別人之上。這是可以及早教給他們的，在他們的語言能力和理解能力還不足以形成明確的財產概念、還不足以懂得哪些東西由於一種特定的排他性權利而屬於自己之前，就可以教給他們。既然兒童所擁有的東西絕大多數都是贈品，而這些贈品又大多是由父母給予的，那麼最初就可以教導他們只能擁有那些他們認爲有權支配東西的人所給的東西，除此之外不可以自己去拿或收藏任何東西。隨著他們能力的增長，便可以告訴他們有關**公正**的其他一些規則和事例，以及關於「**我的**」與「**你的**」的權利。假如他們不是由於錯誤的認識，而是出於意志上的專橫，做出了**不公正**的行爲，並且經過溫和的責備與羞辱之後，仍然不能改正那種不正當的貪婪傾向，那就得使用比較粗魯的方法進行矯治了——也只是讓父親或導師從他們手中拿走他們所看重並自以爲屬於自己的東西，或者吩咐其他人這樣做；這可以使他們明白，他們自己如果**不公正地**占有別人的東西，不會有什麼好處，世界上還有比他們更加強有力的人。不過，假如能夠及早對兒童循循善誘，使他們從小就對這種可恥的惡行深惡痛絕，如我設想的那樣，那才是消除這種罪惡的眞正方法，它比任何出自利益的考慮更能防止**不誠實**；習慣所起的作用是比理性更加持久的，其作用的方式也比理智更加簡捷，我們在最需要理性的時候，很少眞正諮詢過理性，服從理性就更少了。

一一一

哭泣在兒童身上是一種不應予以容忍的缺點；不僅因爲它會使房間裡充滿了令人不快的、不恰當的聲音，而且因爲從兒童出發還有一些更加重要的理由；爲兒童著想本來就是我們教育的目的。

兒童的**哭泣**有兩種：一種是**不屈**、**跋扈**性的；另一種是**抱怨**、**哀訴**性的。

首先，兒童的**哭泣**常常是爲了要控制別人，是他們的蠻橫或頑梗的公開宣告；當他們還沒有能力實現自己的欲望的時候，他們就會**吵鬧**、**哭泣**來堅持他們對那種欲望的權利。這是他們的要求的一種繼續，是他們想要某種東西卻遭到拒絕、因而覺得受了壓迫和不公正的待遇所表示的一種抗議。

一一二

其次，有時候他們的哭泣的確是出於痛苦或眞正的悲傷，於是**悲泣**。

這兩種哭泣，如果仔細地加以觀察，很容易根據他們的神態、表情、動作、尤其是哭泣的聲調區分開來；但是這兩種哭泣都不應予以容忍，更不必說加以鼓勵了。

第一，不屈的或**意欲的哭泣**是絕對不應當許可的，因爲它只不過是以另一種方式來奉承他們的欲望，來鼓勵那些我們的主要任務就是要去加以克服的情感；如果像常見的情形那樣，兒童受了責罰就讓他去哭，那麼責罰的好處就會被抵消；責罰所引起的若是他們這樣公然的反抗，那麼只會使他們變得更壞。如果兒童受到的約束和懲罰無法克服他們的意志，無法教導他們克制自己的情感，也無法使他們的心靈順從父母根據理性給予他們的指導，使他們將來也能服從自己的理性的指導，那麼，這些約束和懲罰便是用錯了地方，是白費功夫。而如果兒童無論什麼事情一遇到反對就可以轉身**哭泣**，那麼其實就是讓他們更加堅持自己的欲望，助長那種壞脾氣，同時公然宣布他們的權利與決心：一有機會就要去滿足自己的愛好。因此，這也可以用作反對經常使用棍棒的一個理由；因爲一旦到了要使用棍棒的極端時刻，僅僅責打他們是不夠的，你必須不停地責打，直到你發現已經收服了他們的心志，他們已經順從地、忍耐地屈服於責罰，才可以停止責打；而這一點，你可以從他們的**哭泣**、從他們在你的命令下立即停止哭泣這件事上看得最清楚。否則，責打兒童就只不過是一種感情用事的暴行；使他們的身體遭受痛苦而絲毫無益於他們的心靈，那僅僅是殘忍而不是責罰。這就給了我們一個理由，說明兒童爲什麼應當少受責罰，同時也就可以阻止兒童多受責罰了。因爲，假如我們責罰兒童的時候從不感情用事，而是冷靜而有效地進行，不是在盛怒之下狠揍一頓，讓兒童痛那麼一下子，而是慢慢地打，一邊打一邊說理，同時觀察責罰的效果，一看到他們因此順從、悔悟就馬上停止；那麼，兒童由於從此知道要小心地避免那種會招致責罰的過失，他們便很少再用得著類似的懲罰了。而且，這樣做，懲罰不會因爲用得太少而徒勞無功、沒有效果，同樣也不會用得太多，因爲我們一發覺兒童的內心受到了懲罰的影響、有了改進，就立即住手了。對兒童的打罵應當永遠愈少愈好，而人們在盛怒之下很少會遵守這個標準，通常都會做得太過分，儘管從結果上看還不夠分量。

一一三

第二，許多兒童只要碰到很小一點痛苦，就會**哭泣**，受到最微不足道的一點傷害，就要**抱怨哭鬧**。很少兒童不是這樣的，因爲兒童在會說話之前，哭泣是他們最初表示自己的痛苦或需要的自然方式，儘管那樣嬌嫩的兒童值得我們同情，但這種同情卻愚蠢地鼓勵他們去哭，使哭泣一直繼續到他們學會說話之後。我承認，只要兒童受到了傷害，那麼其周圍的人就有責任去同情他們，但不應當用憐憫他們的方式去表示這種同情。應該盡力幫助他

[93]

們、安慰他們，但絕不可爲他們悲歎。悲天憫人會使他們的心靈變得脆弱，使他們遇到一些輕微的傷害就支持不住；從而會使他們更深地沉浸於受傷的部分而感覺不到其他東西，把傷口更加擴大。他們應該受得住一切苦難，尤其要受得住身體方面的苦難，除了純眞的羞恥心與敏銳的名譽心所產生的東西之外，不可具有任何柔弱的情感。人生要遇到許多磨難，我們不能對每一件輕微的傷害都過於敏感。凡不能使我們的心靈屈服的東西，就只能產生輕微的印象，只會對我們造成微不足道的傷害。唯有精神上的磨難才會造成和延續痛苦。心靈的這種強壯與無動於衷，是我們抵禦一般罪惡和人生意外的最好武器；由於這種脾性的獲得主要來自於練習與習慣，所以應當及早開始鍛鍊；一個人如果從小就受到了這種鍛鍊，那麼他是幸福的。精神脆弱的確應該加以防止或醫治，而哭泣是我所知道的事物中最能使兒童的精神變得脆弱的；因此從另一方面看，防止精神脆弱的方法莫過於阻止兒童**哭泣**。兒童由於磕碰和跌倒，受了輕微的傷害，不應當爲此**憐憫**他們，而應當讓他們重新再來；這樣做，不僅可以使他們停止**哭泣**，而且比責備或憐憫能夠更好地醫治他們疏忽的毛病，防止他們下次再跌倒。不過，無論他們受了什麼傷害，都要讓他們停止**哭泣**，這樣做，可以使他們在目前得到更多的安寧，同時對將來也是一種鍛鍊。

一一四

前一種**哭泣**需要用嚴厲的辦法來使它停止；如果一個眼色或一個明確的命令無法讓它停住，那就不得不使用棍棒了；因爲這種哭泣發自於驕傲、頑梗與欲望，而如果錯誤的根源在於意志，那就必須對這種意志加以克服，必須用一種足以控制它的嚴厲的東西來使它變得順從。相反，後一種哭泣，通常是出於心靈的軟弱，原因完全不同，所以應當用比較溫和的辦法去對待。對這種哭泣，最初也許應當去勸說他們，或者轉移他們的視線，或者取笑他們的**哀鳴**：不過這種種做法都要考慮到具體的情境和孩子的脾性。沒有什麼一成不變的規則可用；應該讓父母或導師去斟酌處理。我想我還可以概括地這樣說，對這種**哭泣**也應該永遠讓它遭白眼；父親應該永遠借助於自己的權威，用嚴厲的態度和言辭來制止它，孩子的年齡愈大、脾性愈倔強，就愈加嚴厲；不過，總以能夠停止他們的**哭泣**、結束混亂爲度。

一一五

勇敢和**膽怯**，與前面提到的脾性有很密切的關係，因此在這裡談一談它們或許是恰當的。恐懼是一種情感，如果加以正確的控制，也有它的用處。我們由於自愛，一般都保持著一定程度的恐懼心，但有時候也會過於勇敢、**莽撞**和不知道危險，如同碰到一點點災禍

[94]

就嚇得發抖縮成一團一樣，都是不大合理的。我們有了恐懼心，就會對我們提出警告，要我們趕緊努力，讓我們防備災禍的到來；所以，遇到災禍時，如果不知道害怕，不去對危險作出正確的估計，而是掉以輕心，迎頭撞上去，不管它是一種什麼樣的危險，也不考慮這樣做有什麼用、或會產生什麼後果，那不是一個理性動物的果敢，而是一種獸性的狂暴。一個人如果有了這種脾性的孩子，唯一的辦法就只有去喚醒他們的理性，自我保護的心理很快就會讓他們聽從理性的勸告，除非有別的情感促使他們喪失理性、不管不顧地莽撞行事（事情往往如此）。人類天生是不喜歡災禍的，因此我想沒有人會不害怕災禍；因爲恐懼只不過是我們遇到了不喜歡的事物時所產生的一種不安，所以，如果有人遇到危險迎頭撞了上去，那麼我們就可以說，這是因爲無知，或者是因爲受到了某種更加強烈的情感的支配，沒有人會如此與自己爲敵，乃至自願去遭受災難，爲了冒險而去冒險。因此，如果是驕傲、虛榮心或憤怒使兒童失去了恐懼，或者使他不聽恐懼心的勸告，那麼就應當用合適的方法去消除那些情感，停下來考慮一下，可以降低他的火氣，使他自己想想，這樣的冒險值不值得。不過這種毛病並不是兒童常犯的，我就不再進一步詳細討論它的救治辦法。精神脆弱才是更爲常見的缺點，因此需要更多的關注。

堅忍是其他各種德行的保障和支柱；一個人如果沒有勇氣，就難以盡到自己的責任，也難以具備一個眞正有價值的人的品性。

勇氣使我們能夠承受我們所恐懼的危險和我們所感受的災難，它對於我們這種四面受敵的人生，是非常有用的：因此，最好能夠儘早地使兒童具備這種武裝。我承認，天性在這裡有很大的關係，但是即便天性有缺陷、軟弱畏怯，它還是可以透過正確的管教變得大爲果敢。我已經談過，應當如何在兒童年幼的時候，不使他們受到恐嚇，不因爲他們受了一點輕微的傷害就讓他們自我憐憫，以免他們的精神遭到損害；現在要進一步考慮的是，假如我們發覺他們膽子太小，應該如何去鍛鍊他們的脾性，提高他們的**勇氣**。

我認爲，眞正的堅忍是當一個人無論遇到什麼災禍或危險，都能夠鎭靜自如，能夠泰然自若地盡到自己的責任。儘管這種境地即便成人也極少能夠達到，因此我們不應當在這裡過分地指望兒童，但有些事情還是可以做到的；明智的指導與循序漸進可以使他們達到超出人們所能希望的境地。

兒童年幼的時候，我們往往會忽略對他們進行這種重要的照料，這也許就是他們長大成人之後極少有人充分具有這種美德的原因。我們英國人是一個天生非常勇敢的民族，假如我認爲眞正的堅忍只需要決戰疆場和在敵人的面前視死如歸的勇氣，那麼我就不會在我們英國說這些話了。我承認，這種勇氣對於堅忍的德性並不是不重要，我們也不能否認，桂冠與榮譽永遠應當授予那些爲國犧牲的勇士。但這並不是事情的全部，我們所面臨的危險不僅僅來自戰場，而且也來自其他各個地方；死亡雖然是人生中最可怕的事情，然而痛苦、羞辱與貧困也是令人恐懼的，能夠使大多數面臨它們的人煩擾不堪：有些人雖然並不害怕其中的某些東西，但卻仍然對其他一些東西心驚膽顫。眞正的堅忍要準備對付各種各樣的危險，無論遇到什麼災禍，都要安之若素、巋然不動。我的意思並不是說一點恐懼都不該有。一旦危險降臨，恐懼是不能沒有的，沒有恐懼，那是愚蠢；有危險就應當感到危險，要有足夠的恐懼心來保持我們的頭腦清醒，激發我們的注意力、努力和精力；但是不應讓它擾亂我們鎮靜地運用理性，也不應讓它妨礙我們去執行理性的指示。

要達到這種高貴的、有男子氣概的沉著冷靜，第一步是要按照我在前面所提到的，在兒童年幼的時候，小心地不讓他們受到各種驚嚇。不要讓他們聽到任何恐怖的談話，也不要讓他們受到可怕的東西的驚擾。這常常會破壞他們的精神，使他們的精神失常，再也恢復不了；使他們在整個一生中一聽到或想到任何恐怖的東西，就會驚惶失措、身體癱軟、心靈不安，人會身不由己，難以做出任何鎮定的或合理的行動。這種情形不知道是不是因爲第一次的強烈印象，導致了生命活力方面的一種習慣動作，還是因爲某種更加不可解釋的原因，引起了體質方面的改變，但是事實確實是這樣的。這種心靈軟弱畏怯、由於小時候受了驚嚇而一輩子受其影響的人，隨處可見，因此要儘量加以防止。

第二步是要漸漸使兒童習慣於他們所過分害怕的那些東西。不過這點你要格外小心，不能操之過急，也不可過早地嘗試這種治療方法，否則恐怕不但治不好毛病，反而會使它加重。嬰兒如果還在懷抱之中，很容易不讓他們看見可怕的東西，而且在他們學會說話並且能夠聽懂別人的話之前，也無法透過講道理讓他們知道，我們打算讓他們熟悉、並爲此目的讓他們漸漸接近的那些可怕東西其實並沒有什麼害處。因此，在他們學會走路與說話之前，這種方法是很少用得著的。當然，有些東西很難不讓他們看見，假如嬰兒不喜歡這些東西，一見到它們就表現出驚恐的樣子，那就必須想盡一切辦法來減輕這種恐懼，例如：轉移他們的視線，爲這些東西加上一層可愛的外表等等，直到他們熟悉了、不再討厭它們爲止。

我想我們都可以觀察到，初生嬰兒不論看到了什麼東西，只要它不傷害眼睛，他們都無所謂；他們看到一個黑人或一頭獅子，不會比見了他們的保姆或一隻貓更覺得害怕。那麼爲什麼後來他們見了某些形狀與顏色的混合物，就會感到害怕呢？原因無他，他們只是害怕那些東西會隨之給他們帶來傷害。假如一個兒童每天換一個奶媽吃奶，那麼我敢說，他在六個月的時候，就不會比六十歲的時候更害怕陌生的面孔了。所以，兒童之所以不願接近陌生人，乃是因爲他已經習慣於僅僅從周圍的一、兩個人那裡得到食物和關懷，一旦到了陌生人的懷裡，他就感到自己離開了那個使他快樂、給他食物、隨時滿足他的需要的人，因此保姆一走開他就害怕。

我們天生害怕的唯一一件事情就是痛苦或者喪失快樂。由於痛苦或喪失快樂並沒有附加在任何可見物的形狀、顏色或者大小上面，因此我們對於形狀、顏色或者大小之類的東西都是不怕的，除非我們從它們那裡感受到了痛苦，或者意識到它們會對我們造成傷害。兒童都很喜歡火焰的亮麗光彩，他們最初總想去撥弄它，但是當它不斷使他們受到極大的痛苦之後，經驗便使他們懂得了火的殘酷無情，於是就不敢再去碰它，而小心地避開它了。這便是恐懼的根據，由此不難發現，恐懼是從何而來的，如果怕了不該害怕的東西，又應當如何去醫治。一個人如果能夠堅定地面對所怕的東西，在不太恐怖的情況下能夠把握得住自己和通常的恐懼心，那麼他就爲面對更爲眞實的危險做好準備。如果你的孩子一看到青蛙就會尖叫著跑開，那就讓另一個人捉住牠，把牠放在有一定距離的地方；首先讓他習慣於看牠，看習慣了之後再讓他走近牠、不動情感地看牠跳躍；然後再由別人將牠抓住，讓他輕輕地觸摸，直到他能夠自信地撥弄牠，如同撥弄一隻蝴蝶或麻雀一樣。採用同樣的方法，任何其他不必要的恐懼，都可以被消除掉；只要你小心從事，做的時候不要過於性急，孩子的前一種恐懼還沒有完全消除之前，不要把他推向新的自信。這個年輕的戰士就應當這樣加以訓練，由此走向人生的戰鬥；要注意的是，除了眞正的危險之外，不可把更多的事情說成是危險的；所以，只要看到他怕了不該害怕的東西，你就一定要在不知不覺中逐步引導他，直至他最後消除了恐懼，克服了困難，受到了稱譽。這種成功如果經常重複就會使他發現，災禍並不總是如我們的恐懼心所設想的那麼可怕或那麼嚴重；避免災禍的方法不是跑開，也不是由於恐懼而煩擾、沮喪和裹足不前，我們的名譽或責任都要求我們前進。

既然兒童恐懼的主要基礎是痛苦，那麼鍛鍊兒童、使兒童不恐懼、不怕危險的方法，就是使他們習慣於遭受痛苦。慈愛的父母很可能認爲，這對他們的孩子來說是一件非常不自然的事；而在大多數人看來，爲了使一個人不怕痛苦而使他遭受痛苦，是不合理的。人們會說：「這種做法也許會使兒童懷恨使他遭受痛苦的人；卻絕不能使他願意遭受痛苦。這是一個奇怪的方法。你不願意讓兒童爲他們的過失受到棍棒的懲罰，但你卻要兒童由於自己的良

[99]

好行爲而受折磨，或者爲磨難而受折磨。」我毫不懷疑，人們會提出這種種反對理由，而且他們會認爲，我提出這種主張是自相矛盾、是異想天開。我承認，這是一件必須十分謹慎的事情，所以並不奇怪只有那些考慮周到、對什麼事情都要細究理由的人，才會接受我的主張、領會它的好處。我不主張兒童因爲他們的過失多受責打，因爲我不願意讓他們把肉體上的痛苦看作最大的懲罰；由於同樣的理由，我主張兒童行爲良好的時候不妨有時候讓他們吃點苦，因爲這樣可以使他們習慣於承受痛苦，而不把痛苦看作最大的災難。斯巴達的榜樣充分地顯示教育可以使年輕人習慣於承受多大的痛苦與磨難：任何人，一旦不再把肉體上的痛苦看作最大的災難，不把它當作最值得害怕的東西，就會在德行上有長足的進步。但是，我並不是要愚蠢地在我們這個時代或政體中提倡**斯巴達人的**訓練方法。我只是說，溫和地訓練兒童，使他們習慣於受到一定程度的痛苦而不畏縮，是一種使他們的精神變得堅強並爲他們今後的生活奠定勇敢與果斷的基礎的方法。

第一步應當是，不要每次見到兒童受了一點點痛苦，就憐憫他們或讓他們自我憐憫。不過這一點我已經說過了。

第二步應當是，有時候要故意讓他們受點痛苦，不過必須小心，要在孩子情緒好、並且相信使他受到傷害的人本來是出於好意的時候，才能這樣做。這樣做的時候，一方不可有生氣或不高興的跡象，另一方也不可有同情或後悔的表示；而且這種痛苦絕不可超出兒童所能承受的程度，不能引起兒童的怨恨、誤會或被他當成是一種懲罰。我知道一個兒童平時會爲了一句不中聽的話而哭泣，會敏感地感受到別人的冷眼責備，但在前面所說的那種情況下，由於力度掌握得好，有一次他的背被一個人重重打了幾下，卻還是笑嘻嘻地跑開了。只要你平時始終關心愛護孩子，讓他感受到你的毋庸置疑的愛，他就會逐漸地習慣於忍受你的非常令人痛苦的粗暴對待，而不會畏縮、不會有怨言；我們看到兒童在遊戲時，每天都是這樣彼此相待的。你愈是發現你的孩子軟弱，你就更應當尋找機會，在合適的時候這樣鍛鍊他。這種鍛鍊的大竅門在於，要當你正與他玩得高興、稱讚他的時候，從痛苦最小的事情開始，在不知不覺之中逐漸向前推進；一旦你使他感到他所受的痛苦由於他的勇氣所受到的讚揚而得到了補償；當他能夠爲自己有這類男子氣概的表現而感到自豪，能夠不逃避較小的痛苦，不因爲一點痛苦就畏縮不前，而寧願獲得勇敢的名譽；那時，再借助於他的不斷增長的理性，你就一定可以及時克服他的怯懦、改進他的脆弱的性格了。隨著他年齡的增長，要讓他嘗試一些爲他的天性所不敢的事情；如果發現他不敢去做那些只要有勇氣就完全可以做好的事情，**那麼**一開始要幫助他，然後要逐漸地使他感到慚愧而去做，直至他在實踐中獲得了自信、最後把事情做好；如果他能夠達到這一步，就一定要極力稱讚他，其他人也要給予好評。當他透過這樣一些步驟獲得了果敢的性格，不再因爲害怕危險而不敢去做自己應做的事；當他遇到突發的危險，不再因爲恐懼而心慌意亂、渾身戰慄、無法行動或者一走了之的時候，他便具備了一個理性動物的勇氣；我們應當努力設法，一有機會就要借助於實踐與習慣，使兒童獲得這種膽量。

[100]

一一六

我經常在兒童身上看到這麼一種情況，他們一旦得到了弱小的動物，就會去虐待牠；他們常常**折磨**、非常粗暴地對待落到他們手中的小鳥、蝴蝶和其他弱小動物，並且以此爲樂。我想我們應當注意這種情況，假如他們表現出這樣的殘忍傾向，那麼就要把相反的習慣教給他們。因爲折磨與殺害動物的習慣會逐漸使他們對人類也變得冷酷；以虐待與摧殘弱小動物爲樂的人，對同類也不會同情或寬厚。我們不讓**屠夫**參與生死性質的審判，就是注意到了這一點。兒童的養育，從一開始就要讓他們對**殺害**或折磨任何生物都感到恐怖；要教導他們，不要**破壞**或毀滅任何東西，除非是爲了保存或者有利於其他更加高貴的東西。的確，保存整個人類本來就是每個人的責任，是調整我們的宗教、政治與道德的眞正原則，假如我們每一個人都能盡力使它成爲自己的信仰，那麼這個世界就會安靜、善良得多。還是回到我們當前所討論的問題上，我認識一位母親，對她的和善與遠慮都不得不表示讚歎，當她的任何一個女兒，就像一般小女孩所喜歡的那樣，想要一隻狗、一隻松鼠、一隻鳥或者諸如此類的東西時，她總是會滿足她們的要求；不過一旦得到了這些小動物之後，她們就一定得愛惜牠們，勤勉地照管牠們，使牠們不缺所需要的東西、不受到虐待。因爲，如果她們沒有用心照顧牠們，這位母親就會視爲一種重大的過失，爲此常常沒收她們的小動物，至少也要因此責罵她們一頓；這樣，她們很早就學會了勤勉與善良。確實，我認爲人們從嬰兒時期開始就應當習慣於善待一切有感知的動物，不損壞或**傷害**任何東西。

兒童往往從**破壞行爲**中得到一種快樂，我指的是他們無故損壞東西，但尤其是指，他們使那些能夠感受痛苦的東西遭受痛苦而引以爲樂；我認爲，這種快樂只是一種習得的傾向，是一種風氣與交往中得來的習慣。許多人教兒童打人，看到他們傷到別人就高興得大笑：周圍的大多數人也給兒童做出了榜樣，更加堅定了他們的這種破壞行爲。歷史上談論的事情，也差不多全是戰爭與殺人：加在征服者（他們大部分都只不過是人類的大屠殺者）頭上的榮譽和名聲，則進一步誤導了正在成長的年輕人，使他們以爲，屠殺是值得稱讚的事業，是一切德行中最英勇的德行。透過這樣的演變，不自然的殘忍，便在我們身上培植起來了；而爲人道所憎惡的東西，則被當成是獲取榮譽的方式，使我們不再憎惡而推薦給了我們。於是，由於時髦和輿論，它最終成了一種快樂，而其實它本身既不是快樂，也不可能是一種快樂。這是應當小心加以注意、及早予以醫治的；以便培養起與之相反的、較爲自然的仁愛與同情的脾性來取而代之；不過，仍然要採用應當用來治療前面提到的其他兩種過失的那種溫和的方法。說到這裡，我們還要提出一個告誡，也許不是不合理的，兒童所作出的破壞或者傷害，如果是出於遊戲、出於粗心或者出於無知，他們並不知道那是一種傷害，也不是爲了破壞而故意作出的，那麼，它們雖然有時候也許會造成重大的危害，卻可以完全不必介意，或只要稍加注意就行了。我想，這一點我說得再多也是不爲過的，即無論兒童犯了什麼過錯，無論所犯的過錯會造成什麼後果，我們對待他的過錯時，只應當考慮它的根源以及它可能養成的習慣；懲罰應當著眼於這種地方，兒童不應當因爲遊戲、或者粗心作出的傷害而受到懲罰。需要改正的過錯，是他心中的過錯；如果所犯的過錯，或者可以爲年齡所治癒，或者不會養成任何不良的習慣，那麼無論目前的行動如何令人不快，都不必加以責備。

一一七

要培養年輕人的仁愛之心，還有一條途徑，就是讓他們養成一種習慣，在言談舉止上對那些身分低微的人，尤其是僕人，做到以禮相待。人們常常可以看到，紳士家庭裡的兒童往往用粗魯的言辭、輕蔑的稱呼和傲慢的舉止來對待家中的僕人，好像這些僕人屬於比他們低下的另外一個種族似的。這種情形，無論是出於不良的榜樣、還是出於財大氣粗、或是出於天生愛慕虛榮，都要加以防止或消除。要讓他們以溫和、有禮、親切的態度，去對待地位較低的人，而不能盛氣凌人、頤指氣使。如果他們愛護手下的人，對之彬彬有禮，使之在服從中感受到尊重，那麼，他們絲毫不會因此而有失身分，反而會提高他們的高貴地位及威望，僕人們會覺得，自己並不是因爲沒有財產才屈服於主人的腳下、遭受他人的驅使，因此會更加自願、更加高興地爲主人服務。兒童不應被外表蒙蔽而喪失人性的考慮，他們愈是不尊重人，就愈是要受到教導，使自己的脾性變得渾厚，以更富同情心及謙和的態度去對待那些地位較低、財富較少的同胞。如果他們從小就倚仗父親的爵位，以爲自己具有支配他人的權力，由此驕橫跋扈，那麼再怎麼說也屬於缺乏教養，而如果對此不加注意，就會使他們天生的自負心理暗中滋長，乃至形成一種蔑視下人的習慣。其結果除了導致壓迫與殘酷，還會有別的結局嗎？

一一八

兒童的好奇心（我在第一〇八節已提到過），不過是一種追求知識的欲望，所以應當加以鼓勵。這不僅因爲好奇心是一種好現象，而且因爲它是「自然」賦予他們的一種好工具，可用來幫助他們消除天生的無知。如果不是那麼**好問**，無知就會把他們變成愚昧無用的動物。我覺得，鼓勵兒童的好奇心，使之保持活躍狀態的方法有以下幾點：

第一，無論兒童提出什麼**問題**，都不可加以制止或羞辱，也不可嘲弄他的問題，而應**回答**他的一切**問題**，並根據他的年齡和認識能力，向他**解釋清楚**他想要知道的東西。不過，你的解釋或使用的概念不可超過他的理解能力，解釋時也不要提及不相干的各種事物，免得反而把他弄糊塗。你要注意他**提問**的目的是什麼，而不要注意他提問時用了什麼語詞。一旦你回答了他的問題，使他得到了滿足，你就會發現，他的思想能夠自我擴展，恰當的回答能夠引導他舉一反三，由此獲得的進步甚至是你所想像不到的。因爲知識之爲理智所喜，正如光

[104]

線之為眼睛所喜，兒童極其喜歡知識，尤其是當他們發覺自己的問題引起了注意、自己的求知欲受到了鼓勵與讚揚時，就更是如此。我相信，許多兒童之所以沉浸於無聊的遊戲，乏味地消磨掉自己的全部時間，其中的一大原因就是他們感到自己的**好奇心**受到了阻礙，自己的**提問**遭到了冷落。我相信，如果他們能夠得到比較和善的對待，能夠受到更多的尊重，他們的**問題**能夠得到應有的滿意答覆，那麼，較之一而再、再而三地玩同一種遊戲或玩具，他們會更加樂於學習和增進知識，因為那裡始終有他們所喜愛的新奇多變的東西。

一一九

第二，除了認真答覆兒童的提問、告訴他們想要了解的必要知識之外，還可使用一些特殊的**稱讚**方法。你可當著他們的面告訴他們所敬重的人，說他們已經懂得些事了。由於我們自小就都是一些自誇自負的動物，那就不妨讓他們的虛榮心在有益於他們的事情上面得到鼓勵，不妨利用他們的自負心理，讓他們去做有益於他們自身的事情。根據同樣的理由，你還會發現，要使年齡最大的孩子自覺地學習你要他學習的東西，最好的鞭策莫過於讓他去教**他的弟弟妹妹**了。

一二〇

第三，兒童提出的問題固然不可冷落，但同樣應當小心的是，對他們的問題也**絕不可**給以**欺騙性的**、**敷衍了事的答覆**。如果他們遭到了冷落或欺騙，他們很快就能察覺到，並且很快就會仿效，學會疏忽、掩飾和虛假等伎倆。我們在任何交往中都不可弄虛作假，尤其是與兒童交往的時候，我們如果對他們弄虛作假，那麼不僅會欺騙他們的期望，阻礙他們的知識，而且會毀壞他們的純眞，使他們學會最壞的邪惡。他們剛剛來到一個陌生的國家，對當地的情況一無所知，所以我們應該有良知，不要將他們引入歧途。他們的問題雖然有時候看起來不很重要，我們也應認眞回答，因爲這些問題（由於我們早就知道答案）無論在我們看來多麼不值一提，但對於一無所知的人來說，還是十分重要的。我們所熟悉的東西，兒童還很陌生，他們所遇到的一切，最初對他們來說都是未知的，就像我們以前一樣。兒童若能遇到文明有禮的人，會容忍自己的無知並幫助自己擺脫無知，那是他們的幸福。

假如你我現在到了**日本**，以我們的明智和知識，自負的心理也許會讓我們對兒童的想法和問題不屑一顧；但我還要說，假如你我到了**日本**，（假如我們想要了解當地的情況）那麼我們無疑也會提出成千的問題，這些問題在一個傲慢或輕率的**日本人**看來也會顯得非常愚蠢、不著邊際，但在我們看來卻頗爲重要，並亟待解決；如果我們能找到一個謙恭有禮的人來滿足我們的要求，教我們擺脫無知，那麼我們一定會感到很高興。

兒童看到新東西，常常會以陌生人的口吻提出同一個**問題：這是什麼**？他們提出這個問題，一般只是爲了知道那東西的名稱，所以對這種問題的恰當回答，通常就是告訴他們那個東西的名稱。他們常常又會接著問：**它有什麼用處**？對於這個問題，回答要眞實可靠、直截了當。應當在兒童所能理解的範圍內，告訴他們那個東西具有什麼功能，這種功能又是如何發揮出來的。對於他們的其他有關問題，也應如此，應在他們的理解能力範圍內充分地滿足他們之後，才讓他們走開。這樣做，可以引導他們從你的回答中萌發新的問題。這種交談對於成人而言，也許並非如我們想像的般全然單調乏味和無意義的。好問的兒童的一些天眞單純的想法，的確常常發人深省，可以讓一個肯用思想的人去動一番腦筋。我認爲，較之成人的談話，兒童所提出的一些出人意料的問題常常可以使人學到更多的東西，因爲成人的言談總也脫離不了因襲的觀念和習得的偏見。

一二二

第四，有些時候，我們不妨故意讓兒童看到新奇的東西，引發他們的提問，提供他們求知的機會，以此來激發他們的好奇心。而如果碰巧他們的好奇心引發出了他們不該知道的問題，那麼最好坦白地告訴他們，這種事情是他們不該知道的，而不可用一些虛假的託辭去搪塞。

一二二

有些人從小就很**機靈**，這種天性很少是由強健的體質造成的，也不會發展爲強健的判斷力。假如想要兒童成爲一個善於言談的人，我相信是有辦法的。但是我猜想，在一個明智的父親看來，兒子在孩童時期善於交際、討人喜歡，不如在長大成人後變成一個能幹有用的人。即使前者也值得考慮，我還是覺得，一個善於推理的兒童要比一個說話討人喜歡的兒童更加令人感到愉快。所以，你應當盡你所能，在他能夠理解的範圍內使他的問題得到滿意的回答，培養他的判斷力，以此鼓勵他**不斷提問**。一旦他的推理有了點滴的進步，就要讓他因此得到信任與讚賞。如果他推理不當，也不可譏笑他的錯誤，而應和顏悅色地予以糾正。只要他對所遇到的事情肯去推理，你就應該儘量當心，不要讓任何人去阻礙他的這種傾向，也不要讓一些吹毛求疵的或錯誤的言論把這種傾向引入歧途。因爲理性是我們最高級而又最重要的心智慧力，它的培養應該受到最認眞的關注；理性的正當改進與運用，乃是人生所能達到的最高境界。

一二三

與這種好問的脾性不同，我們有時候可以在兒童身上看到一種相反的脾性，即**懶散而缺**

乏熱情，對任何事物都漠不關心，甚至在他們的正業上也**漫不經心**。在我看來，這種**遊手好閒**的性情乃是兒童身上最壞的特質之一，如果它是出於天性，則又是最難醫治的一種。不過，有時候事情是容易弄錯的，因此，當我們有時抱怨兒童在學習或正業上**漫不經心**時，應小心做出正確的判斷。做父親的頭一次懷疑兒子具有一種**遊手好閒**的脾性的時候，應仔細地觀察他，看他是不是在所有的事情上都顯得**懶散冷漠**，還是只在某些事情上動作緩慢、無精打采，而在別的事情上卻又生龍活虎、充滿熱情。因爲，即便我們發現他讀書不用心，把大部分學習時間都消磨掉了，也還是不能立刻就得出結論：這都是出自他**遊手好閒**的脾性。那也許是一種孩子氣，覺得別的事情比學習更有趣，因此在學習時仍然對那些事情念念不忘。由於學習是作爲一項任務強加在他頭上的，他自然就不喜歡他的書本了。要完全了解事實眞相，就應當在他不讀書的時候和地方，在他盡情玩耍時觀察他，看他是否興奮活躍、是否設計某些事情、是否盡心盡力、堅持不懈地追求自己的目的，還是依然**懶散地消磨時光**。如果這種懶散只限於他學習的時候，我覺得也許是容易醫治的；而如果這是他的脾性，那就得多加辛苦和關注才能治好了。

一二四

如果你看到他在學習的間歇期間、在遊戲時或在他願意去做的其他事情上，是很熱心的，由此知道他本性並不**懶惰**，只是因爲書本枯燥乏味，才使得他在學習時無精打采、**不肯用心**；那麼，第一步就要設法把偷懶的愚蠢和不利之處和善地告訴他，說他這樣一來便浪費了許多本可花在娛樂上的時間。不過談話的時候態度一定要平靜、和藹，開始時不必多說，只要簡明地說清楚這種平易的道理即可。如果這種辦法有效，你便用了最合適的方法——即理性與仁慈，達到了你的目的。如果這種比較溫和的辦法無效，可以接著試試嘲笑的辦法，只要沒有生人在座，每天就餐時都問問他，他那天花了多少時間在正事上，讓他爲自己的懶散行爲感到羞愧。如果他在應該完成的時候沒有做完功課，你還可以把這種情況宣布出來，讓他的懶散成爲別人的笑柄。不過這樣做時不可摻雜斥責，只要冷眼相加，一直到他改正爲止；他的母親、導師以及他周圍的一切人，也都要以這樣的方式對待他。如果這種辦法還沒有產生你所期望的效果，那就可以告訴他，他現在已經用不著導師去教他了，你也用不著再花錢去請一位導師陪著他無謂地消磨時光了；既然他不喜歡書本而喜歡遊戲（無論他喜歡什麼遊戲），那麼從此以後他便只能遊戲了。然後你就要當眞地讓他去做他所愛好的遊戲，要他不分早晚、不停地認眞遊戲，一直到他玩膩了、寧願換換口味再去讀幾小時書爲止。但是像這樣把遊戲當作任務讓他去做時，你一定要親自監督，或派人進行監督，要他接連不斷地遊戲，不准他在遊戲時再偷懶。我之所以讓你親自去監督，是因爲做父親的無論有什麼大事要做，爲了治好兒子在正業上**遊手好閒**的大毛病，他都値得花兩、三天的時間在兒子身上。

一二五

如果**懶散**不是出自他的天性，而是出自他後天形成的一種對學習的特定憎惡——這是你應當仔細加以考察和區別的，那麼，這些便是我建議的醫治辦法。不過，雖然你可以監視他，看他在可由自己支配的時間裡究竟在幹些什麼，但卻不可讓他察覺到有人在那裡監視他，無論是你本人還是別的什麼人，否則便會妨礙他按自己的愛好行事，因爲他出於對你的畏懼，就不敢去做自己一心嚮往的事情，同時對自己當時不感興趣的其他事情，他也不會專心去做，於是從表面上看，他就顯得懶散和無精打采，而其實他的心裡正想著自己所好的事情，只不過因爲怕你看見或知道，所以不敢去做而已。爲了弄清這一點，要在他看不見你的地方觀察，在他無需懷疑有人在監視而感到拘束的時候去進行。當他完全自由自在的時候，你便可以讓一個信得過的人去看他是如何消磨時間的，看他在沒有任何限制、能夠隨心所欲的時候，是否還懶散地浪費時光。這樣，根據他如何自由自在地利用時間，你就能夠容易地確定，他在學習的時候**磨磨蹭蹭**浪費時間，究竟是出於天性**懶散**，還是由於憎惡書本。

一二六

假如兒童的天性存在缺陷，以致精神沮喪，生來就懶散恍惚，那麼，這種沒有出息的性格是不容易對付的，因爲在一般情況下，由於這種性格缺乏行動的兩大動力，即**遠見**與**欲望**，他是不關心自己的未來的；所以當兒童天性冷漠、反常時，問題就在於如何培育並增進兒童的遠見與欲望。你一旦遇到這種情況，就應當立即著手進行仔細的觀察，看他是不是什麼都不喜愛；要弄清楚他最喜歡什麼；如果你能夠在他的身上發現什麼特殊的傾向，就應盡力去增進那種傾向，並利用它，使他去工作，激發他去努力。他可能喜歡讚譽、喜歡玩耍、或者喜歡漂亮的衣服等等，從反面說，他又可能怕痛苦、怕羞辱、或者怕你不高興等等，無論他最喜歡的是什麼，只要不是懶惰（因爲懶惰絕不能使他去工作），都必須加以利用，以此來激勵他，使他振作起來。因爲在這樣一種**懶散的脾性**中，（由於不同於任何其他的情形）你是不必擔心欲望會過分培養的。欲望正是你所需要的，所以應盡力去喚醒它、增進它；因爲沒有欲望就不會有努力。

一二七

如果用這種方法不能有效地影響他、激發他的精力與活力，那就得讓他做些持續性的體力勞動，這樣也許可以使他養成多少能做點事情的習慣。本來，讓他努力學習是使他養成運用心智的習慣的一個更佳途徑。但是學習是一種看不見的專注，誰也不知道他究竟是否在偷懶，所以你必須找些體力活給他，使他必須不停地做而無暇他顧。如果那些體力活有點難做、有點羞辱人，那也不是一件壞事。因爲這樣一來，它們就更容易使他感到厭倦，使他想回來讀書。不過，當你讓他做體力活來代替讀書時，必須明確規定他的工作和完工時間，使他沒有機會可以偷懶。只有當他由於這種方法轉而用心學習之後，你才可以在他於規定時間內完成學業後，作爲一種獎勵，減免他的體力活；當你發現他愈來愈專心於自己的學業時，這種體力活就可以減少，最後，當他在學習時**遊手好閒**的毛病完全治癒時，體力活就可完全取消了。

一二八

我們在前面說過，兒童喜歡變化和自由，所以喜歡遊戲；因此我們不應把讀書或者我們想要他們從事的其他學習，當作一**種任務**強加給他們。而這一點，卻是父母、導師和教員容易忘記的。他們太急於要兒童去做應做的事情，乃至不會採用誘導的方法。但是兒童重複受過幾次指令後，很快就會明白，哪些是別人要他們做的，哪些不是。一旦這種錯誤的做法使得兒童對書本產生抵觸情緒，醫治就得從反面著手。由於此時再要設法讓他把讀書看作遊戲已爲時太晚，你就得採取一種相反的做法——他最喜歡哪種遊戲就強迫他去玩那種遊戲，每天要他玩上許多個小時，不是把它當作對他熱衷遊戲的懲罰，而是當作他務必完成的一項任務。假如我沒有搞錯的話，這種辦法要不了幾天，就會使兒童對他最喜愛的遊戲感到厭倦，而寧願去讀書或者去做別的事情了。在這種時候，如果他可以免除部分的遊戲任務，將本來用於這種**遊戲任務**的一部分時間，用來讀書或者去做其他眞正有益的事情，那麼效果就更加明顯。我認爲，這種治療方法至少要比禁止他們遊戲好（因爲禁止往往反而會增強欲望），也比其他懲罰性的治療方法要好，因爲一旦你讓他的欲望得到了過度的滿足（除飲食外，這樣的過度滿足是無害的），讓他做膩了你不想讓他做的事情，就會使他產生厭惡的情緒，你就再也不必擔心他以後會渴望同樣的事情了。

一二九

我覺得在一般情況下，兒童顯然是不喜歡懶散的。所以唯一應當關注的是，如何利用兒童好動的性情，使他們不斷地去做對他們有益的事情。如果你想達到這個目的，就應該讓你要他們去做的事情成爲他們的一種娛樂，而不成爲他們的**任務**。爲了不讓他們察覺到是你在中間操縱，我建議採用如下辦法：找些藉口，強迫他們去做你不願他們去做的事情，直到他們做過頭感到厭倦爲止。例如：你的兒子不是非常喜歡抽陀螺嗎？那就強迫他每天抽上許多個小時，看著他讓他抽；你會看到，他很快就會感到厭惡，不再想抽陀螺了。採用這種方法，把你不喜歡的娛樂當作一項**任務**強加給他，他自己就會愉快地去做你要他做的事了，尤其是，如果把你要他做的事作爲他完成遊戲**任務**的獎勵，那麼他就會更加樂意。因爲，假如他每天被迫長時間地抽陀螺，已經感到十分厭倦，這時如果答應他，作爲一種獎勵，他必須在規定時間內不停地使勁抽陀螺之後才能去讀書，你想他還會不熱心讀書、不嚮往讀書嗎？兒童所做的各種事情，只要符合其年齡特點，對於兒童來說是沒有什麼輕重之分的；他們之所以會把某件事情看得比另一件事情重要，是因爲受了別人的影響。所以，凡是被兒童周圍的人當作獎勵去給予他們的東西，就眞的會產生獎勵的作用。運用這種技巧，兒童的管教者就可以自由選擇，是用**跳格遊戲**來獎勵**跳舞**呢，還是用**跳舞**來獎勵**跳格遊戲**；是讓他們喜歡抽陀螺呢，還是讓他們喜歡讀書；是讓他們喜歡擲球呢，還是讓他們喜歡研究地理。兒童所意願的就是忙個不停，忙他們自以爲是他們自己選擇的事情；忙他們以爲是父母或他們所敬重、所信任的人獎勵他們去做的事情。我相信，就像其他兒童通常都會熱心地、愉快地去遊戲一樣，被如此安排且未受到其他不良榜樣影響的一群兒童，都會熱心地、愉快地去學習讀寫以及你想要他們去學的其他東西，而一旦其中年歲最大的兒童這樣做，樹立了榜樣，那麼，是無法阻止他們跟著學的，就像在一般情況下無法不讓他們跟著玩一樣。

[112]

一三〇

我覺得，兒童應該有玩具，而且應該有多種玩具；但即便是玩玩具，也應當得到導師或其他人的監管，一次只能玩一種玩具，當第一種玩具仍在手中時，不能得到另一種玩具。這是爲了讓他們從小學會愛惜東西，不要弄丟或毀壞了自己的東西；而如果允許他們同時擺弄許多各式各樣的玩具，就會使他們肆意隨性、漫不經心，從小就學會揮霍浪費。我承認，這都是些小事情，似乎用不著管教者多費心思；不過，凡是能形成兒童心理的事情，都不可忽視、不可大意，凡是能養成他們習慣的東西，都值得兒童的管教者去關心、去注意，因爲它們可能產生的後果並不是小事。

關於兒童的玩具，或許還有一件事情也值得引起父母的關注。雖然我贊同大家的看法，認爲兒童應當有幾種不同的玩具，但是我以爲，這些玩具全都不應該通過購買得到。不買玩具有很大好處，因爲兒童常常會由於濫買過多的玩具而養成一種見異思遷、貪得無厭的心理，內心總也不得安寧，雖然並不知道自己究竟需要什麼，卻時時都在追求更多的東西，對自己已有的東西總也不感到滿足。有些人爲了討好有權勢的人，便物色各種玩具送給他們的子女，使得小孩子深受其害。因爲這種做法，孩子差不多在能說話之前就學會了驕傲、虛榮和貪婪。我就見過這麼一個兒童，他被各式各樣的玩具弄得寢食不安，乃至每天都要女僕去全部檢查一遍，搞得女僕不堪其擾；而且，由於見慣了豐富多彩的玩具，他總是覺得自己的玩具還不夠多，老是問：還有什麼？還有什麼？我還可以得到什麼新玩意兒？殊不知，從小奠定節制欲望的良好基礎，乃是成就知足常樂的幸福人生的一條捷徑！

「既然兒童的玩具全都不應當透過購買得到，那麼你允許他們擁有的玩具又從何而來呢？」我的回答是，玩具要自己做，至少也得自己努力試著去做。在此之前，他們不應得到任何玩具，也不需要任何精緻的玩具。在幼兒眼裡，一顆光滑的石子、一張紙、母親的一串鑰匙、乃至任何拿在手中不會對自己造成傷害的東西，都很好玩，其好玩的程度並不亞於那些要花大錢才能買來、但一玩就容易壞的稀奇古怪的玩具。兒童要不是玩慣了那些玩具，是絕不會因爲缺少玩具而變得呆頭呆腦或性情古怪的。他們年幼時，什麼東西都可以當玩具，等到年齡漸長，若不是別人愚蠢地花錢買各種玩具給他們，他們就會自己去做。當然，一旦他們自己有了某種構思、想自己動手製作玩具，便應該得到指導和幫助。但如果他們什麼事情也不做，只是在那裡坐等，一心指望別人提供現成的，那他們就不應該得到任何玩具。其實，與其購買昂貴的玩具，還不如在他們製作玩具的過程中遇到困難時幫助他們，會使他們感到更加高興。有些玩具，如陀螺、旋轉物、毽子球球拍之類的東西，兒童限於自己的技能是做不出來的，但玩起來卻需要花點力氣，因此要提供給他們。他們最好擁有這些東西，倒不是爲了換口味，而是爲了鍛鍊；不過這些東西也應當儘量讓他們自己想辦法。假如有了一只陀螺，那麼抽陀螺所用的木棍和皮帶就要讓他們自己去製作和配備。如果他們只是張大嘴巴坐等天上掉餡餅的好事，那就不該得到這些東西。這樣就可以讓他們養成習慣，依靠自己去努力追求自己想要的東西，並由此學會克制、專心、勤奮、思考、策劃和節儉等等；這些品質在他們長大成人後對他們是非常有用的，所以愈早培養愈好，其根基也扎得愈深愈好。兒童的一切遊戲與娛樂，都應當以養成良好有用的習慣爲目標，否則遊戲和娛樂便會帶來不良的習慣。兒童無論做什麼，都會在其稚嫩的年齡留下一些印象，由此造成一種向善或者爲惡的傾向，凡是具有這種影響的事情，都是不應忽略的。

一三二

說謊可以非常方便省力地用來掩蓋不良行爲，且在各種各樣的人群中都很盛行，因此，兒童會不可避免地看到各種情形的說謊掩飾行爲，也因爲如此，若不特別當心，是很難防止他們不學會說謊的。但是說謊是一種惡劣的德行，是許多敗德惡行的溫床和庇護所，所以在孩子的成長過程中，應時時讓他感覺到別人對說謊的極度憎惡。在孩子的面前，只要一有機會提到說謊這件事，就應當表示極端的憎惡，表明它是和紳士的名聲與品格水火不容的，任何稍有點榮譽感的人都不能忍受說謊的罪名；它可以說是一個最可恥的標記，一個人如果打上這種標記，就會落到最可羞辱的下賤境地，被列入那些最卑鄙無恥的人和令人厭惡的惡棍的行列；凡是想和上流社會的人士交往的人，或是在社會上還有點聲譽的人，身上就不能容有這種缺點。當兒童第一次被發現**說謊**時，你最好把它當作一件駭人聽聞的事情，表示驚愕，而不應把它當作一種普通的過失加以責備。如果這樣做不能使他改正，那麼當他第二次再犯時，就應受到嚴厲的斥責，讓他感受到父母及一切注意到此事的人的極大不快。如果這種辦法仍然沒有奏效，那就只好動用棍棒了，因爲他在受到如此警告之後，還故意**說謊**，這就應當被視爲頑梗的表現，是絕不允許不受懲罰輕易逃脫的。

一三二

如同亞當的其他子孫一樣，兒童由於害怕自己的過失暴露無遺，也會尋找**藉口**。找藉口是一種與說謊距離不遠的缺點，而且會發展爲說謊，因此兒童若有這種缺點，是不能放任不管的；不過醫治的方法仍然是羞辱比粗暴要好。所以，當你有事情要問兒童時，如果他最初的回答是一種**藉口**，你就應該嚴肅地警告他，要他說出事實眞相；如果他仍然用**假話**搪塞，那就必須受到責罰；不過如果他直接承認了，你便應該表揚他的坦誠，原諒他的過失，無論是什麼過失；而且，既然原諒他了，以後就不要再因此而訓斥他，也不要再提起它。因爲，如果你想讓他熱愛坦誠，並透過不斷的實踐養成坦誠的習慣，就應該注意，絕不可讓他因爲坦誠而感到有任何不便之處。相反，他的主動坦白，除了不應受到任何處罰之外，還應該用一些稱譽加以鼓勵。假如你無法證實他的**理由**中含有任何虛假，那就把它當成眞話，並且不要流露出一絲懷疑。你應讓他在你的面前保持盡可能好的聲譽。因爲一旦他知

[115]

道自己的聲譽掃地，你也就失去了一種重要的和最好的約束他的方式。因此，只要能夠避免讓他在你面前覺得自己是個說謊的人而又不至於鼓勵他說謊，就不要讓他在你面前覺得自己是個說謊的人。所以，他說話有時不經思索，與事實有所出入，是可以忽略不顧的。不過，如果他曾經因**說謊**而受過懲罰，此後又被發現說謊，那就絕對不可原諒，因爲他已知道這種過失是禁止再犯的，除非故意，本來是可以避免的，所以再犯就完全是頑梗的表現，必須採用醫治頑梗的方法予以懲罰。

一三三

以上這些，就是我所想到的教育一個年輕紳士的一般方法。雖然我覺得，這種方法會對兒童的整體教育發生一些影響，但我並不認爲它已包含了所有的具體細節，可以滿足各個年齡階段和不同性格的兒童的教育要求。不過，一般的原則大致提過之後，我們就可以更加具體地接著考慮兒童教育的幾個不同方面了。

一三四

凡關心子女教育的紳士所希望兒子擁有的，除了留給他的家產外，我認爲無非是以下四種東西：即**德行**、**智慧**、**教養**和**學問**。這些名詞有時候可能具有不同的涵義，有時候又可能彼此包含著同樣的涵義，對此我不想做進一步的討論。我現在只需採用這些名詞的一般涵義，這些涵義我覺得很清楚，足以讓別人明白，希望大家不難理解我的意思。

一三五

我認爲，**德行**是一個人或一個紳士所應首要具備的，也是最必不可少的一種稟賦；一個人如果缺少德行，就絕不可能得到別人的尊重和喜愛，甚至不可能被自己所接受或容忍。一個沒有德行的人，我想無論是今生還是來世，都得不到幸福。

一三六

爲了打下德行的基礎，應儘早在兒童的心靈烙上一個正確的**上帝**觀念，要讓他知道，上帝是自主的「至高無上的存在」，是一切事物的主宰和創造者，我們所有的好東西都是從祂那裡得到的，祂愛我們，賜予我們一切。在此之後，就要向他灌輸對這個「至高無上的存在」的熱愛與敬畏。開始時，這樣做就足夠了，而不必在這個問題上對他作進一步的解釋，因爲過早地與他談論神靈，超前地讓他理解這個「無限存在」的本性是無法把握的，其結果恐怕不是他的頭腦中充滿了錯誤的想法，就是被一些上帝不可知的觀念弄得糊裡糊塗。你只需在適當的場合告訴他，**上帝**創造一切、統治一切、無所不聽、無所不見，凡是熱愛上帝、服從上帝的人，上帝就會以各種方式帶給他們好處。你會發現，他在聽聞這樣一個**上帝**之後，很快就會對上帝產生種種不同的想法，這些想法中如果你發現有錯誤，就應當予以糾正。我覺得，如果大家都止於這樣一種**上帝**的觀念，不過分探究這個人人都得承認是無法把握的最高存在，倒是件好事；因爲許多人喜歡探究，但又缺乏清晰有力的思想去區分哪些事情可知、哪些事情不可知，從而陷入迷信或無神論，要麼認爲**上帝**與他們自己差不多，要麼（由於無法理解其他任何想法）根本否定上帝的存在。所以我認爲，與其讓兒童分心，好奇地追問上帝的不可思議的本質與存在，不如讓他們每天早晚都用一種簡短平易、適合其年齡與能力的禱詞，去向上帝——他們的創造者、保護者與恩人——祈禱，這樣做在宗教、知識與德行方面對兒童都要有益得多。

一三七

因此，你要根據兒童的接受能力，慢慢地、逐漸地在他的心靈中建立起這樣一種上帝的觀念，同時教他**禱告**、**讚美**上帝，將上帝視爲自己的主宰，唯有上帝才能使自己行善並享受人世間的快樂。在此期間，不可對他談論任何別的**神靈**，除非日後他在某種場合自己先提出了這個問題，或在讀《聖經》的時候遇到了這個問題。

一三八

但即便到了兒童的這個時期，只要他年齡還小，也一定要保護他稚嫩的心靈，不可讓他具有任何**神靈鬼怪**的印象和觀念，也不可讓他對黑暗產生任何恐懼心理。就此而言，值得擔心的是僕人的輕率無知，因爲這些僕人爲了讓兒童聽話，總喜歡用一些**妖魔鬼怪**如何害人的可怕故事去嚇唬兒童，以至當兒童獨自一人、尤其是在黑暗中的時候，沒有理由不因此感到害怕。這種情況必須要小心予以防止，因爲他們雖然可以用這種愚蠢的辦法去防止兒童的輕微過失，但是這種治療方法比疾病本身更加有害，兒童的想像力從此就烙上了不斷會產生驚駭、恐怖的觀念。這種**妖魔鬼怪**的思想會使人對恐怖物產生強烈的印象和恐懼的情緒，它們一旦進入兒童稚嫩的心靈，就會根深蒂固，難以驅逐，甚至無法根除。兒童有了這種思想後，就經常會產生許多奇異的幻覺，獨自一人的時候就很膽小，乃至一生都會對自己的影子和黑暗感到害怕。我就遇到過一些小時候受過這種恐嚇的人，他們對我抱怨說，雖然理性已使得他們糾正了以前建立的錯誤觀念，知道自己沒有理由在黑暗中比在光天化日之下更加害怕那些看不見、摸不著的東西，然而這些觀念還是一有機會就冒出來，產生出以前糾纏過自己的幻覺，若不費點功夫還無法消除。爲了讓你知道，早年在心靈中留下的印象有多麼持久和可怕，我在這裡還要告訴你一個不同尋常但卻眞實的故事。**西部**的某個鎮上有一個神經錯亂的人，男孩子在路上碰到他時都喜歡取笑他。有一天，這個人在街上看見一個平時捉弄過他的男孩，便跨進附近的一家**利器**店，抓起一把出鞘的劍就去追那個男孩。男孩看見他拿著劍追來，拔腿逃命，幸虧那男孩身體還算強健，腳步還算敏捷，在瘋子追上他之前跑到了父親的家門口。但那時屋門閂著，當他手推門閂、回頭去看追來的人還有多遠時，瘋子已經追到了走廊的入口，舉劍就要砍。還好那男孩還有時間跑進去，趕緊關上門，才沒有被砍到，他的身體總算是逃脫了，但他的精神卻沒有逃脫。這個可怕的景象給他留下了極深刻的印象，多年之後也無法忘掉，甚至有可能一輩子也忘不掉。因爲當他長大成人後講述這個故事時，還說，從此以後，無論他頭腦裡想著什麼事情，也無論他有沒有想到那個瘋子，任何時候只要他從那門口進去，總要回頭看看。

如果不受外界的影響，兒童在黑暗之中是絕不會比在光天化日之下更感到害怕的。黑夜可以睡眠，白天可以遊戲，因此都受他們的歡迎。別人的談論不應當使他們做出區分，覺得黑夜比白天存在著更多危險的或**可怕的東西**，如果他們由於周圍的人的愚蠢而受害，覺得在黑暗與睡眠的時候有些異樣，你就應當儘快地讓他們消除這種感覺；你要讓他們知道，爲他們創造了一切好東西的上帝也爲他們創造了黑夜，目的是讓他們可以睡得更加舒適、更加安謐；他們是得到上帝的保護的，黑暗中並不存在傷害他們的東西。關於上帝與良善的神靈還應當告訴他們些什麼，我們以後再說。至於邪惡的神靈，則在他沒有成熟、還不適宜獲得那種知識之前，最好能夠不讓他對它們抱有錯誤的想像。

一三九

當你按照《聖經》的明智教導，根據其年齡所允許的接受能力，使他養成了禱告上帝的習慣，那麼，你便使他有了正確的上帝觀念，爲他的德行奠定了基礎。接下來應該注意的事情，就是讓他養成**講眞話**的習慣，同時還要盡一切可能培養他的**善良品性**。你要讓他明白，人的許多過錯都容易得到別人原諒，唯有爲遮蓋過失而不惜**找藉口歪曲事實**，則難以獲得別人的原諒。你還要及早教他有愛心、**善待**他人，因爲這樣才能從小奠定一個人誠實的眞正基礎。世上一切不公道的事情，通常都是因爲我們愛自己太多，而愛別人太少。

關於這個問題，我要說的原則意見就這麼多，也足以用在兒童身上奠定德行的初步基礎了。隨著他逐漸長大，便要去注意他天性中的傾向。如果這種傾向過於偏頗，會使他離開德行的正道，那麼就應當採用一種合適的方法去矯正。因爲**亞當**的子孫是極少如此有幸、以至天性毫無偏頗的，而消除或平衡天性的過分偏頗正是教育的要務。不過，對這個問題的詳細討論並不是這篇教育短文所能完成的，我並沒有打算討論所有各種德行與邪惡，說明每種德行如何才能獲得，每種特殊的邪惡又如何用特定的療法去加以治療，雖然我已提到了幾種最常見的錯誤，以及可用來糾正那些錯誤的方法。

一四〇

按照通行的見解，我認爲**智慧**是指一個人在處理自己的現世事務時表現得精明強幹，並富有遠見。這種特質需要良好的天性、心智的運用、再加上經驗，才能綜合而成，因此不是兒童所能具備的。爲了使兒童長大成人後能夠具有智慧，我們所能做的最要緊的一件事情乃是盡力防止他們變得**狡猾**。狡猾是對**智慧**的模仿，卻與智慧相距最遠：它像猴子一樣，具有近似於人的外表但缺乏人的實質，因此更加顯得醜陋。**狡猾**又只不過是理智的缺乏，因爲它不能直接達到自己的目的，就想借助詭計與騙術來達到目的。狡猾的危害在於：**詭計**只能得利一時，卻受害長遠。任何掩蓋都無法做得天衣無縫、以致不可能被人發覺，世界上也絕沒有一個人能夠如此**狡猾**以致沒人會發現他的狡猾：他們的眞面目一旦暴露，便人人都會對他們抱有戒心，沒有人會信任**狡猾的**人，整個世界都會聯合起來群起而攻之。然而，坦誠、公正、**聰敏的**人卻會得到每個人的幫助，從而能夠暢通無阻地做自己的事業。要把兒童培養爲一個有**智慧**的人，最合適的準備工作乃是讓兒童習慣於不懈地追求事物的眞理，把心智用在偉大的、有價值的思想上，而遠離虛假以及含有大量虛假成分的狡猾。至於智慧所需要的其他東西，那是需要時間、經驗和觀察，並且還要熟悉人情世故以及別人的脾性與計謀，才能夠學到的，而不是無知粗疏的兒童或急躁輕率的青年所能具備的。在這一段尚未成熟的人生時期，我們爲培養智慧所能做的，如我剛才所說，只有使他們習慣於眞理與誠摯，聽從理性的指導，以及盡可能地反省自己的行爲。

一四一

一個紳士所應具備的另一種美德是**良好的教養**。**不良教養**在行爲舉止上有兩種表現：一種是**忸怩作態**，另一種是**輕狂放肆**；要避免這兩種情況，便應當恰如其分地遵守一條規則——**既不要看不起自己，也不要看不起別人**。

一四二

這條規則的前半部分，不可理解爲反對謙虛，而應理解爲反對厚顏無恥。我們不應當把自己看得很高，乃至高估自己的價值；我們也不應當因爲自己覺得有優於別人的地方，就自以爲高人一等；即便是自己理應得到的東西，我們也應謙遜接受。然而，當我們遇到自己有責任去做、並且其他人也期待我們去做的事情時，我們就應該把自己看得高一些，泰然自若地去做應做的事情，無論在誰面前都不應慌張失措，並按照各人的地位與身分保持尊重與距離。有些人，尤其是兒童，常常在陌生人或地位較高的人面前表現得笨拙羞怯，他們的思想和言行舉止全都亂了套，無法自主，乃至做不成任何事情，即便能做事，也顯得不自如、不優雅，不能博得別人的好感和好評。醫治這種毛病的辦法也與醫治其他毛病一樣，只有一個，即通過練習培養一種相反的習慣。不過，既然我們不與陌生人及上流社會的人士相處，就無法習慣於跟他們交談，那麼醫治這種**不良教養**的唯一方法，就是多交各種朋友，多與地位較高的人交往。

一四三

上面提到的那種不良教養，乃在於我們太在意自己在別人面前的表現，而**不良教養**的另一面，則在於我們太**不注意**禮儀，未能對那些我們必須與之交往的人**表示尊重**並獲得他們的好感。要避免這種不良教養有兩件事必須要做：第一，養成一種不冒犯他人的心理；第二，要有表現那種心理的最受歡迎與最令人愉悅的方式。一個人若具備了前者，可稱之爲**文明有禮**，若具備了後者，可稱之爲**舉止得體**。後者是指我們的表情、聲音、言語、動作、姿勢以及整個外在的行爲舉止，都要做得莊重優雅，使我們能夠博得朋友的好評，使那些與我們交談的人感到安逸與高興。這可以說是表達內心的文明有禮的一種語言；它的規則與實踐如同其他語言一樣，在某種程度上是爲各國的習俗和風尚所決定的，所以主要應當透過觀察、根據那些公認爲**教養良好**的人們的舉止進行學習。至於前者，那是深藏於內心中的東西，是指對於一切人的普遍善意與尊重，它能使一個人小心在意，不讓自己的行爲舉止對他人有任何輕視、失敬或疏忽的表現，而依照那個國家的風尚與做法，根據別人的等級與地位，對別人表示尊重和敬意。這是一種透過行爲舉止表現出來的心理，具備這種心理的人就會在交往中避免讓任何人感到不安。

下面我要談一談與這種最基本的、最令人喜愛的社交德行最不相容的四種特質。缺乏文明禮貌的行爲，通常都出自這些特質中的某一種。我把它們列舉出來，是爲了讓兒童避免其不良影響，或者從其不良影響中擺脫出來。

㈠第一種不良品質，就是天生的**粗暴**，它會使一個人對別人缺乏殷勤，從而不去尊重別人的喜好、脾性或身分。不在意什麼東西會使周圍的人感到高興、什麼東西又會使別人感到不快，那的確是莽夫的作風；然而人們卻經常會遇見這樣一種人，他們衣著時髦，一舉一動卻由著自己的性子，爲所欲爲，處處要占上風，完全不顧別人的感受。這種野蠻是人人都能看得出來、都覺得可怕、無人能夠容忍的；所以，任何一個想讓別人覺得自己還**有點教養**的人，身上就不容有這種特質存在。**良好教養**的目的與要務，就在於軟化天性的耿直生硬，使人的脾性變得溫良柔和，乃至可以做到謙恭順從，與必須要交往的人融洽相處。

㈡第二種不良的特質是**輕蔑**或者缺乏適當的敬重，它可以從表情、言語或姿勢上看出來，輕蔑無論由誰表現出來，總會引起別人的不安。因爲沒有一個人會心甘情願地被別人看不起。

㈢第三種不良的特質是**苛求**和挑剔，它與**文明有禮**是直接對立的。一般人無論犯了什麼過失，或者其實並沒有過失，都不願意別人當著自己或其他人的面，在大庭廣眾之下予以公布。任何人沾上了汙點都會感到羞恥；任何缺點一旦被人發現，哪怕只是被人懷疑，都會令人感到不安。**戲謔**是暴露別人過失的一種最精巧的方法，不過，由於戲謔通常都很風趣，所用語言也不傷人，而且還可以使在場的人感到快樂，一般人就會產生一種誤解，以爲戲謔只要不過分，就並不是缺乏文明禮貌的行爲。所以，那些社會地位較高的人也常採用這種取笑的談話方式；這種談話頗受歡迎，並常常引來持相同立場的旁觀者的笑聲和掌聲。不過戲謔者應該想一想，在座的人的快樂是以被他們取笑的當事人作代價的，那個被取笑的人當然不會因此而安之若素，除非被取笑的事情本身確實值得讚揚。因爲在那種情況下，**戲謔**中所用的令人發謔的隱喻和描繪便不僅是搞笑，而且也是讚揚，被取笑的人也能從中獲益，並參與其中去取樂。不過這是一件非常微妙和難以控制的事情，稍有一點疏忽就會全盤弄糟，並不是每個人都能恰到好處地駕馭，所以我覺得，凡是不願意激怒別人的人，尤其是年輕人，都應小心避免去**戲謔**別人，因爲玩笑中只要有一點小失誤或舉措失當，就可能引起別人的不快，在他們的內心中留下持久的記憶，而對自己曾經因爲做了該受責難的事而遭到尖刻的、雖不乏機智的嘲弄難以忘懷。

除了戲謔，**反駁**也是一種常常顯示出不良教養的苛求別人的方式。待人殷勤絕不意味著我們必須在任何時候都全盤接受別人讚賞的推理和論述，也不意味著我們無論聽到什麼都要保持沉默聽之、任之。有時候，反對別人的意見，糾正別人的錯誤，正是眞理與仁慈對我們提出的要求，只要爭辯的時候小心從事，注意場合，也並不違背文明禮貌。不過我們可以看到，有些人可以說已對反駁走火入魔，乃至不管是非，老是反對某一個人，甚至反對在座的每一個人，無論別人說什麼，都一概表示異議。這是一種極其明顯、極其蠻橫的**責難**形式，以致沒有人會受到如此責難而不感到自己受到傷害的。一切對別人言論的反對，都很容易被懷疑是在**苛求**，也很少有不感到屈辱就欣然接受的，所以在反對別人意見的時候，態度應盡可能溫和，措辭應盡可能委婉，要用全部的行爲舉止去表示你並不是要故意反駁他。此外，這樣做的時候還應儘量表現出對對方的尊敬和善意，只有如此，我們在贏得爭辯的同時才不至於失掉對方對我們的敬重。

㈣**刁難**是違背**文明有禮**的另外一種毛病，這不僅是因爲它常常會產生不適當的、激怒人的言語和舉止，而且還因爲它是我們對自己不喜歡的人的無禮行爲的一種心照不宣的非議和責備。這種猜疑或暗示，是會讓任何人都感到不安的。而且，在座的有了一個惱怒的人，會使大家都感到不舒服，和諧的氣氛便會終止於任何這樣的衝突。

所有的人都孜孜以求的幸福，其實就在於快樂，因此不難理解，爲什麼**文明有禮的人**要比有用的人更加受到別人的歡迎。即便是一個有能耐、待人眞誠並且用心良好的實力人物或眞正的朋友，只要他的表現過於嚴肅冷峻、使人感到不安，也很難得到別人的好評。權力與財富，甚至德行本身，這些之所以被人看重，僅僅是因爲它們能夠增進我們的幸福。所以，一個人在幫助別人時，如果行事的方式引起了別人的不安，那麼從別人的幸福來看，他是不受歡迎的。只有懂得如何讓別人感到舒暢，同時又不卑躬屈膝、降低自己的身分的人，才可以說是找到了爲人處世的眞正訣竅，到處都會受到歡迎與器重。因此，文明有禮乃是首先要特別予以注意、使之在兒童及青年身上養成習慣。

一四四

此外，還有一種不符合文明禮貌的錯誤，那就是**繁文縟節**固執地將接受者不該得到的、會使接受者感到愚蠢或慚愧的禮節強加於人。這種做法看起來與其說是獻殷勤，不如說是故意讓人出醜；至少看起來像是爲了爭奪控制權，而說得再好聽也不過是讓人覺得討厭，所以絕非**良好教養**的表現，因爲良好教養的功用或目的，就在於使那些與我們交往的人感到安逸舒暢，此外並無別的用途及目的。這種錯誤年輕人很少會犯。不過萬一他們犯了，或者有犯這種錯誤的傾向，就應當教導、警告他們這是一種**錯誤的禮貌**。他們在交往中應該作爲目標而予以致力的，是對每一個人都給以一種恰當的符合文明有禮的普通禮節及致意，藉以表明自己的尊敬、重視和善意。要做到這一點、同時又不被別人懷疑爲諂媚、虛僞或卑鄙，那是一種大技巧，只有憑藉敏銳的見識、理性及良好的同伴才能學到，但是這種技巧在社會生活中非常有用，所以很值得學習。

一四五

我們如果能在這方面處理好自己的行爲，就可以博得**教養良好**的名聲，似乎那特別是教育的效果；但是正如我已說過的，幼兒不應在禮節方面受到過多的煩擾；我的意思是說，不應讓他們在脫帽禮和屈膝禮之類的時尚上受到過多的煩擾。如果你能盡力將謙遜和善良的品性教給他們，那麼這種禮節便不會缺乏。其實，**文明有禮**只不過是一種小心、不讓自己在交往中表現出對任何人的絲毫小瞧或鄙視而已。至於最受歡迎、最被看重的禮貌表達方式，我在前面已經說過。表達禮貌的方式如同語言一樣，不同的國家不盡相同、各有特點；所以，只要認眞思考一下就會明白，把一些禮貌的表達規則教給兒童，是沒有用也不切題的，這就好像要一個只和**英國人**說話的人不時地去學一、兩條**西班牙**文的規則一樣。你盡可以不停地對你兒子談論**文明有禮**，但他的同伴是什麼樣子，他的儀態也就會是那個樣子。一個住在你家附近的農民，如果從未走出過教區，那麼無論你如何教導他，只要他的舉止仍然是一副諂媚者的神氣，他的言語就仍然不會擺脫諂媚的神氣；也就是說，他的言行舉止都不會比平時和他打交道的人顯得更有禮貌。因此，關於這個問題，在兒童到要請一位導師教導他的年齡之前，是沒有其他辦法可想的，當然導師必須是一個受過良好教養的人。所以，老實說，我認爲只要兒童的行爲與頑梗、驕傲和邪惡無關，那麼他們應當如何脫帽致意或屈膝致敬，則不是什麼大不了的事情。只要你能夠教會他們愛他人、尊敬他人，那麼當他們到需要禮儀的年齡時，他們自然就會按照自己已經習慣的風尚，找到人人都能接受的禮貌表達方式。至於他們身體的動作和舉止，前面已經說過，到了適當的時候，舞蹈教師可以把最合適的姿態教給他們。與此同時，當兒童尚幼時，一般人也不會指望他們過於注意這些禮節；在那種年齡，兒童在禮節上大意一點是允許的，這與成年人應該懂得相互問候是一樣的；即使有些儀態極其優雅的人覺得那是一種過失，至少我深信那也是一種不必介意的過錯，可以留給時間、導師與交往去加以糾正。因此我認爲，爲了禮節去干涉或責備你兒子（這是我常見的兒童的一種遭遇）並不值得；不過，如果他的舉止表現出驕傲或邪惡，那就必須採用規勸或羞辱的方法加以消除。

雖然幼小的兒童不應當在禮儀和禮節上面受到過分的困擾，不過有一種不禮貌的行爲，如果不及早加以約束，是很容易在年輕人身上滋長的，那就是，當別人正在說話的時候，愛**插嘴反駁**、**打斷**別人的談話。年輕人之所以喜歡在別人談話的時候插嘴反駁，之所以不放過任何表現自己的才智的機會，這或許是起因於辯論的習俗，以爲辯論表現了才華和學問，似乎辯駁是具有知識的唯一標準與證據。假如情況確實如此，那麼我覺得，學者們是最應該爲此受到指責的。**插嘴打斷**別人的談話是一種極爲粗魯的行爲，因爲，當我們還不知道別人究竟要說什麼之前，就去發表議論，這種行爲即便沒有表現出不切題的愚蠢，也是一種明白表示：我們對他的談論已聽膩了，不想再聽下去了，因爲我們覺得他所說的那些沒有什麼價值，而且在我們看來，在座的其他人也對他的話不感興趣，所以想讓他們聽我們談談，我們可以說些值得他們傾聽的話。這種做法表現了一種極大的不敬，是必然要冒犯別人的；然而，幾乎所有的**插嘴**都帶有這種不敬。人們往往還在插嘴之中，**更正**他人的錯誤，**反駁**別人的話，如果我們這樣做，自充導師，以爲自己應當去糾正別人的談話，或者揭露他人判斷的錯誤，那便是一種更大的驕傲與自負的表現了。

我的意思並不是說，大家交談時意見不應出現分歧，或者不應反駁別人的議論：這樣會使社交的最大好處蕩然無存，使人們不能從機敏的同伴那裡獲得教益和改進。有才智的人相互辯論，可以顯示出事物的各個面向和各種可能性，給人啓示，假如第一個人說過之後，其餘的人都必須贊同、鸚鵡學舌，那麼這種好處便會喪失殆盡。我所反對的，並不是一個人對別人的觀點表示異議，而是表示異議的那種方式。我們應該教導年輕人，不要在別人發表意見的時候隨便**插嘴**，只有在別人詢問其意見的時候，或者別人都說完了、無人發表意見的時候，才可發表自己的見解；而且，發表意見時只能用請教的語氣，不能用指導的口吻。應該避免武斷的態度及傲慢的神情；要等在座的人全都停止說話、有機會時，才可以用學生的口氣謙遜地提出問題。

這種恰當的文雅既不會掩蓋他們的才智，也不會減弱他們的理性力量，反而會使他們的發言更受歡迎，使他們的觀點更有分量。即便是一個有問題的論點，或者泛泛的評論，只要這樣提出來，加上幾句不同尋常的文明有禮的開場白，對他人的意見表示尊重，也可以得到更多的賞識與重視；相比之下，哪怕是最敏銳的智慧，或者最深刻的科學，如果表達的時候態度粗暴無理，口氣生硬刺耳，也無法得到如此的賞識與重視，因爲那種表達方式只會使聽者感到厭煩，即便覺得他說得有理，也不會對他有好的看法。

所以，這種缺點在年輕人身上是應該小心加以提防的，從一開始就應加以制止，並讓他們在一切交談中都養成一種相反的習慣。再說，喜歡發表意見、在辯論時不斷地**插嘴**、大聲**爭辯**等等，即便在成人乃至在我們這個階層的人之中，也屢見不鮮，所以這種缺點就更應及早加以防止。**印第安人**雖然被我們叫作野蠻人，但談話時卻要比我們文明有禮得多，他們總是彼此安靜地傾聽對方發言，等到對方說完才插話，一直到對方說完後再從容地予以答覆，既不吵鬧、也不動感情。假如這一點在我們這個文明的地方還做不到，那只能歸咎於教育的疏忽，還沒有把我們身上這種古代的蠻性革除掉。你可能沒有見過這樣有趣的景象：兩個有身分的貴婦人偶然碰到一起，正好面對面地坐在一個房間的兩邊，周圍還坐著許多人，她們倆發生了爭論，愈爭愈起勁，爭到激烈的時候彼此都不斷地向前移動自己的椅子，最後兩個人竟緊挨在房間的中央，像鬥雞場上的兩隻公雞般在那裡爭吵，周圍的人都忍不住發笑，但她們卻旁若無人、毫不在意。這個故事是一個有身分的人告訴我的，她們爭辯的時候他就在現場，談及此事時，他對那種一般人在熱烈**爭辯**時經常會做出來的不文雅舉動，還記憶猶新；由於此類不文雅舉動正是習慣造成的，所以應當得到教育的更多關注。這種毛病如果發生在別人身上，多數人是會感到憎惡的，但如果發生在自己身上，卻往往遭到忽視；也有許多人意識到了自己有這種毛病，並決心要克服它，但卻由於教育上的疏忽，使他們養成不良習慣，最終也沒能克服。

一四六

以上關於**同伴**的一些看法，如果細加思考，或許能夠開闊我們的視野，讓我們明白同伴的影響有多麼深遠。同伴的影響不只在於**交往**時在我們身上刻下文明有禮的模式，還能透過外表，深入我們的內心。如果能夠對世上的道德與宗教做出正確的估計，那麼我們就會知道，世界上絕大多數人不惜爲之獻身的那些見解與禮節，與其說是來自他們的理性確認，不如說是來自他們國家的風尚和一般人的日常實踐。我提到這一點只是想讓你明白，我覺得**同伴**對你兒子的生活的各個方面都有非常重要的關係，所以應該予以高度的重視和充分的準備；你在其他方面所能做的一切，對他的作用都比不上同伴對他的影響。

[128]

一四七

我把**學問**放到最後，你也許會覺得奇怪，如果我告訴你我認為學問最不重要，你就更會覺得奇怪了。一個好讀書的人有這種看法，似乎會讓人感到奇怪；而在一般情況下，大家為兒童操心忙亂的即便不全是為學問，主要也是為學問，人們談到教育時，所想到的幾乎也只有學問一件事，所以我的看法就更顯得令人費解了。每當我想到，人們為了一點**拉丁文**與**希臘文**，不知遭了多少罪，耗費了多少年的光陰，無端地弄出了多少吵嚷與忙碌，就不禁覺得，兒童的父母還在依靠學校教師的教鞭的威懾，把教鞭視為教育的唯一工具，好像掌握一、兩種語言就是教育的全部任務。大家都認為，一個兒童應當在一生的最好年華拿出七、八年乃至十多年的時間去苦學一、兩種語言，我卻認為，這種學習所用的精力和時間本來是可以大大減少的，這怎麼可能呢？

所以請你原諒，我要說：我不忍想像，「**為了獲得心智的陶冶**」，[19]一個年輕的紳士竟然像牲口似的被放入牧群裡，被人用鞭子驅使，飽受折磨之苦地經過幾個年級。你聽了也許會說，那怎麼辦呢？難道不讓他去讀書寫字？我們教區裡的牧師把霍普金斯和斯滕霍爾德說

---

19 原文為拉丁文ad capiendum ingenii cultum。英文可直譯為 to capture the cultural。——譯注

成是世界上最偉大的詩人，那是他自己書讀得不好，將霍普金斯和斯滕霍爾德的眞實身分弄得面目全非，[20]難道要讓他變得比這個牧師更加無知嗎？不是這樣，我懇求你不要這樣性急。讀書、寫字和**學問**，我也認爲是必需的，但卻不應成爲首要的事務。我想，如果有人竟然不把一個有德行的人或者有智慧的人看得遠比一個大學者更爲可貴，你也會覺得他是一個非常愚蠢的傢伙。我並不否認，對本質良好的人來說，**學問**對於德行與智慧都大有幫助，然而我們也得承認，對本質不良的人來說，學問只會促使他們變得更加愚蠢，或者變成更壞的人。我的意思是說，你在考慮兒子的教養、爲他尋求一個學校教師或家庭導師的時候，不要像世俗那樣心裡只想著**拉丁文**和**邏輯學**。**學問**當然得有，但應放在第二位，只能作爲輔助更重要的特質之用。要尋求一個懂得如何去小心培育兒童教養的導師，也就是說，孩子的導師應當能儘量保持孩子的純眞、愛護並且培養他的優點、溫和地改正與消除他的任何不良傾向、使他養成良好的習慣。這才是要點，有了這點，我覺得**學問**是可以用各種方法非常容易地獲得的。

---

20 霍普金斯（Hopkins）和斯滕霍爾德（Sternhold）兩人都是當時流傳較廣的《聖經》中〈詩篇〉的英譯者，而不是詩人。——譯注

一四八

兒童到了能夠說話的時候，就應當開始**學習閱讀**。不過說到這一點，請容我再次強調一件事情，因爲這件事情很容易被人忘記，那就是，一定要多加注意，絕不可把讀書當作他的一項工作，也不可讓他把讀書視爲任務。我已經說過，我們在搖籃時期就天生地喜歡自由，因此，我們之所以對許多事情感到憎惡，別無其他原因，而僅僅在於那些事情是別人強加給我們的。我始終在想，**學習**本來是可以變成兒童的一種遊戲和娛樂的，因爲我覺得，假如學習對他們來說是一件榮耀、快樂和舒心的事情或者是一種做了其他事情之後得到的獎勵，假如他們從來沒有因爲忽略學習而受到過責罵和懲罰，那麼他們本來是會嚮往學習的。有一件事情使我對這種想法更加確信無疑，那就是**葡萄牙人學習讀寫**已在兒童之間成了一種時尚和競賽，想阻止也阻止不了：他們會相互學習，異常熱衷於讀書寫字，好像有人要禁止他們去學似的。我記得有一次我住在一個朋友家裡，他的小兒子還是一個穿童裝的幼兒（當時由他的母親在家裡教他**讀書**），要他讀書很不容易，我就勸他們換個方法，不要把讀書作爲一種責任加在他身上；於是，我們故意作了一次談話，讓他聽見，但絲毫不去注意他，我們聲稱，做學生是嗣子與長兄的特權；他們讀了書便可以成爲優雅的紳士，得到每個人的喜愛；至於讓弟弟們受教養，那是對他們的一種恩惠；教他們學習**讀書**寫字，本來就不是他們應得的福分；他們如果願意，大可成爲一些無知無識的鄉巴佬。這一招果然奏效，自那以後，那個孩子就願意學習了；他會自己走到母親跟前，要求學習，他還會要女僕聽他讀書，不聽就不得安寧。我相信，對其他兒童也可以使用這類方法；只要我們摸清了他們的脾性，把某些思想灌輸到他們的頭腦之中，便可以讓他們自己嚮往學習，追求學習如同追求另一種遊戲或娛樂。但是正如我以前說過的，絕不可把學習當作他們的一項任務，也不可讓學習成爲他們的一種煩惱。我們可以在骰子和玩具上面黏上字母，透過遊戲教兒童學習**字母表**；我們還可以找到其他許多適合於兒童的特性的方法，把讀書寫字變成他們的一種**玩耍**。

一四九

這樣，兒童便可以透過誘導去學會字母；他們在**學習閱讀**時，只覺得那是一種玩耍，別人在棍棒的驅使下才肯去學習的東西，他們在玩耍中就學會了。兒童的身上不應背負任何工作之類的嚴肅事情，因爲他們的心智和身體都承受不了，這樣做會損害他們的健康。我相信，有許多的人之所以在他們此後的一生中都對書本和學問感到厭惡，原因就在於，他們在痛恨一切這類約束的兒童時期卻受到了強迫，被書本束縛。這種情形就像暴飲暴食一樣，過食之後產生的令人作嘔之感是難以消除的。

一五〇

所以我覺得，儘管**玩具**通常是不用於教學的，但如果它們有適合於作爲教學之用，我們就可做些設計，利用它們來**教兒童閱讀**，同時讓兒童自以爲是在遊戲。比方說，我們是否可以仿照「皇家橡樹彩票」[21]抽獎時所用的圓球，製作一個三十二面、最好是二十四面或二十五面的**象牙球**；然後在其中的一些面上黏上字母A，在另一些面上黏上字母B，其餘的面上分別黏上字母C和D。我建議，在開始階段只黏這四個字母，甚至只黏前兩個，等到他完全學會之後，再加黏一個字母；以此類推，一直加到球的每一面都有一個字母、全部英文字母都在球上出現爲止。使用的時候，我建議先讓別人在他的面前玩這個象牙球，玩的時候不妨採取打賭的形式，看誰先擲出字母A或者B，如同擲骰子的時候看誰先擲出六點或七點一樣好玩。這樣做的時候要把它當作你們的遊戲，不要引誘他參加，免得又把它當作一種工作；不要讓他感到這並不是成年人的一種遊戲，這樣我確信他自己就會要求參加這種遊戲。爲了讓兒童更有理由認爲這是一種遊戲，覺得是一種得到了別人善意的認可才能加入的遊戲，遊戲完了之後應當將球收起，放在他拿不到的地方，以免他由於隨時都可將球占

---

21 原文爲royal-oak lottery。——譯注

有，很快便感到乏味無趣了。

一五一

爲了保持他對這種遊戲的熱情，要讓他以爲這是屬於長輩的一種遊戲。等到他用這種方法認識字母之後，再將字母換成音節，他就可以不知不覺地**學會閱讀**了，並且絕不會因學習而受到斥責或煩擾，也不會因爲書本給他們帶來了責罰和煩惱，而使他們對書本視若仇敵了。如果你留心觀察就會發現，兒童爲了學會遊戲是不辭辛勞的，但如果別人強迫他們學習那些遊戲，那麼他們就會像畏懼任務與工作一樣畏懼它們。我認識一個極有身分的人（他的學問與德行比起他的出身和高貴地位還要讓人尊敬），他把六個母音字母（因爲在我們的語言中，Y也是母音字母）黏在一個骰子的六個面上，再把其餘十八個輔音字母分別黏在另外三個骰子上面，將此作爲子女的一種遊戲，看誰一次用這四個骰子擲出的單詞最多，誰就獲勝；他的長子當時還是一個穿童裝的幼兒，對這項遊戲異常熱心，**在玩耍中**就**學會了拼音**，他從未被強迫去學，也從未因此受過訓斥。

一五二

我曾見過幾個小女孩，她們連著好幾個小時一起練習，不辭辛勞地要使自己成爲她們所謂的**接子遊戲**的專家。我在一旁觀看時心想，只可惜這種遊戲缺乏一種良好的設計，沒能讓她們把這種勤奮用在對她們更爲有益的事情上；而且我覺得，這完全是成年人的過錯和疏忽。兒童遠不如成人懶散，他們的好動如果沒能用到有益的事情上，那麼受責備的應當是成年人；成年人哪怕願意拿出一半的熱情在前面引導，這些小孩子就會付出全部的熱情在後面跟隨，那些有益的事情通常也就可以變得像遊戲一樣令他們感到快樂了。我猜想，以前一定有哪個聰明的**葡萄牙人**，在本國的兒童中開創了這種風氣，乃至如我聽說的那樣，要想阻止那裡的兒童不去**學習讀**、**寫**竟是一件不可能的事；而在**法國**的某些地方，兒童從很小的時候起也都互相學習唱歌與跳舞。

一五三

剛開始時，黏在骰子或多邊形物體上的**字母**最好與對折本《聖經》上的字母一樣大小，並且全都不要用大寫字體；兒童一旦認識小寫字體的英文文字，要不了多久便會熟悉大寫字體，但在開始學習的時候，卻不應讓他由於字體的變化而感到困惑。你還可以用這種骰子玩

「皇家橡樹彩票抽獎」那樣的遊戲，這又是一種玩法，可將櫻桃或蘋果之類的東西作爲獲勝的獎品。

一五四

凡是喜歡這種方法的人，只要願意，還可以容易地設計出其他各種**字母**遊戲，來引導兒童進行學習。不過，我覺得上面所說的四個骰子極其簡便有用，要找到比它更好的設計不那麼容易，因此也就無需其他的設計了。

一五五

關於**閱讀的學習**，我已經說得很多，總而言之，是不要強迫兒童學習，也不要因此斥責他；要盡可能地誘導他去學習閱讀，不要把學習作爲他的一項工作。

寧可讓他**晚一年學會閱讀**，也不可讓他因此對學習產生憎惡心理。即便要和他發生衝突，也應當是在那些重要的、有關眞理與善良本性的事情上，而不應把學習當作任務加在他的身上。應該利用你的技巧，使他的意志變柔順而服從理智，辦法就是教他愛好名譽與讚揚，教他害怕給別人留下壞印象、被別人看不起，尤其怕被你和他的母親看不起，做到了這一點，其餘的一切就都好辦了。但我認爲，如果你打算那樣做，就不可在無關緊要的事情上訂下許多規則去束縛他，也不可每當他犯了一點小過錯，或者犯了一點也許在別人看來是大過失的過錯，就去責備他；不過關於這個問題我已說得夠多了。

一五六

當這些溫和的方法使得他逐漸能夠閱讀時，便應當爲他選擇一本淺顯、有趣而又適合他的能力的書，讓他在閱讀中得到樂趣，從而吸引他，使他能夠從讀書的辛勞中得到回報，不過所選的書不應在他的頭腦中充塞純粹無用、華而不實的東西，或者打下邪惡與愚蠢的基礎。要達到這個目的，我認爲《伊索寓言》是一本最好的讀物了，因爲《伊索寓言》中的故事，既能讓兒童得到快樂和滿足，也能讓成人獲得有益的反思；即便這些故事能在他的記憶中保持一生，讓他在自己此後的成熟思想和嚴肅事務中時時回憶起它們，他也絕不會爲此感到遺憾。如果他手中的《伊索寓言》配有插圖，就會讓他得到更多的樂趣，更能鼓勵他去閱讀，使他的知識得到增長。因爲，當兒童對那些可見的事物不具有任何觀念時，由於這些觀念不能從聲音中獲得，而只能根據事物本身或它們的圖像獲得，那麼，僅僅聽別人談論它們是無法讓他們得到什麼知識、也無法使他們滿足。因此我認爲，他一開始學習拼寫的時候，就應該盡可能充分地給他提供動物圖片，並在圖片上印上動物名稱，這些圖片既可以吸引他去閱讀，同時又可以爲他提供發問與求知的材料。此外還有一本讀物，即《狐狸列那的故事》，我認爲也可以用來達到同樣的目的。如果兒童周圍的人經常和他談論他所讀過的故事，聽他講述那些故事，那麼，除了其他的好處之外，這種辦法還會讓他感受到讀書的益處和快樂，這對他的**閱讀**不啻是一種鼓勵。一般所用的方法似乎完全忽視了這種誘導；初學者往往要過很長一段時間才能體會到閱讀的益處和樂趣，從而樂於讀書，在此之前他們只把書本當作一種時髦的娛樂，或是無端的麻煩，認爲書本沒有絲毫用處。

一五七

「主禱文」、「使徒信條」和「十誡」，是兒童必須熟練背誦的；不過我以爲，背誦的方法不應當是他自己捧著「識字祈禱書」朗讀，而應當在他還不能閱讀之前就由別人反覆講給他聽。但是我認爲不應把背誦與**學會閱讀**混爲一談，以免彼此相互妨礙。**學習閱讀**時應該儘量不讓他感到麻煩，不把學習變成他的工作。

我不知道**英文**書裡面是否還有其他一些類似的讀物，可以引發兒童的興趣，誘導他們去**閱讀**，但我傾向於認爲，既然一般人都用學校的方法來對待兒童，只知利用教鞭的威嚇去強迫他們學習，卻不知利用學習的樂趣來誘導他們學習，那麼，這類有用的書籍就會像各種各樣的無聊書籍一樣，是註定要被人忽視的；據我所知，除了通常使用的「角貼書」、[22]「識字祈禱書」、「詩篇歌集」、[23]「聖約書」[24]和《聖經》以外，便別無其他的書籍被納入兒童的教育用書了。

一五八

至於一般兒童通常都要閱讀、藉以練習和改進其**閱讀**能力的《聖經》，我覺得，不加選擇、按章節順序通篇閱讀的辦法，無論是從完善他們的**閱讀**能力考慮，還是從確立他們的宗教信仰考慮，對兒童都沒有一點好處，恐怕再也找不到一個比它更糟的辦法了。因爲，要一個兒童去閱讀他完全不能理解的章節段落，其中能有什麼樂趣、能受到什麼鼓勵呢？「**摩**

---

22 Horn-book，歐洲歷史上曾經使用的兒童教育用具，由印有字母和數位的紙頁構成，裱在有柄的木板上，上面覆蓋透明膠片，供兒童認字、識數等用。——譯注

23 psalter，做禮拜時所用的詩歌的集子，也可用作兒童的識字教材。——譯注

24 Testament，指《舊約全書》或《新約全書》。——譯注

西律法」、[25]「**所羅門**之歌」、[26]《舊約》中的「預言書」以及《新約》中的「使徒書」與「**啓示錄**」等篇章，怎麼能夠適合兒童的理解能力呢？「福音書」和「**使徒行傳**」的故事雖然要容易一些，但整體來說還是與兒童的理解力非常不相稱的。我承認，宗教的原則是要從這些篇章中獲得，也蘊含在《聖經》的文字裡，然而只有適合兒童的能力和觀念的那些部分，才應當讓兒童去閱讀。這與通讀**全部**《聖經》以及爲閱讀而閱讀相比，差別是很大的。一個兒童如果在他這樣小小的年紀裡不感興趣地閱讀全部《聖經》，只知道那是上帝的話，此外沒有任何區別，那麼即便他的頭腦中還會形成一點宗教思想，他的這點思想也必定是極其混亂不堪的！我覺得，有些人之所以終其一生也沒有形成過清晰明確的宗教思想，原因就在這裡。

一五九

我既然碰到了這個話題，就不妨再說幾句，《聖經》裡有些部分是適合讓兒童閱讀的。

---

25 the law of Moses，《聖經》中借先知摩西之口說出來的古猶太人的道德和法律規範。——譯注

26 the song of Solomon，來自《聖經》中的《舊約》，相傳爲所羅門所作，詩歌的內容主要是讚頌浪漫愛情和夫妻之間的兩性關係。——譯注

比如**約瑟**與其眾兄長的故事、[27]**大衛**與**歌利亞**的故事、[28]**大衛**與**約拿單**的故事[29]等，都可以用作教導他的讀物，讓他透過閱讀，懂得「**你願意別人如何對你，你就要那樣去待別人**」之類的道理。還有一些類似的簡單明瞭的道德規則，只要選擇得當，也常常可以利用，作爲閱讀和教導的材料。要讓兒童經常閱讀這些東西，直至深植於心。此後隨著他逐漸長大，到了完全能夠理解它們的時候，就應該在適當時機對他諄諄教誨，使之成爲他爲人處世的堅定不移的神聖規則。但是了無興致地閱讀整部《聖經》，我認爲對兒童是極不適宜的，在通讀整部《聖經》之前，他們首先應該熟悉《聖經》裡面最明白易懂的基礎部分，對自己應當信奉並付諸實踐的主要原則有一個大致的了解；不過即便是這樣的初步認識，我認爲他們也應當透過閱讀《聖經》的原文去獲得，而不應依據那種由於體系和類比造成的先入之見，因爲在這種情況下，他們是容易受制於那種先入之見的。爲了避免這種情況，**沃辛頓**博士[30]編了一部《教義問答》，裡面的回答全部出自《聖經》原文；這是一個好樣本，它的健全表達方式

27 Joseph and his brethren，見《創世記》第三十七—五十節。——譯注

28 David and Goliath，見《撒母耳記上》第十七節。——譯注

29 David and Jonathan，見《撒母耳記上》第十八節。——譯注

30 Dr. Worthington，即John Worthington（一六一八—一六七一），英國學者，與劍橋柏拉圖學派過從甚密。——譯注

沒有一個基督教徒能夠反對而認爲是不適合自己的孩子去學習的。兒童一旦能夠背誦「主禱文」、「信經」和「十誡」之後，就可以根據他的理解力和記憶力，每天或每週讓他學習《教義問答》中的一個問題。當他把這本《教義問答》背得滾瓜爛熟、對整本書裡的任何問題都能對答如流時，就可以讓他學習散布在《聖經》各個篇章中的其餘道德規則了，這樣既可以很好地**鍛鍊他的記憶力**，又能夠讓他懂得一生中隨時可用的行爲準則。

一六〇

當他能夠熟練地閱讀**英文**時，便可以適時地讓他學習**寫字**了。學寫字的第一件要務乃是**正確的握筆姿勢**，所以他在紙上下筆之前，就應當學會正確地握筆。因爲，無論是兒童還是其他什麼人，要想做好任何事情，就不能一次做得太多，即便能夠一心兩用，也不可奢望自己能夠同時把一種活動的兩個部分都做得完美無缺。我覺得，**義大利人**只用大拇指和食指握筆的方法也許是最好的，不過，這一點你可以請教一位優秀的書法教師，或者任何一個字寫得既快又好的人。他學會正確握筆後，接著就應該學會如何**鋪紙**、**擺放手臂**，如何**端正寫字時的身體姿勢**。以上各種練習全部做過之後，就可以不費多大麻煩地教他寫字了，辦法是去找塊木板，刻上你最喜歡的字體；但是你必須記住，所刻文字的字型大小要比他日常所寫的大一些；因爲每個人在初學寫字時字都會寫得較大，此後便會自然而然地愈寫愈小，而絕不會愈寫愈大。木板刻好後，再取幾張上好的書寫用紙，用紅墨水在板上把字印下來，而他則只需要用一支灌滿黑墨水的好筆，在紙上描紅就行，只要在開始時告訴他每個字母應從哪裡起筆、該如何寫成，他透過描紅就能很快地學會寫字。這一步練熟後，他應該接著在白紙上練習，如此練下去，他便可以容易地**掌握**你所喜歡的書法了。

一六一

當他的字寫得既好又快時，我想就不僅可以繼續透過書寫來鍛鍊他的手，而且還可以透過**繪畫**來進一步改善他的手的功能了；繪畫對一個紳士來說，在很多場合都非常有用，尤其是當他旅行時，有些東西若用文字來表達，哪怕整整一頁紙也是無法說清楚、讓人明白的，可是只要畫上幾筆，再恰當地加以組合，就常常能夠把這些東西完整表達出來。一個人無論看到過多少建築，遇見過多少車輛和服飾，只要施展一點點**繪畫**的技能，就能容易地把它們的印象留傳給別人；而這樣的印象若用文字表示便有失傳的危險，即使敘述得極爲準確，充其量也只能留下失眞的寫照。我的意思並不是希望你的兒子成爲一個**眞正的畫家**；要成爲一個哪怕還說得過去的畫家，也需要耗費大量的時間，那不是一個青年紳士所能承受的，因爲他還有其他更加重要的事情要取得進展。但是，如果只求懂得一點**透視畫法**和**繪畫**的技巧，從而除人像之外，能夠在紙上說得過去地畫出所見的各種事物，那麼我覺得並不需要花費多少時間，尤其對於有繪畫天賦的人來說，更是如此；不過，要是他缺乏這方面的才能，那麼，除非是在絕對必要的事情上面，最好是不動聲色地放他過去，而不要讓他無謂地在這些事情上煩惱。所以在繪畫以及其他一切並非絕對必需的事情上面，都要遵循同一條規則：「不要違背密涅瓦的意思。」[31]

我聽說**速記**這門藝術只有**英國人**懂得。大家覺得速記也許值得學習，是因爲它既有助於人們迅速地記下自己要記住的東西，又有助於人們把自己不願意公開的事情隱藏起來。其實凡學會了某種文字的人都能夠根據自己的私人用途或愛好，輕易地讓它發生變化，並且能夠進一步借助於縮寫，使它適合於用來工作。**里奇**先生[32]發明的速記法雖然是我見到的最好的速記法，但在我看來，精通並善於思考文法的人還可以把它改造得更容易、更精煉。不過，目前還完全沒有必要急於尋找教師，去教他學習這種縮寫的方法；等到他能夠揮灑自如地把字寫得既好又快、又有合適機會的時候，再去學習速寫也爲時不晚。男孩子是很少用

31 原文爲拉丁文*nil invita Minerva*。密涅瓦（Minerva）是羅馬神話中主管智慧、藝術、發明和武藝的女神，相當於希臘神話中的雅典娜（Athena）女神；因此，「不要違背密涅瓦的意思」這句話的意思是：不要違背你的自然天賦。——譯注

32 Mr. Rich，即Jeremiah Rich，著有*Semography*（一六四二年版）。——譯注

得著**速記**的，所以在他們的書法尚未達到爐火純青並完全形成習慣之前，絕不應去練習速寫。

一六二

當兒童能說**英文**的時候，就應該同時讓他學習某種外語了。如果有人提議學**法文**，那麼是不會有人提出質疑的。理由在於，大家都已經習慣於用正確的方法來教授法文，不斷地用法文與兒童對話，而不是給他們講授法文文法規則。如果與兒童朝夕相伴的導師對兒童只說拉丁文，並且只准他用拉丁文回答問題，那麼，**拉丁文**也同樣可以容易地學會。不過由於**法文**是一種活的語言，在言談中用得更多，所以應當先學，以便兒童那時還比較柔順的發音器官能夠習慣於正確的發音，養成純正的**法文**發音習慣，這種習慣耽擱愈久就愈不容易形成。

一六三

如果採用這種方法，那麼通常花上一、兩年的時間，兒童就能夠流利地聽說和閱讀**法文**了，這時，他就應該接著學**拉丁文**。不過一般的父母對拉丁文的態度是很奇怪的，他們儘管在**法文**上作過嘗試，可是竟然不覺得拉丁文也應當採用同樣的方法、透過聽說與閱讀去學習。當兒童在導師的監督下學習這些外語、只說這些外語而不使用其他任何語言的時候，唯有一點要注意，那就是不可忘了讀**英文**，這件事可由他的母親或其他什麼人負責，每天聽他讀幾段《聖經》或其他的英文書。

一六四

我認爲，**拉丁文**對一個紳士來說是絕對必需的；事實上，支配一切的習俗已經使得拉丁文變成了教育的一個重要部分，以致許多兒童，雖然一旦離開學校，終其一生也絕不會再和這種語言打交道，卻仍然要在棍棒的驅使下被迫去學習**拉丁文**，在難熬的學習中將許多寶貴的光陰付諸東流。一個做父親的，一方面耗費自己的金錢與兒子的時間，讓兒子去學**羅馬人的語言**，另一方面卻又爲他安排一種根本用不著**拉丁文**的職業，以免他把在學校裡學到的那一點拉丁文忘得精光，而且還因爲學習時受過虐待，使得他十之八九會對拉丁文感到厭惡；世界上還有比這更加荒唐可笑的事情嗎？一方面，一個兒童在其計畫的一生中絕不會使用的一種語言，卻要被迫去學，學的又是其中那麼一點入門知識，另一方面，在生活的各方面都大有用處，並且對大多數行業來說都是必不可少的一筆好字和算帳技能，卻始終被人忽視，這種情形若非在我們之中隨處可見，誰又能相信呢？這些商貿和處世所必不可少的本領，在文法學校裡是很少能夠乃至根本無法學到的，然而，不僅紳士們都把他們意在商界發展的年幼子弟送進了文法學校，即便是商人和農夫，雖然既不打算也無能力讓他們的子弟成爲學者，卻也一定要把他們的子弟送入文法學校。假如你問他們爲什麼要這樣做，他們會覺得這是一個奇怪的問題，就像問他們爲什麼要去教堂一樣奇怪。習俗取代了理性，對那些把習俗看成是理性的人來說，這種做法已由於習俗而成了神聖的東西，幾乎被奉爲宗教信條，他們對這種做法的堅持，就好像他們的孩子如果不學**利利**[33]的文法，就等於沒有接受過正統教育。

一六五

拉丁文對某些人來說確實是必要的，而對另外一些人來說，雖然毫無用處卻也被認爲是必要的；但不管怎麼說，文法學校中所通用的拉丁文教學法，我經過思考後覺得不能加以鼓勵。反對這種教學法的理由是如此明顯而有說服力，已經使得一些明智的人摒棄了原來的通

---

33 Lily, William（1468-1522），英國文藝復興時期學者、古典語法學家，他著的《語法》是當時的權威教材。——譯注

用教學法，卻沒有不成功的，儘管他們採用的方法眞正說來還不是我設想的最簡便易行的那種。這種方法簡而言之就是：絕不要用**文法**去煩擾兒童，要像說**英文**一樣，用**拉丁文**與兒童交談，而不必受規則的煩擾。你只要想一想就會明白，兒童剛剛來到這個世界上的時候，對**英文**的了解並不多於對**拉丁文**的了解，可是他既不要老師、規則，也不要文法，就學會了**英文**；所以，只要有人不停地對他講拉丁文，他也可以像**西塞羅**[34]那樣，學好**拉丁文**。我們常常可以看到，一位**法國**婦女在一、兩年之內，不用任何文法規則之類的東西，而只是和女孩閒聊，就能教一個**英國**女孩說一口漂亮的**法文**並且熟練地閱讀法文，這就不得不讓我感到奇怪，爲什麼在他們的兒子身上，紳士們竟然忽視了這種方法，還認爲兒子沒有女兒聰明能幹。

一六六

因此，如果能夠找到一位說一口漂亮**拉丁文**的人，讓他與你的兒子不離左右，不斷地用拉丁文與你兒子交談，並且不准他說別的語言，也不准他閱讀別的文字，那麼你就找到了

[140]

34 原文爲Tully，是Marcus Tullius Cicero的別稱，即古羅馬著名文學家和哲學家西塞羅。——譯注

眞正的拉丁文教學法，而我要建議的也正是這種方法。這不僅是最簡便、最有效的語言學習方法，可以讓兒童免受辛勞和斥責，就能學會別人在學校裡受教鞭驅使、需要耗費六、七年時間才能學會的一門語言，而且透過這種教學方法，還能夠同時塑造兒童的精神與教養，並讓他步入好幾門科學，例如：**地理**、**天文**、**年代學**、**解剖學**的大部分，**歷史**的若干部分，以及其他各種可以感知而又基本上只需運用記憶的事物的知識。根據正確的方法論，我們的知識應當從這些科學開始，以這些可以感知的東西作爲基礎，而不應以**邏輯學**與**形而上學**的抽象觀念作爲基礎，邏輯與形而上學的抽象觀念在理智起步尋求知識的時候，是更加適合於引發興趣而不適合於增加知識的。年輕人要是專心於那些抽象的思考，那麼一旦在短期內沒有獲得成功與進展，或者沒有從中找到預想的用處，就會輕視學問或者自慚形穢；他們會覺得，這些書本裡除了難解的詞彙和空洞的聲音之外一無所有，於是就會放棄學習、丟掉書本；要不然他們就會得出結論說，即便這些書本裡確有眞知灼見，自己也沒有理解它的能力。情況就是這樣，也許我自己的經驗就可以證明這一點。另外我覺得，用這種方法學習的年輕紳士，或許還應當學習**幾何學**，儘管與他同齡的人所學的全部東西只是**拉丁文**和其他一些語言；我就認識一個用這種方法培養起來的年輕紳士，他在還不到十三歲就能夠證明**歐幾里得幾何學**的好幾條定理了。

一六七

但是，假如你找不到這樣一位既會說一口漂亮的**拉丁文**、又能在這種種知識上教導你的兒子、從而願意採用這種教學方法的教師，那麼，次優的選擇就是盡可能地用相近的方法去教他。可以找一本容易而又有趣的書，如《伊索寓言》之類，將**英文**譯文（要儘量直譯）寫成一行，並在英文譯文的正上方一一對應地寫上相應的**拉丁文**。讓他每天反覆誦讀，直到他完全理解**拉丁文**的意思；然後再讀下一則寓言，也要到他完全掌握爲止，誦讀的時候，已經掌握的部分也不可放過，要不時複習，以免遺忘。當他練習書寫的時候，可以把這些材料用作抄寫的範本，這樣，他便可以在練字的同時又提高**拉丁文**的水準。這種方法不如直接用**拉丁文**與他進行交談的方法好；學的時候首先要背熟動詞的構造，然後再背熟名詞與代詞的變格，以便熟悉**拉丁文**的精髓和風格，因爲拉丁文與現代語言不同，它的動詞和名詞的意義變化，不是透過在詞前加首碼，而是透過改變詞尾的音節。超出了這個範圍的文法知識，我覺得不需要去掌握，除非他自己就能閱讀**西奧皮**和**佩里佐尼**注釋的《桑克蒂拉丁文原理》。[35]

35 西奧皮（Sciopius，即Caspar Schoppe，一五七六—一六四九），德國學者。佩里佐尼（Perizonius，即Jakob Voorbroek，一六五一—一七一五），荷蘭古典學者。《桑克蒂拉丁文原理》（*Sanctii Minerva*是西班在兒童教育中，還有一點我認爲也是值得注意的，那就是，在大多數情況下當他們遇到困難時，不應當讓他們自己去尋找問題的答案，以免他們更加困惑不解。例如，當他們不理解句子的意思時，有的教師會向他們提出「主格是什麼」之類的問題，又如，當他們一下子說不出*abstulere*的意思時，爲了引導他們明白意思，有的教師會要他們回答*aufero*是什麼意思；[36]這麼做只能讓他們感到困擾，白白浪費時間。因爲當兒童專心學習的時候，應該心情舒暢、進展順利、盡可能地感到快樂。因此，每當他們遇到了障礙、同時又想前進的時候，就應立刻幫助他們克服困難，而不是加以非難和斥責。要記住，如果教師採用了嚴厲的手段，那一定是由於驕傲和急躁的性格所致，他以爲自己所知道的東西，兒童也應該馬上明白；其實教師應該考慮到，自己的責任是讓兒童養成習慣，而不是怒氣衝衝地向兒童灌輸規則，規則對人生的指導是沒有多大用處的，至少對兒童沒有用處，因爲兒童根本就記不住規則。我並不否認，在需要兒童運用理性的科學上，這種方法有時候可以有所變化，可以故

牙學者桑克蒂所著的一部拉丁文文法書，在當時非常流行；參閱本書後面編者的注釋。——譯注

[36] abstulere和aufero都是拉丁文，兩者具有文法關係，abstulere是aufero的變化形式或分詞形式，相當於英文中的過去分詞，用於完成時態。它們的英文譯義是bear away或carry off，意思是「抓走」、「奪得」。——譯注

意出一些難題，激發他們去努力，讓他們的心智習慣於竭盡全力的推理。不過我覺得，在兒童年紀還很小的時候，或在他們剛剛接觸一種知識的時候，是不能這樣做的，因爲在那種時候，兒童所學的東西本身都很困難，教師的重大作用和技巧就在於盡可能讓一切事情變得容易，而尤其是在語言的學習上，最沒有理由爲難兒童。語言是靠死記硬背、形成習慣和保持記憶學會的，所以只有在完全忘掉一切文法規則之後，才能說得最流暢。我承認，一種語言的文法有時候是需要非常仔細的研究的，但是這種研究只能由那些專門考察評論語言的成人去做，很少是專業學者之外的其他人的工作。我覺得大家都會同意，一個紳士即便要研究語言，也應當研究本國的語言，以便能夠最準確地理解自己經常使用的語言。

此外，做教師的人之所以不應當爲難學生、相反地應當爲他們掃清障礙、一發現他們停止不前時就立刻幫助他們前進，還有一個理由。兒童的心智是狹窄與脆弱的，通常一次只能容納一種思想。兒童的頭腦裡一旦有了什麼想法，馬上就會被這種想法填滿，尤其是在帶有情緒的時候。因此，兒童進行學習時，教師的技巧和藝術便在於清除他們頭腦中的一切雜念，最好能讓他們的頭腦騰出空間，以便專心致志地接受所要學的東西，否則所學的東西便不會在頭腦中留下印象。兒童的心智天生就是散漫不定的，只要是新奇的東西都會吸引他們；無論看到什麼新奇的東西，他們都急於要去嘗試，過後卻很快就膩了。由於他們對同樣的東西很快就會感到厭倦，所以他們的快樂幾乎全都是建立在變化和轉換上的。要讓兒童瞬息多變的思想固定不變，那不合兒童的天性。不論這種情形是由於他們大腦的特性，還是由於他們的血氣太旺和不穩定，不能完全服從心智的支配，顯而易見的是，要兒童長時間地把思想用在某一件事情上，對他們來說是一種痛苦。持續不斷地保持專注乃是兒童難以承受的最苦的差事之一；因此，凡是想要兒童專心用功的人，就應該竭力使自己的要求變得令人愉快和可以接受；至少也要小心從事、不讓兒童對之感到不快和恐懼。如果他們拿起書本時毫無喜愛和有趣的感覺，他們的思想自然就會永遠離開自己厭惡的事情，轉而去尋求更加令自己快樂的東西，不可避免地圍繞這些事物遊蕩了。

我知道，導師們通常採用的方法是一旦發現學生有一點恍神，就加以斥責與懲罰，借此讓學生集中注意力，把心思用在當時所學的東西上面。但這種辦法卻必定會適得其反。導師的嚴厲訓斥或鞭撻會使兒童感到恐懼，隨即迅速充滿他的整個內心，使它再也沒有空間來容納其他印象。我相信，凡讀了這段話的人都一定會回憶起，以前受到父母或教師粗暴專橫的訓斥時，自己的思緒是如何的失措，腦子是多麼的混亂，以致都不知道當時究竟聽到了什麼，自己又說了什麼。他立刻不知道自己在幹什麼，心裡充滿了驚慌和混亂，在那種狀態下再也不能注意別的東西了。

的確，父親和導師應該讓受教育的兒童敬畏自己，藉以樹立自己的權威，並以此去管束他們。但是他們一旦獲得了對兒童的支配權，就應當非常謹慎地使用這種權力，而不應使自己成爲驚嚇鳥雀的稻草人，讓學生一看到他們便會戰慄。這種嚴苛的辦法也許能夠使管教工作變得容易，可是對學生卻沒有什麼益處。當兒童的思想受到某種情緒、尤其是恐懼情緒的支配和擾亂時，這種情緒就會使他們稚嫩脆弱的精神留下最強烈的印象，這時兒童是不可能學會任何東西的。要想讓兒童的心靈接受你的教導、增長知識，就應該使之保持安逸平靜。你不可能在一個戰慄的心靈上寫上美觀工整的文字，正如你不可能在一張晃動的紙上寫上美觀平正的文字。

教師的重大技巧便在於集中並且保持學生的注意力，只要做到了這一點，他就一定能在學生力所能及的範圍內，使學生獲得最大的進步；如果他不能集中並保持學生的注意力，那麼他的一切忙碌紛擾就會收效甚少，甚至毫無效果。爲了達到這個目的，教師應該盡可能地讓兒童理解所教的東西的用處；要讓兒童明白，借助於所學的知識，他便能夠去做自己以前不會做的一些事情，從而獲得某種力量和實際的優勢，使他勝過那些不懂得這些知識的人。此外，教師在整個教學活動中都要和藹可親，透過溫和的舉止讓兒童感受到，教師是愛他的，所做的一切都是爲了他好，唯有如此，才能激發兒童的愛好，使他願意聽講，並從所教的東西中找到樂趣。

除了頑梗之外，任何事情都不應該用專橫粗暴的辦法去對待。兒童的其他一切過失，都應當用溫和的辦法去改正。和藹的勸勉不僅能夠更好地、更加有效地影響積極開放的心靈，甚至能在很大程度上克服那種由於粗暴專橫的做法而常常在原本通情達理的人身上造成的剛愎任性。當然，頑梗和故意的疏忽是必須要加以控制的，即使要用棍棒也在所不惜。但是我覺得，學生的剛愎任性常常是導師剛愎任性的結果；而且，如果兒童沒有受到不必要的濫用的粗暴對待，以致養成了惡劣的性情，憎惡他們的教師乃至由教師而來的一切，那麼，大多數兒童是很少應當受到體罰的。

不在意、不經心、不穩定、易恍神，那都是兒童本身固有的缺陷，因此，只要沒有發現他們是故意所爲，便應溫和地提醒，假以時日逐漸地克服。如果這樣的缺點每一次都要引發惱怒與斥責，那麼訓斥和懲罰的機會就必然頻繁不斷，以致導師會在學生的心目中變成一個永遠可怕的、令人不安的對象。僅僅這一點就足以妨礙學生從導師的授課中獲益，足以使他的一切教學方法都歸於失敗。

兒童對導師具有的敬畏心理應該經常透過導師對兒童表現出來的慈愛與善意來得到緩和，這種關愛之情能夠激發他們去盡自己的責任，使他們樂於服從導師的指令。這樣，會讓導師對他們感到滿意，也會讓他們把導師看作一位愛護自己、爲自己操心費力的朋友，去聽導師的話。於是，他們在與導師相處的時候才會感到輕鬆自在，而唯有在這樣的心態之下，心靈才能接收新的資訊，接納那些印象；否則，這些資訊和印象便不會被接收並保留下來，他們和教師在一起所做的一切就都是白費力氣，如此留存下來的東西便大多是不快的感受，而學習的成分則所剩無幾了。

一六八

當兒童採用這種**拉丁文**與**英文**相間排列的方法，掌握了相當的**拉丁文**知識之後，就可以進一步閱讀其他一些比較簡單的**拉丁文**書籍了，比如**查士丁**[37]或**尤特羅庇烏斯**[38]的作品；爲了不至於讓他在閱讀和理解時感到過於乏味和困難，只要他喜歡，可以使用**英譯本**來幫助閱讀。有人會反對說，這樣一來，兒童就只能靠死記硬背來學會拉丁文，但這種意見是不必害怕的。只要仔細考慮一下就會明白，這種意見不僅根本不足以反對這種語言學習方法，而且顯然是支持這種語言學習方法的。因爲語言是只能透過死記硬背學會的；一個人如果完全靠死記硬背來說**英文**或**拉丁文**，那麼，只要一想到自己要說的東西，便無需考慮規則或語法，他就能自然而然地說出那種語言的恰當運算式和習慣用語，而如果他做不到這一點，就既不能說得流利，也不能掌握它。我倒很願意有人能給我指出，哪一種語言是完全可以透過

37 Justin，即Marcus Junianus Justinus，古羅馬歷史學家，生卒年不詳，據說其拉丁文風格符合西元二世紀的風格，但也有人認爲他生活在西元四世紀；著有*Historiae Philippicae*（一六一三年版節本）。

38 Eutropius，Flavius，西元四世紀後期羅馬帝國晚期的歷史學家，其生平後人知之甚少，只確知他曾隨同皇帝尤利安遠征波斯，擔任過皇帝瓦倫斯的機要祕書；其拉丁語《羅馬國史大綱》（*Historiae Romanae Breviarium* 一六八三年版）是唯一傳世的作品，文筆洗練、句式工整，又被當作拉丁語學習者的經典教材。

文法規則學會或說好的。語言不是用人爲的規則構造出來的，而是偶然由於人們的共同使用自然形成的。但凡想要說好語言的人，只有這條規則可依，也只有信任記憶，信任那種根據公認爲正確的說話方式養成的說話習慣，換言之就是只靠死記硬背去說。

說到這裡很可能有人會問，那麼**文法**就毫無用處嗎？難道這許多人費了那麼多的辛勞，才從數種語言中歸納出來的規則和解說；難道他們對**名詞和代詞的詞尾變化**、**動詞的詞形變化**、**詞與詞之間在性和數等方面的一致以及種種句法**所做的那麼多工作，都是白費氣力？學了也沒用嗎？我並沒有這麼說；**文法**也有它自己的地位，但是我想我可以說，文法引起的不必要的騷擾太多了，那些在文法上備受折磨的人，其實根本就不需要文法；我這裡指的是那些在文法學校裡通常因爲文法受到困擾的兒童。

靠死記硬背學會的語言已足以應付生活和一般商業方面的日常事務，這是一件再明顯不過的事情。不僅如此，那些身分高貴、整天與教養良好的人相伴爲伍的女性也向我們表示，採用這種平易自然的方法，不用學習任何**文法**，也無需懂得任何**文法**，照樣可以使她們的言語非常文雅、禮貌得體；其中有些女士，根本不知道何謂**時態**與**分詞**、何謂**副詞**與**介詞**，但說起話來，其得體和正確的程度卻與一般文法學校用通行的方法教導出來的大多數紳士沒有任何區別（要是我說她們的說話和鄉村學校教師一樣正確得體，她們還會覺得這是一種貶低呢！）。因此在我們看來，文法在某些情況下是可以不學的。那麼接下來需要回答的問題便是什麼人在什麼時候才應當學習文法？對於這個問題，我的答覆如下：

(一)一般人學習語言是爲了能夠進行日常的社會交往和思想交流，此外並無其他進一步的用途。對這個目的來說，透過會話來學習語言的原初學習方法，不僅完全夠用，而且因爲它最迅捷、最恰當、最自然，也應該是人們的首選方法。因此，就語言的此項用途而言，可以答覆說，文法並不是必需的東西。這個看法，大多數讀者只要明白我所說的意思，是不得不同意的，因爲他們與別人交談時，即便自己從未學過**英文**文法，也是能夠理解別人的話的。我相信，這種情況在**英國**人當中占了絕大多數，在他們當中，我還從來沒有聽說過有誰是透過規則學會母語的。

(二)此外有一種人，他們在這個世界上要做的事情，絕大部分是要靠口舌和筆墨來完成的；對於這些人來說，他們雖然不一定非得把話說得既得當又正確，但是最好說得既得當又正確，從而可以讓自己的思想更容易進入別人的心靈，留下更深刻的印象。爲此，一個紳士就不能僅僅滿足於：話不管怎麼說、只要能讓別人明白自己的意思就行。他應當研究有助於把話說好的各種方法，尤其是文法，但必須是他所使用的母語的文法，以便更好地了解自己的母語，把話說得得當，避免說出一些文理不通、令人不快的不合規範的話，讓聽者覺得刺耳。對這個目的來說，文法是必需的，但是這種文法研究，僅限於他們自己所說的語言，僅限於那些願意下功夫磨練自己的語言、完善自己的文體的人。至於是否所有紳士都應該這樣去做，我想把這個問題留給讀者自己去考慮，因爲大家都認爲，說話不得體以及文法不準確很不符合紳士的身分，一個人有了這種缺點通常都會招來非議，被認爲教養差、交友不慎，有失自己的身分。如果這種說法不錯（我以爲這種說法是對的），那麼，令人感到奇怪的是，爲什麼年輕的紳士都被迫去學外國語和死語言的文法，卻從來沒有聽說過本國母語的文法，他們根本就不知道有這麼一種東西，當然就更談不上把它作爲正式的課程去學習了。他們甚至都從來沒有聽到過這樣的建議，要他們去關心和磨練自己的母語，雖然他們每天都要使用母語，而且母語表達能力的優劣，也常常在他們未來的生活中成爲評價他們的標準。而他們花了那麼多精力學習過其文法的語言，日後卻很可能再也不會去說、去寫，即便有說和寫的機會，他們使用不當的錯誤也會得到別人的諒解。假如有個**中國人**注意到了這種教養方式，他豈不會去想，我們的年輕紳士恐怕全都是要去當外國死語言的教師或教授，而不是要成爲本國母語的專家？

㈢還有第三種人，他們專門研究兩、三種已經死亡的外國語言（我們稱之爲學者語言），並以精通這兩、三種語言爲榮。無疑，凡是帶著這種眼光去學習某種語言、想要精通那種語言的人，當然應該仔細研究它的文法。這樣說希望大家不要誤解我的意思，以爲是在貶低**希臘文**和**拉丁文**的價值。我承認，這兩種語言用處很大，也非常優美，一個英國人如果不熟悉這兩種語言是不可能成爲一個學者的。但是我認爲，在一般情況下，一個紳士要從**羅馬**和**希臘**作家中獲得對自己有用的知識，是不必研究文法的，只要透過閱讀，他就能充分理解他們的著作，達到自己的全部目的。至於未來，他要在多大程度上對這兩種語言的文法做一番研究，領悟其精妙之處，那要到其他某種研究需要進行文法研究時，他自己才能決定。這就把我引到了問題的另一部分，即：**文法應當在什麼時候學呢？**

基於上述理由，這個問題的答案是顯而易見的，亦即：

要是不確定具體的時間，那麼問題的答案便是，人們應當在學會說話之後才去學習文法；否則他們怎麼能夠學習那種語言的文法呢？這一點，至少可以從古代那些有智慧有學問的民族的做法中看出來。他們將文法當作鍛鍊自己語言、而不是鍛鍊外國語言的教育的一部分。**希臘人**將別的民族一概視為野蠻人，自然也看不起他們的語言。**羅馬人**雖然在其共和制的末期很推崇**希臘的**學問，但是他們的青年研究的還是**古羅馬語**；既然他們所要使用的是自己的母語，那麼他們需要學習和練習的就應該是母語。

但是，如果要較為具體地確定學習文法的恰當時機，那麼我認為，文法除了可以作為修辭學的先導之外，是沒有理由要任何人去研究的；一個人只有到了需要小心修飾自己的話語、需要小心把話說得比未受過教育的人更好的時候，才應該學習文法規則，而不是在此之前就去學習。因為文法的功用不在於教人說話，而在於教人嚴格按照語言的規則、正確地說話，這是談吐優雅的要素之一，如果不需要優雅的談吐，那麼文法規則就沒有什麼用處；凡修辭學不必要的時候，文法就可以省略不學。我不明白，一個人要是不打算當拉丁文批評家、也不打算用拉丁語演說和寫信，為什麼還要去浪費時間，在**拉丁文**文法上大傷腦筋。要

[149]

是有誰覺得自己有必要或者有心情去澈底研究某種外語，透澈地了解它，這個時候他再去研究文法也爲時不晚。但如果他使用這種語言的目的，只是爲了看懂用它寫出的書籍，並不求精通這種語言本身，那麼，我已說過，僅僅閱讀就足以達到目的，而無需在心靈中塡塞龐雜的規則和文法。

一六九

爲了練習寫字，有時可以讓他把**拉丁文**譯成**英文**。不過，**拉丁文**學習無非是單詞的學習，這種工作無論對年輕人還是對成年人來說，都是非常枯燥無味的，因此，你最好在學習中儘量結合其他一些實用的知識，並一如既往地從那些最容易爲感官接受的知識開始，如**礦物**、**植物**和**動物**的知識，尤其是樹木、果樹及其構造和繁殖方法的知識等，在這些知識中，有許多東西都是可以教給兒童的，而且它們對於成人也並非毫無用處；至於**地理**、**天文**和**解剖學**的知識，則更應加以利用。不過，無論你教他什麼，都依然要注意，不可一次讓他學得太多，除了純粹的德行之外，不可把任何事情當成他的任務，除了邪惡或明顯的邪惡傾向之外，不可因任何事情責備他。

一七〇

但是，如果他命中註定，不得不進學校去學**拉丁文**，那麼，即便我把我認爲是學校裡最好的拉丁文學習方法告訴你，也是徒勞；因爲你不得不服從學校的成規，沒法指望它爲你的兒子而改變。但是只要可能，你就應當盡一切辦法，不讓他寫**拉丁文作文**、以**拉丁文演講**，尤其不讓他創作**拉丁文詩歌**。只要有點用處，你就應當堅持說，你不打算讓他成爲一個**拉丁文演說家**或詩人，而只希望他能夠完全讀懂**拉丁文**的作品；你還可以說，根據你的觀察，那些教現代語言教得很成功的人也從來不用**法文**或**義大利文**演講或作詩，逗他們的學生，他們的責任僅限於語言，而不是創作。

一七一

我爲什麼不主張他練習寫拉丁文**作文**和拉丁文**詩歌**，這裡再談一點詳細的理由。首先，我承認，**作文**從表面上看是有某種用處，這種用處在於，它能夠教人把任何一個話題都講得有條有理、頭頭是道；假如作文眞有這樣的功用，那麼我也同意它確實大有好處，因爲能夠隨時隨地切中要害地侃侃而談，乃是一個紳士最需要的，也是生活的所有場合中最有用的東西。但是我可以說，一般學校裡通常採用的**作文**方法是根本無助於實現這種功用。你只要想想年輕人在**作文**時究竟做了些什麼；他們所做的無非是根據一些**拉丁文**諺語，如「**愛情戰勝一切**」、[39]「**戰場上不允許犯兩次錯**」[40]等，做一篇演說詞而已。可憐的年輕人，他對自己所要談論的那些事情缺乏了解——因爲這些知識只能依靠時間與觀察才能獲得，卻又不得不苦思冥想，非得對一無所知的事情說一點東西；這簡直是一種**埃及式的**暴政，硬要缺乏製磚材料的人造出磚來。因此，通常在這種情況下，可憐的孩子們往往會這樣祈求高年級的同學：**求求你，給我一點感覺吧**。這種情形，究竟是合理的成分多，還是荒謬的成分多，眞的很難說個準。一個人必須首先熟悉某個話題，然後才有可能對它發表議論；否則，便會做出讓盲人談色彩、讓聾人談音樂一樣愚蠢的事情來。如果有人要求一個完全不懂得我們法律的人，讓他對我們的法律疑難問題發表看法，難道你不會覺得他有點瘋狂嗎？同樣我也可以問，學校爲了激發和鍛鍊學生的想像力常常設計他們去做作文的那些題目，學生又懂得些什麼呢？

39 原文爲拉丁文Omnia vincit amor。——譯注

40 原文爲拉丁文Non licet in Bello bis peccare。——譯注

一七二

其次請想想他們**作文**所用的語言，那是**拉丁文**，是一種國外的並且在國外也早已死亡了的語言。這種語言，你兒子在成人後的一生一世之中，也未必有千分之一的機會用來發表演講；而且這種語言，其表達思想的方式也與我們的母語大不相同，即便學精了也無助於使他的**英文**更純正、更熟練。加之，在我們**英國**的各種職業中，現在需要事先寫好英文講稿的場合少之又少，所以我眞看不出學校裡還有什麼理由採用這種練習，除非可以認爲，寫作**拉丁文**講稿有助於使人學會用**英文**流利地進行**即席**演講。然而我卻覺得，要培養英語即席演講的能力，應該這樣去做：按照年輕紳士的年齡與理解能力，就他們既非完全了解也非毫無興趣的各種話題，出一些合理而有益的問題給他們；等到他們成熟到能進行這種性質的練習時，便可以用這些問題，不許他們做任何筆記就發表**即席**演講，或者稍作思考就發表演講。請問，如果要觀察這種演講能力培養方法的效果，那麼一旦學生有了參加辯論的機會，哪種人會講得最好呢？是那些習慣於在說話之前要把所講的東西寫成講稿的人呢？還是那些只要思考一下所講的東西、盡力理一理思路就能**即席**發表講話的人呢？大家只要想一下就一定會認爲，那種使人習慣於事先精心準備講稿的辦法，是不適合用來培養一個年輕紳士走向社會的。

一七三

但是也許有人會告訴我們，說作文的目的乃是提高和完善他們的**拉丁文**水準。的確，這才是他們在學校裡的正事，可是**作文**並不能說明他們達到這個目的；因爲作文讓他們絞盡腦汁的是如何才能說出點東西，而不是如何弄明白語詞的意義；他們**作文**時費盡力氣要尋找的是思想而不是語言。學習和掌握一種語言，其本身遠不是一件輕鬆愉快的事情，因此不應當像這樣又用其他困難去拖累它。總之，如果我們想用這種練習去促進兒童的創造力，就應當讓他們寫**英文作文**，因爲他們熟悉英文語詞，能夠運用自如，而且用自己的母語來寫作，能讓他們更清楚自己究竟要表達什麼思想。即便**拉丁文**非學不可，那也應該採用最容易的方法，而不應去做拉丁文演說之類的困難工作，讓心靈遭受磨難煎熬並產生厭惡情緒。

一七四

如果我上面所說的這些東西還可以成爲理由，來反對兒童在學校裡寫**拉丁文**作文，那麼，我便還有更多更有分量的理由反對他們**作詩**，不管是哪種詩歌。假如兒童本來就沒有**作詩**的**天賦**，卻偏要用寫詩折磨他，把時間白白浪費在毫無成功希望的事情上，那麼這的確是世界上最沒有道理的事情了；而如果他本來具有詩人的氣質，做父親的卻還希望或聽任這種氣質得到培養與改進，那麼在我看來，這乃是世界上最奇怪的事情。我認爲，做父母的應該盡力打壓這種詩人氣質；我不明白，一個父親如果並不想要他的兒子蔑視其他一切職務與工作，那麼他有什麼理由竟希望他的兒子成爲一個詩人。這還不是最壞的情形，因爲，一旦他成了一個成功的詩人，獲得了才子的聲譽，那麼，我希望人們考慮考慮，他會與哪些人交往，又會去哪些地方，來耗盡他的光陰和財產。要知道，在**帕爾納索斯山**[41]中發現金礦銀礦，那是極爲罕見之事。它的外表令人愉悅，實則是一塊不毛之地，世上極少有人能從這方土中獲得收成，由此增加他們的遺產。詩歌和賭博通常不分家，它們的作用也很相似，除了能給那些沒有任何謀生本事的人帶來好處之外，它們幾乎沒有任何益處。有財產的人差不多總是因它們而財產盡失，要是沒有把全部或主要的家產耗光，那就算萬幸。所以，假如你不願讓你兒子變成其尋歡作樂的夥伴的四弦琴，使他們離了他便覺得喝酒也無趣味，甚至不知道如何消磨整個下午；假如你不願讓他空耗自己的時間與金錢去給別人解悶，而將祖上留下的荒蕪田園棄置不顧，那麼，我想你是不會操心，讓他成爲一個**詩人**，或要學校的教師領他步入詩壇。然而要是有人以爲作詩是他兒子應有的素養，研究詩歌可以增進想像力和才

41 **Parnassus, Mount**，希臘中部品都斯山脈的石灰岩山嶺，在神話中是祭祀阿波羅太陽神和寇里西安文藝女神們的靈地，因此也含有詩歌和詩壇的意思。——譯注

華，那麼他也得承認，要達到這個目的，閱讀希臘羅馬詩人的優秀作品，要比用一種非母語的語言自己寫些拙劣的詩歌，更加有用。至於那些想在英文詩歌創作上有所成就的人，我想，他們不會認爲達到自己目的的途徑應當是先寫拉丁文詩歌。

[153]

一七五

文法學校流行的方法中還有一種通行做法，這種做法我也看不出有任何用處，除非它的目的是爲了阻礙青年人去學習語言，因爲在我看來，語言的學習應該盡可能輕鬆愉快，使人痛苦的成分應該儘量剔除。我在這裡所指的並且反對的，是要學生背誦大量拉丁文語錄；這樣的做法我看不出有任何好處，尤其對他們的學習沒有任何好處。語言只有透過閱讀與談話才能學會，靠背誦作者的片言碎語是學不好語言的；一個人的頭腦裡一旦塞滿了這些東西，便正好有了學究的裝飾品，也容易使自己變成一個學究；世界上再也沒有比這種做法更不適合於一個紳士的了。在自己的一大堆貧乏空洞的廢話之中插入別人的豐富思想和精彩言論，是世上最爲滑稽可笑的事情；其結果只會更加暴露自己的空虛，裡面並無一點優雅的成分，也不能因此讓人覺得中聽，正如在一件破舊的褐布外套上縫上鮮紅燦爛的大塊緞子補丁一樣，其中也無一點優雅的成分，更不能因此讓人覺得中看。當然，如果遇到一段文章，其內容值得記住，其表達切題而優美（在古代作家中，這樣的文章是很多的），那麼，可以讓年輕的學生用心記住，有時還可以用這些大師們的好文章來鍛鍊學生的記憶力。但是，如果不加選擇和區別地要他們背誦課本裡的文章，那麼，除了浪費他們的時間和精力、使他們從書本中只能找到無謂的麻煩從而憎惡書本之外，我看不出這樣做還有什麼用處。

一七六

我聽說，兒童應該用背誦的辦法來練習與增強他們的記憶力。我但願這種說法中理性的依據和自信的成分一樣多，也但願這種做法更充分地建立在精細的觀察而非古老的習俗之上。因爲很明顯，記憶的強度取決於健康的體魄，而非取決於由練習而來的任何習慣性改進。的確，心靈如果專注於某事，唯恐遺忘又常常回憶，時時得到新的印象，那就容易將那件事記住，但這也仍然要根據心靈自身固有的記憶力強度。印在蜂蠟或鉛塊上的印象，沒有印在黃銅或鋼鐵上的印象那麼持久。當然，印象如果常常更新，那麼它就可以保持得持久一些；但是每一次新的回想都是一個新的印象；所以，如果你想知道心靈能夠保持多長時間的記憶，就應從新的印象算起。不過，背誦一頁頁的拉丁文不會有助於人去記住其他任何事物，正如在一個鉛塊上刻上一句話，不會使它更能牢固地保留其他任何字句一樣。假如這種記憶的練習果眞能夠增強記憶力，增進我們的才幹，那麼，扮演各種人物的演員就應該具有最好的記憶力，而且應當是最好的同伴。但是經驗會表明，以這種方式進入他們頭腦的片言碎語，究竟能否使他們更好地記住其他事物；他們才華的增進，是否與他們記住別人的言語所花費的辛勞成比例。記憶在人生的各個部分和各種狀況中都是不可或缺的，沒有它我們幾乎做不成任何事情，因此，如果練習可以增強記憶力，我們就用不著擔心它因缺少練習而變得遲鈍無用。不過我總擔心，這種心智的機能一般來說是無法透過我們的任何練習或努力，得到很大的提高和改善的，至少無法透過文法學校中基於這種理由所採用的練習。據傳**薛西斯**[42]能叫出其不下十萬的大軍中的每一個士兵的姓名，即便眞有此事，我猜想他的這種非凡能力也不是靠小時候背課文背出來的。我覺得，這種拋開書本辛苦地背誦讀過的東西、藉以練習和增進記憶力的方法，在君王的教育中是極少運用的，如果這種方法眞有大家所說的好處，那麼它就不會在君王的教育中遭到忽視，就像它沒有在最普通的學生那裡遭到忽視一樣；君王也與任何人一樣需要良好的記憶力，他們的這種能力通常也與其他人不相上下，可是這種方法卻從未在君王的教育中得到過這樣的關注。凡是心靈所注意、所專心的事情，就最容易記住，其理由前面已經提及；如果在關心和專注的基礎上再加上方法和順序，那麼我認爲，這對貧弱的記憶就已盡到了幫助；如果有人採用任何別的方法，尤其是讓自己記住別人的成串言辭，而他自己又並不願意學習那些東西，那麼我覺得，他的做法就一

[42] Xerxes，西元前五一九—西元前四六五，波斯國王，曾發動希波戰爭。——譯注

定事倍功半。

我這裡並不是說不要去訓練兒童的記憶力。我認爲，他們應該運用自己的記憶力，但不是應用在死記硬背整頁整頁的課本上面，因爲課文一旦背過，任務一旦完成，就會被他們遺忘，並且再也不會被他們理會。這種做法既不能夠增強記憶，也不能夠改進心智。他們應該牢記哪些作家的作品，我在前面已經談過；這些睿智而有用的文句要他們一旦記住就絕不應該再忘記，要經常考他們，要他們說明其意義；這樣一來，除了這些文句都是一些良好的規則與觀察、對他們將來的生活不無裨益外，還可以讓他們學會經常進行反省，想想自己應該記住什麼，這是使記憶變得敏捷、管用的唯一方法。時常反省的習慣可以防止他們的心靈飄浮不定，可以將他們的思想從無益的不經心的漫遊中召喚回來；所以我認爲，最好每天都讓他們去記一些東西，不過所記的東西依然應該是本身值得記憶的東西，應該是每當你召喚或他們自己搜索時，都應當保留在心中的東西。這樣就可以迫使他們經常專心，此外再無更好的心智習慣了。

一七七

兒童處於稚嫩可塑的年歲、需要有人管教時，確定無疑的一點便是：無論由誰來管教，管教者都應該認爲，**拉丁文**和**語言**乃是教育中最無關緊要的一部分，並且還應該懂得，德行與良好的教養遠比任何**學問**或**語言**都更爲重要，從而把自己的主要工作放在塑造學生的心靈、使之具有正確的性格之上。心靈一旦得到了良好的塑造，那麼即便在教育中忽視了其他一切東西，這些東西到了一定的時候也會由正確的性格產生出來；但如果心靈沒有得到良好的塑造，不能排除不良乃至邪惡的習慣，則**語言**、**科學**和教育上的其他一切成就就都沒有意義，而只能使人變得更壞、更加危險。其實，不管大家在學**拉丁文**上面製造了多少忙亂、把它當作一件多麼重大而困難的工作，只要兒童的母親願意每天花兩、三個小時，讓兒童把**拉丁文**的「福音書」讀給她聽，她自己就可以把拉丁文教給他。具體的做法是，她只要買一本**拉丁文**《聖經》，請人把多音節的拉丁文單詞的最末一個長音節標出來（這就足以調節她的發音，使她讀得出重音了），每天閱讀「**福音書**」，閱讀時最好避免用**拉丁文**去理解其中的內容；等到她弄懂了**拉丁文**的「福音書」之後，便可以用同樣的方法去讀《伊索寓言》，進而去讀**尤特羅庇烏斯**、**查士丁**的作品以及其他一些同類的書籍了。我提到的這個辦法並不是任意想像出來的，而是我知道有人實踐過，並藉此輕鬆地學會**拉丁文**。

[156] 還是回到我所說的主題：負有教養年輕人之責的人，尤其是負有教養年輕紳士之責的人，所應具備的東西不僅是**拉丁文**素養，也不僅是擴展心智的各門科學知識，他還應該是一個品德高尚、聰明智慧的人，通情達理、脾氣溫和，同時能夠在和學生的日常談話中，總是顯得莊重自如、和藹可親。不過關於這方面的要求，我在別處已經說得夠多了。

一七八

我說過，兒童在學習**法文**和**拉丁文**的同時，還可以學習**算術**、**地理**、**年代學**、**歷史**和**幾何**。因爲，當他剛剛懂得這兩種語言中的任何一種時，就用**法文**或**拉丁文**教他這些知識，他便能在學習語言的同時又獲得這些科學的知識。

我認爲，這些科學的學習應從**地理**開始，因爲**地球**的地貌、世界四大洲的位置與疆界、以及各個王國和國家的位置與國界等知識的學習，都僅僅是一種視覺與記憶力的練習，所以兒童一定會高興地去學習，並將所學到的東西記住。這是確實無疑的，我現在住的地方就有一個兒童，他的母親用這種方法教他**地理**，效果很好，他還不到六歲，就已知道了世界四大洲的疆界，能夠隨時在地球儀上指出任何一個國家的位置，在**英格蘭**的地圖上指出任何一個郡縣的位置；他還知道世界上所有大的江河、海洋、海峽和海灣，能夠說明任何一個地點的經度和緯度。我承認，他從**地球儀**上應當學到的，當然不止這些透過視覺和死記學會的東西。然而這是一個良好的開端和準備，一旦他的判斷力足夠成熟了，剩下的一切就會變得很容易學習；此外他的時間相當充裕，由於樂於求知，他在不知不覺中就可學會語言。

一七九

當他牢記了地球儀上的各個自然部分之後，便可以開始學習**算術**。所謂地球儀上的各個自然部分，我是指用各種名稱標明並爲不同國家占據的各大洲和各大洋的所在，不包括那些僅僅是爲了更好地改進地理科學而被發明出來的、人爲的和想像的界線。

一八〇

算術是最簡單的因而也是最初的一種抽象推理，我們大家通常都會或者說都習慣於進行這種推理；它在日常生活和事務的各個方面都被廣泛地使用，以致沒有它我們就幾乎做不成任何事情。毫無疑問，一個人的算術是懂得愈多愈好，愈精通愈好。因此，兒童一旦有了計數能力，就應當儘早去練習**計數**；他應當每天都進行這種練習，直到掌握**數字**的技術爲止。他懂得了**加減法**之後，就可以在**地理**的學習上更進一步了，先讓他熟悉地球的**兩極**、**氣溫帶**、**平行圈**與**子午線**，再讓他懂得**經度**及**緯度**，並根據經緯度去學會使用地圖，根據地圖兩側的數字去弄明白各個國家的位置，以及如何在地球儀上找到那些國家。等到他學會了所有這些東西之後，就可以去研究天球儀了；先讓他了解天球儀上的各種圈帶，尤其要注意觀察黃道或黃道帶，在心裡把它們全部弄清楚，然後讓他了解各種星座的形狀及位置，可以先在天球儀上指給他看，再從天上指給他看。

完成這一步工作後，他對我們所在半球的星座就有相當的了解，這時，就可以教給他一些我們這個行星世界的知識；爲此目的，不妨讓他對**哥白尼**學說有一個大概的了解，向他說明各個行星的位置以及它們各自與其旋轉的中心——太陽——的距離。可以以最簡單最自然的方式，讓他了解行星的運行理論。既然天文學家們不再懷疑行星是圍繞太陽運行的，他的進一步學習就應該以這種假說爲基礎，因爲這種假說不僅最簡單、最不會使學習者感到困惑，而且其本身也最傾向於符合眞理。這方面的教學也與其他各種教學一樣，教導兒童時必須十分注意，要從簡單易懂的地方開始，每一次所教的內容要盡可能少一點，要等到所教的東西在他們頭腦裡扎根之後，才可進入到教那門科學裡的新東西。一開始可以給他們一個簡單的觀念，等到他們能夠正確而充分地理解之後，才可以在走向教學目的的過程中進一步教他們第二個簡單的觀念；這樣循序漸進一步步向前走，兒童就可以既不困惑也不驚愕地開啓他們的悟性，擴展他們的思想，乃至遠遠超過人們可以預期的程度。此外，任何人一旦自己學會了某種東西，如果要讓他牢記不忘，要鼓勵他繼續前進，那麼最好的辦法莫過於讓他將這種知識再教給別人了。

一八一

當他按上述方法熟悉地球儀和天球儀之後，就可以嘗試著學一點**幾何**；就此而言，我覺得**歐幾里得**的前六卷就足夠他學的了。因爲我有些懷疑，更多的幾何學內容，對於一個事業家來說是否必要或有用。至少，他已跟導師學這麼多的幾何，如果他具有幾何學的天賦和興趣，那麼即使以後沒有教師指導，他也能夠透過自學獨立前行。

因此，地球儀和天球儀是必須要學習的，並且要努力學習；而且我覺得，如果導師能夠仔細地區分什麼是兒童能夠認識的，什麼是兒童無法認識的，那麼這種學習還可以儘早開始；這裡有一條規則，其適用範圍也許相當廣泛，那就是：如果僅僅是爲了練習記憶，那麼只要是他們感覺得到的東西，尤其是他們看得見的東西，都可以教給兒童；比如一個年齡很小的幼兒，只要他知道自己所居住的房屋，那麼就可以在地球儀上教他**赤道**在哪裡、**子午線**在哪裡、**歐洲**在哪裡、**英格蘭**又是在哪裡，如此等等，只是要注意，一次不要教得太多，也不要在他還沒有完全掌握所教的東西並牢記它們之前，就讓他學習新的東西。

一八二

在學習地理的時候，他還應當同時學習**年代學**。我說的是年代學的整體輪廓，這樣他便可以對整個人類歷史的進程、以及歷史上人們劃分的幾個重要**時代**有一個大致的了解。歷史是一個優秀的教師，能教人審慎，教人懂得人類社會，所以正是紳士或事業家應當學習的東西；不過，缺少了地理和**年代學**這兩種知識，歷史就會記載得不像樣子，沒有什麼用處；它只會成爲一堆亂七八糟的史料堆積，既沒有秩序也缺乏教益。有了年代學與地理，人類的各種活動才能夠按照時間與國籍，分別歸入自己應有的位置，唯有在這樣的自然秩序下，人類的那些活動才不僅容易記住，而且也便於觀察，從而使人能夠更好、更有效地閱讀它們。

一八三

當我說**年代學**是他應當精通的一門科學時，我的意思並不是說，他應當精通年代學中的各種瑣碎爭議。這種爭議是無窮無盡的，其中的大部分爭議對於一個紳士來說也無關緊要，即使它們容易得出結論，也不值得去探究。因此，年代學家的所有那些學術性爭吵，都應該完全避免。關於這門學問我所見到的一本最有用的書，是**斯特勞希**的一本小冊子，已印刷了十二次，書名叫作《年代學要略》，[43]從中可以選出一個年輕紳士所應學習的全部**年代**

[160]

43 書名原文爲拉丁文*Breviarium Chronologicum*。——譯注

學知識；因爲學生是不必去學習這本書的全部內容的。作者在書中已按照**儒略週期**[44]重新標明了一切最著名或最有用的歷史時期的年代，這是人們在年代學上所能運用的最容易、最簡明、最可靠的方法。除了**斯特勞希**的這本小冊子外，還可以加上**赫爾維希**[45]所編的年代表，這是一本隨時都用得著的書。

一八四

最能給人以教誨的莫過於歷史，最能給人帶來愉快的也莫過於歷史。因爲它能給人教誨，所以成人應當研究它；因爲它能給人帶來愉快，所以我覺得它最適合於年輕人學習。年輕人一旦學過年代學，了解本地所經歷的幾個歷史**時期**，又能按照「**儒略週期**」重新標明它們的年代，他就應該去學一點**拉丁史**了。學習用書的選擇應當以文體平易爲標準；因爲無論他從哪本書讀起，年代學都能讓他的閱讀免於混亂；此外，題材帶來的樂趣也會吸引他

---

44 儒略週期（Julian Period），一種記日系統或曆法，一五八二年由J. J. 斯卡里格設計出來，自西元前四七一三年一月一日起連續計日，現在主要爲天文學家使用，不同於儒略曆（Julian calendar）。——譯注

45 Helvicus，即Christoph Helvig（一五八一－一六一七），德國年代學家、歷史學家、神學家和語言學者。參閱本書後面編者的注釋。——譯注

閱讀，使他在不知不覺中就學會了拉丁文，而不至於像兒童那樣，僅僅爲了學**拉丁文**，便要去閱讀**羅馬**演說家和詩人的作品之類的自己力所不及的書籍，爲此深受困擾。當他透過閱讀掌握了比較容易的作品——例如**查士丁**、**尤特羅庇烏斯**、**庫爾提烏斯**等人的作品之後，再去閱讀難度較大一點的作品，就不會感到非常困難了。這樣，從最簡明最容易的**歷史作品**讀起，循序漸進，最後他就可以讀懂那些最困難、最高超的**拉丁文**作品，如**西塞羅**、**維吉爾**和**賀拉斯**等人的作品。

一八五

兒童如果從一開始就在其力所能及的一切事情上，多靠實踐而少靠規則，去學習關於**德行**的知識；如果他能養成一種習慣，愛好名譽而不愛滿足私欲；那麼，我不知道除了《聖經》上所說的之外，他是否還應該再讀任何其他的道德論說。我也不知道，在他爲了知道一些德行的原則和戒律以便指導生活，而不是像學生那樣爲了學**拉丁文**而去閱讀**西塞羅的**《論責任》之前，他是否應該學習任何一種**倫理學**的體系。

一八六

當他充分消化了**西塞羅的**《論責任》，加之又讀了**普芬道夫**[46]**的《論人和公民的責任》**[47]之後，就可以讓他再讀一讀**格勞秀斯的《戰爭與和平法》**[48]，或者讀另一本也許寫得更爲出色的書，即**普芬道夫的《自然法和族類法》**[49]；從這些書中，他可以學到人的自然權利、社會的起源與基礎、以及由此產生的各種責任。這種**關於民法**與歷史**的一般研究**，一個紳士不僅應當接觸，而且應當終其一生孜孜不倦地仔細加以研究。一個有德行、有教養的年輕人，如果精通**民法通則**（民法的這個部分並不關注民事案例中的法律花招，而是根據理性原則討論文明國家中的一般事務和交往），又通曉拉丁文，並寫得一手好字，那麼他就一定能夠脫穎而出，有把握謀得職業並處處受到重視。

46 Puffendorf（一六三二—一六九四），德國國際法專家和法理學家，對德國的自然法哲學影響很大，其著作爲洛克和盧梭所推崇。——譯注

47 書名原文爲拉丁文*de Officio Hominis & Civis*。——譯注

48 *Grotius, de Jure Belli & Pacis*。Grotius,Hugo（一五八三—一六四五），荷蘭近代西方法學思想先驅，國際法學創始人，近現代「國際法之父」與「自然法之父」。——譯注

49 書名原文爲拉丁文*de Jure naturali & Gentium*。——譯注

一八七

要是認爲一個**英國**紳士可以不懂得本國的**法律**，那是令人奇怪的。一個紳士無論身居何位，都必須懂得法律，據我所知，無論是當一個地方治安法官還是當一個國務大臣，不懂法律都是不能勝任的。我的意思並不是說，紳士必須懂得法律花招或法律辯論技巧；因爲紳士的職責是要尋求是非的眞實尺度，而不在於掌握一些竅門，知道如何去避免做某一件事並確保自己能做另一件事，因此，只要他致力於爲國家服務，就不應該這樣去研究**法律**。爲了這個目的，我認爲，一個紳士如果不打算以法律爲職業，那麼他研究**英國法律**的正確辦法是去讀一些論述**普通法**的古典著作，再讀一些根據普通法對英國政府進行說明的近代著作，由此對我們**英國的**憲法和政府有一個了解。對此獲得了一個正確的觀念之後，再去讀一讀英國史，附帶讀一讀歷史上每個王朝所制定的**法律**。這樣做可以使人明白英國的**各種法令**之所以如此的原因，以及這些法令的眞實依據和應有的分量。

一八八

修辭學和**邏輯學**這兩門學科，按照一般的做法，通常在學習文法時就要學，因此大家也許會感到奇怪，爲什麼我先前很少談及它們。原因在於，它們對年輕人沒有什麼益處；我很少見到或者不如說從未見過，有人透過學習邏輯學和修辭學的規則而掌握了推理嚴密和說話漂亮的技巧，雖然那些規則據說具有這樣的功能。因此我主張，年輕的紳士只要稍微了解它們的最簡短的體系就足夠，而不必長時間地仔細研究那些邏輯學和修辭學的程式。正確的推理既不是建立在**範疇**和**謂項**上，也不在於說話的**模式**和**修辭**本身。不過，詳加闡明這個看法已超出了本文的論述範圍。因此讓我們回到主題；如果你希望你兒子**推理嚴密**，那就讓他讀讀**奇林沃思**[50]的作品；如果你希望他說話說得漂亮，那就讓他精通**西塞羅**的作品，給他一個眞實的**雄辯觀念**；你還可以讓他讀一些優美的**英文**作品，在母語的純正方面完善他的言談風格。

一八九

如果說，正確推理的功用和目的在於它能夠使人對事物具有正確的概念和判斷、在於它能夠使人區分眞假是非並據此而行動；那麼，就絕不可讓你的兒子圍繞著爭辯的技巧和程序

---

50 William Chillingworth（一六〇二—一六四四），英國牧師，在牛津大學求學時擅長數學，以善於辯論聞名；主要著作爲《新教徒的信仰》，在十七世紀末的英國有很大影響。——譯注

長大成人，他既不可自己去實踐爭辯的技巧和程序，也不可羨慕別人這樣做；除非你不希望他成爲一個能幹的人，卻希望他成爲一個毫無價值的狡辯者，在言談中固執己見，以反對別人爲榮；或者再糟糕一點，甚至懷疑一切，以爲爭辯中能夠找到的唯有勝利，而絕無眞理這樣的東西可言。世界上最不眞誠、最不該爲一個紳士或者任何一個自命的理性動物做出來的事情，便是不服從明白的道理和清晰的論證。試想，如果無論對方的回答如何圓滿、令人滿意，他都不接受，只要能找到模棱兩可的語詞（「**怎麼說都解釋得通的話**」）[51]以便與他人爭論，或者顯示自己的卓爾不群，就一直爭論下去，也不管自己所說的是否切題、是否有意義、是否與自己前面說過的話相一致，都毫不在意，世界上難道還有比這種做法更加不符合文明的談話和一切辯論之目的的嗎？這種做法，亦即爭論的雙方誰都不會接受對方的任何答辯，也不會聽從對方的任何論證，簡而言之就是邏輯辯論的方法和目的。在這樣的辯論中，任何一方都絕不會依據眞理和知識行事，否則他就會被當作一個可憐的失敗者，被認爲不能堅持自己的主張而受到羞辱，這就是辯論的偉大目的和榮耀。眞理是需要對事物本身進行恰當的深思熟慮，才能夠發現並獲得支持的，不是杜撰一些術語、透過一些辯論就能得到

---

51 原文爲拉丁文a medius terminus，其字面意思相當於英文a middle end（可以往兩頭走的終點或起點）。——譯注

的，杜撰術語和辯論的做法，不容易使人發現眞理，卻容易使人吹毛求疵地、錯誤地運用一些可疑的語詞，是一種最沒有益處、最令人討厭的談話方式，因此最不適合於紳士，也最不適合於世界上一切熱愛眞理的人了。

一個紳士，如果既不能透過寫作、又不能透過談話，來充分地表達自己的思想，那麼這恐怕就是他的最大缺點。不過我還是覺得可以問問讀者，難道你們眞不知道，有許多富有家產的人，名義上應該具有紳士的特質，可在必要時竟連一個故事都不會講，更不用說能把各種事務講得清楚明白、令人信服。之所以發生這樣的情況，我以爲錯不在他們，而在於他們所受的教育；因爲我必須爲我的同胞們說句公道話，凡他們努力的領域，我還沒有看到他們被自己的鄰居所超過的。他們學過**修辭學**，可從來沒有學過如何用他們的日常語言、去漂亮地說出或寫出自己的思想；他們似乎認爲，既然那些懂得說話藝術的人用各種修辭來修飾自己的談話，那麼，能夠說出這些修辭便是說話的眞正藝術和技巧了。其實，思想的表達和其他一切實踐性的事情一樣，都不是靠幾條或許多條給定的規則就能學會的，而是要依照一些良好的規則或不如說是一些範本，不斷地進行練習和運用，直到形成習慣，能夠得心應手地把事情做好，才能學會。

因此，兒童到了能夠講故事的時候，不妨常讓他們講講自己知道的故事；開始時要注意改正他們在聯結故事情節的方式上所犯的最顯著的錯誤。等到這種錯誤改正之後，再向他們指出次要的錯誤，這樣一個個地改正，直到所有的錯誤，至少是所有的大錯誤，全都改正爲止。當他們故事講得相當不錯之後，就可以適時地讓他們把故事寫出來。《伊索寓言》是我所知的幾乎唯一適合兒童閱讀的一本書，這本書就可以為他們練習這樣的**英文**寫作提供材料，同時也可以供他們閱讀與翻譯，幫助他們學習**拉丁文**。等到他們已消除了寫作上的文法錯誤，能夠將一個故事的幾個部分前後連貫地組合在一起，各個部分的過渡之處也不像一般那樣顯得那麼簡單和不自然，他們便達到了無須苦思冥想就能把話說得很好的初步程度，那時，如果有人希望他們在這個基礎上更上一層樓，那就可以去求助**西塞羅**，這位雄辯大師在自己的第一本書《論創造》的第二十節中給出了一些規則，可以讓他們用來練習，由此使他們明白，根據幾個不同的主題及設計，一個完美敘事的技巧和優雅究竟體現在什麼地方。這些規則的每一條都可以找到恰當的例子，向他們展示別人是如何實踐這些規則的。古代的經典作家提供了大量這樣的範例，這些範例不僅應當讓他們翻譯，而且應當用作範本讓他們每天模仿。

當他們懂得如何才能把**英文**寫得前後連貫、行文恰當、富有條理並將敘事文體也掌握得不錯之後，便可以進而練習寫信；練習寫信時，不應當讓他們在機智或客套上面下功夫，而應當讓他們學會簡單明瞭地表達自己的思想，避免把信寫得前後脫節、混亂或粗俗不堪。

等到他們完全掌握了這一點，就可以進一步提高自己的思想，以**瓦蒂爾**[52]為榜樣，學著寫一些問候的、歡快的、揶揄的或者插科打諢的信件，來慰藉遠方的朋友；同時，他們還可以學習**西塞羅的**《書信集》，作爲商務或交際信函的最佳範例。人類生活中需要寫信的場合很多，沒有一個紳士能夠避免在這種寫作中表現自己。他每天都會遇到一些機會，不得不動筆寫信，而寫信的結果，除了常常會因爲信寫得好壞與否而影響到他的事務之外，相對於口頭會話來說，還總會使他的教養、觀念和能力受到外界更爲嚴格的檢驗；因爲一時的口誤多半會隨風逝去，所以不會受到嚴格的評論，比較容易脫逃人們的注意和指責。

假如教育方法要達到的目標是正確的，那麼大家就會覺得，這樣的英文寫作訓練本應是教育不可忽視的一個必要部分，然而現實情況卻是，用拉丁文作文賦詩這樣一種毫無用處的事情，時時處處都在強加給兒童，讓他們因力所不及而深受挖空心思之苦，使他們因不自然的困難而不能在語言學習方面獲得令人欣喜的進步。但是習俗如此，又有誰敢違背呢？你

52 Voiture（一五九七—一六四八），法國詩人、書簡作家，對法國十七世紀文體風格有重要影響，一六四九年出版的《書信集》情趣盎然，引喻精妙，頗受朋友們的推崇。參閱本書後面編者的注釋。——譯注

可能要求一個精通**法納比**[53]《修辭學》中的一切比喻和修辭的飽學的鄉村學校教師，去教學生用漂亮的**英文**表達自己的思想，可是在大家看來這並非他的工作，恐怕他自己也從未這樣想過，因爲在這方面學生的母親（哪怕她很可能因爲沒有讀過一本系統的**邏輯學**和**修辭學**著作，而被視爲沒受過教育的人）也能勝過他，在這種情況下，這種要求難道不是很不合理的嗎？

正確地寫作和說話可以讓他人感到優美，使他人更加願意傾聽自己的言談。既然一個**英國**紳士經常使用的語言是**英文**，那麼他最應加以培育、最應注意去修飾和完善其文體的語言，也應當是英文。一個人的**拉丁文**比**英文**說得好或寫得好，也許可成爲大家談論的話題，但就他自己而言，與其爲了一種沒有什麼意義的才能去獲得他人的無謂稱讚，還不如能用自己隨時要用的母語很好地把自己的思想表達出來，更加有用。我覺得這一點是普遍爲人忽視的，無論在哪裡，都沒有人去關心提高年輕人的母語能力，讓他們透徹了解並掌握自己的母語。在我們之中，如果有人的母語比一般人更加熟練純正，那是出於機會或天賦或別的什麼原因，卻反而不是出於他受的教育或教師的關心。一個從小在**希臘文**和**拉丁文**的學習環

---

53 Farnaby, Thomas（約一五七五—一六四七），英國中學教師和學者，著有《修辭索引》（*Index Rhetoricus*），倫敦，一六二五年版及此後的修訂版。——譯注

境中教養成人的教師，即便他的拉丁文和希臘文水準並不高，但要他關心學生的**英文**說得如何或寫得如何，那也是件讓他丟面子的事情。因爲拉丁文和希臘文是學術語言，只適合於有學問的人去搬弄和教授，而**英文**則是那些沒受過教育的粗人使用的語言。然而我們卻看到，我們的一些鄰邦並不認爲公眾不應該去提倡和鼓勵改進自己的母語。在他們看來，修飾和豐富自己的母語不是一件小事，爲此他們專門開辦學校，支付薪俸，立下雄心並且爭著要把自己的母語寫正確。無論現在的情況如何，只要我們回頭看看以前幾個朝代的情形，就可以看到他們有了什麼樣的成果，他們已經把很可能是這個世界上最糟糕的一種語言傳播了這麼遠。**羅馬帝國**的偉人們每天都要練習自己的母語；我們根據記載還能找到一些演說家的名字，他們曾經當過一些羅馬皇帝的**拉丁文**教師，可是拉丁文正是他們的母語。

希臘人顯然更加善於使用自己的母語。在他們看來，其他一切語言都是野蠻的，唯有他們自己的除外，所以這個富有學問而又精明的民族似乎從未研究或看重過外國語言，儘管他們的學問和哲學無疑源自國外。

我在這裡並不是要反對**希臘文**和**拉丁文**，我認爲每個紳士都應當研究它們，並且至少應當通曉**拉丁文**。不過，儘管年輕人可以學習各種外語（而且懂得愈多愈好），但他應該批判性地加以研究並努力使之能夠熟練、清晰和優雅地表達自己思想的語言，仍應是自己的母語，爲了這個目的，他應當每天都加以練習。

[166]

一九〇

作爲一門思辨科學的**自然哲學**，我想我們並沒有這樣的學問。也許我有理由說，其實我們永遠也不能把它變成一門科學。大自然的作品是由某種智慧設計創造出來的，其運作方式遠遠超出了我們的發現能力或想像能力，因此是無法被我們簡化成一門科學的。**自然哲學**是一種關於事物自身的原理、性質和運作的知識，我認爲它由兩個部分組成：一部分研究**精神**及其本質與特性，另一部分則研究**物體**。第一部分通常稱作**形而上學**；不過，無論用什麼名稱來稱呼這種**精神**研究，我認爲它都應該放在物質和物體的研究之前，但研究時不能把它當作一門科學，根據知識原理有條理地構築體系，而要把它當作我們心智的擴展，憑藉理性和啓示對理智世界獲得更加眞實而充分的理解。既然除了上帝與我們自己的靈魂外，我們對其他**各種精神**的最清楚和最大的發現，都是憑藉啓示從上天那裡得到的，那麼，我想至少年輕人對它們所應具備的知識，也應出自那種啓示。爲了達到這個目的，我覺得最好是寫出一部優秀的聖經史，供年輕人閱讀；在這部歷史中，凡適於採用的東西，都按照時間的先後順序放入，而刪除只適於成人閱讀的內容，這樣，可以避免通常因爲不加區別地濫讀《聖經》產生的混亂，而這是目前熱衷於《聖經》的人們容易發生的問題。此外，常讀這本書還有一個好處，由於那部歷史的事件中包含著許多精神的內容，它可以使兒童的心靈產生**精神**的觀念和信仰，這就爲研究**物體**做好了準備。因爲缺乏**精神**的觀念或者否定精神的存在，就會將最

[167]

卓越和最有力量的那部分創造棄之於人們的沉思之外，我們哲學的一個主要部分也就會因此變得殘缺不全。

一九一

關於這部聖經史，我還覺得，最好能有一個簡明的摘要，內容包括兒童一旦能夠閱讀時就應通曉的一些最爲關鍵的主要事項。這種辦法可使兒童早日接觸到一些**精神**的觀念，但它與我前面所說的「我不主張讓兒童在年幼時就受到**精靈**觀念的煩擾」並不矛盾；我原先那段話的意思是：照看兒童的女僕及周圍的其他人爲了讓兒童聽話，往往用妖魔鬼怪去嚇唬他們，使他們稚嫩的心靈很早就有了各種**妖精**、**鬼怪**和**幽靈**的印象，我認爲這是不恰當的，因爲這種做法常常使兒童的心靈被恐懼、害怕、脆弱和迷信所籠罩，對他們此後的一生極爲不利；他們以後步入社會、與人交往時，便會對這種心理感到厭煩和羞愧，爲了達到他們所認爲的根治目的，解脫壓在身上的重負，他們往往會拋棄一切有關精神的思想，這就走到了另外一個極端，但卻是一個更壞的極端。

一九二

我之所以主張把精神的研究放在**物體的研究**之前，主張年輕人在研究**自然哲學**之前，先得好好吸收《聖經》上的教義，其理由在於，物質是我們的所有各種感官都非常熟悉的東西，因此很容易占有心靈，並將物質以外的其他東西一概拒於門外，根據這樣的原則而來的偏見，就常常不會接受精神的存在，也不會承認**自然的事物**[54]**中間**存在著任何**非物質的東西**；然而很明顯，僅僅用物質與運動是不能解釋自然界中的任何重要現象的，比如常見的引力現象，我覺得就不可能用物質的任何自然運作或者任何其他的運動規律去解釋，而只能說那是一個更高存在的積極意志如此安排的結果。因此，既然不加上某種超出自然常規的東西我們就不能合理地解釋諾亞時代的洪水，我建議不妨考慮一下，如果假定上帝暫時改變了地球的引力中心（這樣的事情如同引力本身一樣，是可以理解的，也許一點點我們所不知道的原因變化就可以使它發生），這樣是否能比現有的一切假設都更加容易地說明**諾亞**洪水。對於這種假定，我聽到過一種有力的反對意見，說這種原因只能引發局部的洪水。不過，只要承認引力中心的改變便不難設想，神的力量可以讓引力中心適當地離開地球中心，並在一定

54 原文爲拉丁文*rerum natura*，其字面意思相當於英文natural thing。——譯注

的時間內圍繞地球中心旋轉，這樣洪水就會是全球性的了；而且我認爲，這種設想也比以往許多難懂的用來解釋它的假設，更加容易地說明了摩西所說的那次洪水的所有各種現象。不過，這裡並不是要爭論這個問題，我只是順便提到而已，目的是想表示我們在闡明自然現象時，除了純粹的物質及其運動外還必須求助於其他東西；例如：《聖經》上用來說明許多現象的各種有關神靈及其神力的想法，或許就是一種合適的準備，一旦有了更加合適的時機，便可以對這種假設做出更加充分的說明，以便用來解釋《聖經》上所記載的那次大洪水的各個方面乃至它前前後後所存在的一切疑難。

[169]

一九三

讓我們回到**自然哲學**的研究。雖然世界上充滿了各種自然哲學的體系，但我卻不能說，我知道其中有哪種體系能夠當作一種科學去教給年輕人，可以期望得到凡科學都能提供的東西，保證讓他從中找到眞理和確實性。當然，我並沒有得出這樣的結論：這些自然哲學體系全都不必去讀。在當前這種重學問的時代，爲了使自己適合於交往，一個紳士對它們做些研究是有必要的。不過，無論是讓他讀一讀當下最時尚的**笛卡兒**學派，還是覺得應當讓他在稍微了解笛卡兒學派的同時，對其他幾個學派也有所了解，我認爲，閱讀當前各種**自然哲學**體系的目的，應該是爲了了解各種**假設**，明白各派所使用的術語和說話方式，而不是去指望因此能對大自然的作品獲得一種全面的、科學的和令人滿意的知識。唯有一點可以肯定的是現代**微粒論者**對大多數事物的說明，都要比**亞里斯多德學派**的說法更加明白易懂，儘管亞里斯多德學派在現代微粒論興起之前一直控制著學校。如果有人想要進一步回顧過去，了解古人的諸種觀點，他可以參看**卡德沃思**博士的《理智的體系》，[55]在這本書中，博學的作者以令人讚歎的精確性和判斷力，蒐集並解釋**古希臘**哲學家的各種觀點，使你能夠更加清楚明白地看到古希臘哲學家所依據的原則以及把他們各派區分開來的主要**假說**，這是我所知道的任何其他著作都比不上的。不過，我不會因爲我們對自然所具有或能夠具有的知識都並不能形成科學而阻止其他人研究自然。自然界中有許多東西都是適合於紳士認識的，也是紳士有必要認識的；還有許多東西則會因好奇者的艱辛勞動，而給他帶來巨大的快樂和利益。但這些東西，我認爲都應當從那些親自做過合理的實驗和觀察的作者中獲得，而不應靠自己去構造純思辨的體系來尋找。因此，當一個紳士對時下流行的自然哲學體系稍加了解後，便可以讀一讀，比如說，**波以耳**[56]的一些著作和諸如此類的著作，以及其他一些論述**農耕**、**種植**、**園藝**

---

55 Cudworth, Ralph（一六一七—一六八八），英格蘭神學家和倫理哲學家，劍橋柏拉圖學派的主要人物；書名的原文爲*Intellectual System*，一六七八年版。——譯注

56 Boyle, Robert（一六二七—一六九一），英國化學家和自然哲學家，英國皇家學會創始人之一，著名的波以

等等的著作。

一九四

雖然我所知道的各種**物理學**體系，都很難鼓勵我從那些自稱能夠根據普遍的物體第一原理，給我們匯出一種**自然哲學**體系的文章中，去尋求確實性或科學，然而，無與倫比的**牛頓**卻向我們表示，在事實所證實的原理的基礎上，將數學應用於自然的某些部分，可以使我們在這個我稱之爲不可理解的宇宙的特定領域裡，獲得多大的知識。牛頓在其令人讚歎的著作《自然哲學的數學原理》[57]中，對我們這個行星世界及其可觀察的一些最重大現象，做了一個合理而清楚的說明，如果其他人對於**自然界**的另外一些領域也能爲我們做出同樣的說明，那麼，對於這個龐大機器的若干部件，我們就有希望得到比迄今爲止我們所能指望的更眞實、更確定的知識。雖然世界上只有爲數不多的幾個人才具備足夠的數學知識，能夠理解牛頓的論證，可是既然一些最縝密的數學家已經考察並認可他的論證，由此看來他的書是值

耳定律的發現者，洛克的好朋友之一。——譯注

57 原文爲拉丁文*Philosophiae naturalis Principia Mathematica*。——譯注

得一讀的，凡是想要了解我們這個太陽系中的巨大物質團塊的運動、性質和運作的人，一定會從中得到不少啓發和滿足，他們在閱讀時，只需小心留意他的結論，因爲這些結論可視爲已經證明的命題而予以信賴。

一九五

簡而言之，以上這些就是我對一個年輕紳士的學業所抱的看法；大家很可能會感到奇怪，爲什麼我竟把**希臘文**略掉了，因爲在我們這個國家，一切學問的基礎和源泉都要到**古希臘人**那裡去尋找。這我承認，並且還要補充一點，一個不懂希臘文的人是不可能被認爲是一個學者的。不過我在這裡考慮的並不是一個專門學者的教育，而是一個紳士的教育，對一個紳士來說，當今社會人人都承認必須要學的乃是**拉丁文**和**法文**。如果他長大成人後還想繼續深入研究，探討**古希臘**的學問，那麼，到那個時候他自己就能容易地學會希臘文；但如果他沒有那種願望，那麼，讓教師指導他學習希臘文就只會是白費力氣，因爲一旦獲得了自由，他曾經耗費了大量時間和辛勞而學來的東西，便會遭到忽略，被全部扔掉。即便在學者之中，一百個人裡又有幾個人還能記得他們從學校裡學到的**希臘文**？更有幾個人把它提高到能夠熟練閱讀並充分理解**古希臘**作品的水準呢？

關於一個年輕紳士的學業問題，我就說到這裡，他的導師應當牢記，教師的任務不在於把自己所能知道的東西全都教給學生，而在於培養學生熱愛知識和尊重知識；在於當學生願意學習時教會他正確的求知方法和正確的自我改進方法。

在此，我要向讀者提供一位明智的學者對語言問題的看法，我將儘量忠於他的原話。他（**拉布呂耶爾**《時代的風尚》，第五七七頁）說：[58]

兒童是很少會因爲學習過多的語言知識而不堪重負的。語言知識對於各種身分的人都很有用，它們一視同仁地爲各種人打開大門，讓他們或者深入到最奧祕的學問之中，或者淺入到比較容易和有趣的學問之中。如果這種令人厭煩的語言學習延後到人的年齡稍大點時再進行，那麼，年輕人要麼就會缺乏足夠的決心去自願學習，要麼就不能持之以恆地學習。即使有人具備持之以恆的毅力，但那時把時間用來學習語言卻有些不便，因爲他的時間已註定另有他用：他的年歲已不再適合學習單詞，卻還要把時間限於單詞的學習之

58 原文爲法文*La Bruyere Moeurs du siecle*, p.577, 662，即Jean de La Bruyere（一六四五—一六九六）的*Les caracteres de Theophraste, traduits du grec, avec Les caracteres ou Moeurs du siecle*，英譯本名爲*The Characters,or Manners of the Age*。

中，同時又想要獲得其他各種東西；這樣的語言學習，至少也是在浪費一個人一生中最美好的時光。語言的厚實基礎，只能在一切事物都容易在心靈中留下深刻印象時，才能得到堅實的奠定；那時，人的記憶力旺盛、敏捷而強健，頭腦和心胸既無牽掛、又少激情和圖謀，而那些承擔兒童管教之責的人也有足夠的權威使他們長時間地、持續地用功。我相信，世界上之所以眞有學問的人很少，而徒有虛名的人卻多得不計其數，正是因爲忽略了這個道理。

我覺得，每個人都會贊同這位善於觀察的紳士的觀點，語言最好是在我們童年的時候去學習。但需要父母和導師考慮的是，兒童究竟應當學習哪種語言爲宜。因爲我們必須承認，一種語言，如果在他往後要過的生活中不可能有什麼用處，或者從他的脾氣可以看出，他一旦成年、離開了導師的管束、可以按自己的意願行事時，就不會再去理會乃至忘得一乾二淨，那麼，要他去學習這種語言便徒勞無益，白白浪費時間。因爲到了那個時候，他既不會花時間去學習做學問的人才使用的語言，也不會費心去學習其他語言，除非有日常需要或另有特別需要，迫使他不得不學。

不過，爲那些想要做學問的人著想，我要再引幾句這位學者的話，使他的上述觀點更加全面。這些話值得一切想有眞學問的人好好考慮，因此也適合於導師用作規則來教導和叮囑學生，指導他們將來的學習。他說：

對原著進行研究是無論如何推崇都不會過分的。這是通往所有學問的一條最便捷、最穩妥、也最愜意的途徑。學問要從源頭上求得，而不能得自第二手材料。大師們的著作絕不能不讀，且要去細細品味，牢記心中，需要時便加以引用；對原著中的話，要從它們的整個論述範圍、根據它們的全部論述背景加以透澈地理解，也就是說，要充分了解原作者提出的原理；等到能夠前後一致地弄懂這些話的意思之後，才可做出自己的推斷。第一流的評論家都是這樣做的，你也應該這樣做，否則絕不可罷休。除非到了自己看不清楚的地方，迷失在黑暗之中，絕不要讓自己滿足於借用別人的靈光，也不可爲別人的見解所引導。別人的闡明並不是你自己的領悟，因而會從你身上溜走。相反，你自己的觀察才是你自己心靈的產物，才會在交談、討論和爭辯時逗留在你身邊，招之即來。除了遇到難以克服的困難，你不要在讀書時停住腳步，喪失其中的樂趣；其實在這樣的困難面前，評論家和學者們也會止步不前、無話可說的。那些在某些領域中非常多產的注釋家，往往在一些本身簡單明瞭的原文上誇耀其學問、喋喋不休，其實是在毫無必要地畫蛇添足、徒勞無益。你要明白，完全按這種方式做學問，只不過是懶惰的一種表現，它鼓勵人們用學問的賣弄去充塞圖書館而不是去豐富圖書館，把一些優秀的作者埋沒在成堆的注釋和評論之中，你還會明白，這種懶惰是在與自己和自己的利益作對，本想極力避免讀書之苦，到頭來卻反而要進行大量的閱讀和探究，增加辛勞。

這段話雖然看起來只與學者有關，但對於合理地安排他們的教育和研究卻至關重要，所以我希望大家不會責怪我引用它，尤其是如果考慮到它對紳士們也是有用的，因爲他們也可能在某個時候不滿足於膚淺，而想要進行深入的研究，對某種學問獲得一種堅實的、令人滿意的和高超的見解。

有人說，循序漸進和持之以恆是人與人之間形成重大差別的原因；對此我確信不疑，因爲沒有什麼東西比良好的**方法**更能爲一個學習者掃清道路，幫助他前進，使他在探索時能夠走得如此容易和遙遠。他的導師應該努力使他明白這個道理，讓他做事情習慣於循序漸進，並教給他**如何**運用自己的思想；應該告訴他，方法的關鍵之處在什麼地方，其優點又是什麼；應該讓他了解各種方法，不論是從一般到特殊的方法，還是從特殊到比較一般的方法；兩種方法都要對他進行訓練，使他懂得不同的**方法**各自最適合於哪些情況，又最適於達到哪些目的。

在歷史研究中，時間的次序應居主導地位，而在哲學探究上，則自然的次序應居主導地位，在一切進展中，自然的次序都是從當時所在的地方走向相鄰的地方；心靈方面的進展也一樣，應從心靈已有的知識出發，走向與其相鄰、與其連貫的知識，以這樣的方式前進，就可以從心靈能夠劃分出來的最單純、最簡單的部分出發，逐漸達到它的目標。爲了這個目的，如果能使學生習慣於有效地區分心靈能夠發現的任何眞實差別，或者說習慣於具有明確的觀念，那對他是很有用的；但在他不能區分差別、沒有形成各自有別的清楚觀念的地方，他卻應該小心地避免去區分術語的差別。

一九六

一個紳士除了應通過研究和書本去獲得知識外，還需要具備其他一些**技能**，這些技能需要通過練習獲得，要有時間的保障，並且必須要請老師來教。

舞蹈可以使幼兒在此後的一生中保持**優雅的舉止**，尤其可讓他具備一種男子漢的氣概和一種合宜的自信心，所以我覺得，只要年齡和力量允許，兒童應當儘早學習舞蹈。不過你一定要找個好教師，他應當懂得什麼是優雅和合宜，懂得如何讓身體的一切動作顯得舒展自如，而且他能夠教會別人做到這一點。如果教師教不好別人，那還不如根本沒有，因爲天生的笨拙比矯揉造作的姿勢要好得多；並且我認爲，像一個誠篤的鄉村紳士那樣行脫帽禮與屈

[174]

膝禮，也比像一個並不優雅的舞蹈教師那樣去行禮，更讓人看得順眼。至於具體的跳法和舞姿，我則認爲無關緊要甚至毫不重要，我所看重的是舞蹈有助於形成**優雅的舉止**。

一九七

音樂被認爲與舞蹈有某種親緣關係，許多人都很看重擅長樂器的人。不過，一個年輕人即便爲了學到一點中等的音樂技能，也要耗費很多時間，而且經常會因此結交一些古怪的朋友，以致很多人認爲，音樂還是不學爲好，我就很少聽說在那些有才華、忙事業的人之中有人因爲在**音樂**方面有很高的造詣，而得到別人的稱譽或尊重，所以我覺得，在所有那些應當爲紳士具備的技能中，音樂要放到最後。人生短促，我們不可能把什麼事情都學會；我們的心靈也不可能總是專注在要學的東西上面。我們的身心都很脆弱，需要我們經常稍微放鬆，凡是生活安排得好的人，都一定會讓自己享有大量的休閒時間。至少，年輕人是必須要讓他們玩一玩的，除非你要急匆匆地促使他們衰老，不幸地出乎你的意願，過早地把他們送進墳墓或讓他們進入老年昏聵狀態。因此我以爲，他們用於正經學習上的時間和辛勞，應該放到那些最有用、最重要的事情上面，並盡可能採用最容易、最簡捷的方法，或許，如我在前面說過的，教育的一大訣竅便在於身與心的訓練交替進行，使它們彼此成爲一種**娛樂**。我相信，一個能充分考慮到學生的脾性和愛好的明智的教師，在這方面是可以有所作爲的。

因爲一個學生無論是學習學厭了，還是跳舞跳煩了，並不會立刻就想睡覺，而會希望換換口味，做些別的可以取樂的事情。但必須永遠記住，凡是做起來並無快樂可言的事情，就不能歸之謂**娛樂**。

一九八

擊劍與**騎馬**被視爲紳士的教養中不可或缺的部分，因此如果忽略它們，便會被認爲是一個重大的**疏漏**。騎馬多半只有在大的城鎮裡才能學習，它是最有利於健康的運動之一，要在那些安逸與奢華的地方才能找到，基於上述理由，一個年輕紳士住在城裡時，可以用一部分時間來學習騎馬。另外，練習騎馬能使一個人在馬背上顯得堅定而優雅，使他能夠教馬學會停步、急轉彎、臥倒，這對一個紳士來說，無論在和平時期還是戰爭時期都是有用的。不過騎馬究竟是不是十分重要到足以讓他當作一項工作，值得他在純粹爲了健康只需每隔一定時間做某種類似的激烈運動之外，去耗費更多的時間練習騎馬，我想讓父母和導師斟酌決定；他們最好記住，在所有各種教育中，大部分的時間和努力都應當花在對年輕人以後要過的生活最重要、最經常用得上的東西上面。

一九九

至於**擊劍**，在我看來，雖然是一項有益於健康的良好運動，卻會對生命造成危險，因爲對自己的劍術充滿自信，是很容易與那些自認爲也學會了擊劍的人發生爭吵的。這種自以爲是會使學會擊劍的年輕人在涉及名譽的場合，或在稍受刺激乃至無人招惹他們的時候，常常過分暴躁。年輕人氣盛，因此很容易覺得如果不在決鬥中顯示一下自己的技能和勇氣，那麼擊劍就白學了，他們似乎也有自己的道理。但是這種道理卻不知引發了多少令人傷心的悲劇，許多母親的眼淚可以爲此作證。相反，一個不會**擊劍**的人就會比較小心地避免與暴徒和賭徒爲伍，也絕不會那麼易於引起爭吵的情形，在細節上糾纏不休，當眾侮辱他人，侮辱之後又蠻橫地強詞奪理。一個人到了決鬥場上，憑他那一點平庸的劍術，與其說可以保護自己不受傷害，還不如說把自己暴露在敵人的劍鋒之下。而且，即便是一個完全不會擊劍的人，也會因勇敢而全力衝刺，並且不會躲閃，反倒比一個平庸的擊劍家更有勝算，要是這個人還會**摔跤**，那就更有勝算了。因此，如果一定要採取什麼措施來防備這種意外，讓自己的兒子爲將來的決鬥做好準備，我寧願我的兒子成爲一個優秀的**摔跤家**而不是一個普通的擊劍手，而大多數紳士是只能成爲普通劍客的，除非他天天泡在擊劍學校裡，每天劍不離手。不過，既然擊劍與騎馬被如此普遍地看作一個紳士的教養中所必備的內容，要讓一個紳士完全不具有這些特色也的確很難。所以我想讓做父親的去考慮他兒子的脾性和將來可能取得的地位，可以在多大程度上允許或鼓勵他去順應這些風尚，除此之外，還需考慮這些風尚與一般公民的生活是沒有什麼關係的，就是那些最爲好戰的民族，先前也並不知道這些風尚，而接受了這些風尚的民族也不見得因此增加多少力量和勇氣，除非我們認定擊劍性的決鬥提高了戰爭的技能，不過我本人覺得，擊劍終將會隨著決鬥在世界上消亡。

[177]

二〇〇

以上種種，便是我目前對**學問**和**技能**問題的一些思考。總而言之，一切教育的要務全在**德行**與**智慧**的培養：

有智慧，就有神力。[59]

要教導他控制自己的愛好，**使自己的欲望服從理性**。這一點做到了，並透過不斷的實踐

59 原文爲拉丁文*Nullum numen abest si sit Prudentia*，字面意思相當於英文Prudence is absent if there is no deity。參閱本書後面編者的注釋。——譯注

養成習慣，最困難的那部分教育任務就完成了。要使一個年輕人做到這一點，我覺得沒有什麼東西能比喜歡受到表揚和稱讚的心理產生更大的作用，所以應當用盡一切辦法在他身上培養這種喜歡受表揚的心理，要儘量培養他的名譽感和羞恥感。一旦做到了這一點，你就在他的心裡樹立起了一個原則，這個原則即便你不在他的身邊時也會影響他的行爲，其作用不是對一頓棍棒的害怕所能比較的，而且它還可以成爲合適的主幹，以後可在上面嫁接道德與宗教的眞正原則。

二〇一

我還要補充一件事情，這件事一說出來，恐怕就會有人懷疑我忘了自己所討論的主題，忘了我前面關於教育的種種議論全是圍繞著一個紳士的職業而發的，那與技藝是格格不入的。但我還是忍不住要說，我希望一個紳士**學習一門手工技藝**，甚至可以學習兩、三門，而特別注重一門。

二〇二

兒童愛好忙碌、不肯安寧的天性，總是應當加以引導，用於對他們自己有益的事情。讓他們這樣做有兩種好處。其一，透過練習而獲得的技能本身就值得擁有。不僅語言和學術方面的技能，而且繪畫、切削、園藝、淬火、打鐵等種種有用的工藝技能，都是值得擁有的。其二，毫無疑問，練習本身對於兒童的健康也是必要或有益的。兒童還小的時候，就有必要去掌握某些知識，因此，儘管學習這些知識對他們的健康全然無益，也還是要安排一些時間讓他們去學習。這樣的學習包括閱讀、寫作以及其他各種旨在陶冶心靈的伏案研究，它們從一個紳士的幼年開始，就不可避免地要占用大量的時間。**此外的手工技藝**則要透過勞動才能進行練習、被人掌握，許多手藝透過這樣的練習不但能夠提高我們的靈巧性和技能，也有益於我們的健康，尤其那些需要在戶外進行的練習就更是如此。所以在這些工作上，健康與進步是可以兩者兼顧的。以讀書和研究爲其主業的人，應當選擇一些合適的技藝作爲消遣。選擇時要考慮到一個人的年齡與愛好，而且無論什麼時候都不能是強制性的。因爲命令與暴力常常會引起而卻無法醫治的憎惡心情；對於強人所難之事，無論是什麼事情，任何人一有機會都會逃離的，即便去做，也沒有什麼益處，更無娛樂可言。

二〇三

在各種有技藝的人中，我也許最喜歡**畫家**，不過繪畫也有一、兩種不易反駁的意見。首先，拙劣的繪畫乃是世界上最糟糕的東西之一，但要獲得還算不錯的繪畫技能，也需要耗費一個人太多的時間。如果他天生愛好繪畫，那麼這種愛好便有可能使他爲了繪畫而忽略其他一切更加有用的研究；而如果他不愛好繪畫，則用於繪畫的所有時間、辛勞與金錢又將白白浪費。另外，我不贊成紳士繪畫的另一個理由是因爲繪畫是一種久坐不動的娛樂，勞心勝過勞力。一個紳士的正業我認爲是學習；學到需要放鬆和休整的時候，就應當運動一下身體，鬆弛一下思想，以確保健康與體力。出於這兩個理由，我不贊成**繪畫**。

二〇四

其次，對住在鄉村的紳士來說，我建議學習下面兩種技藝之一，或者兩種都學，一種是**園藝**或一般**農藝**，另一種是木工，如**傢俱木工**、**建築木工**或**切削木工**之類，這些工作對於一個學者或事業家來說是一些合適而有益於健康的娛樂。因爲，既然人的心靈無法持續不斷地做同一種事情或以同一種方式做事，既然久坐不動或一心求學的人應當運動運動，讓精神得到休閒的同時又讓身體得到鍛鍊，那麼，我眞不知道還有什麼東西比園藝和木工更加有益於一個鄉村紳士的；當天氣或季節不宜於他去做其中的一項時，另一項便可爲他提供運動的機會。此外，他學會了園藝之後，還能管理並指導他的園丁；而學會了木工之後，則能設計並製造許多既有趣又有用的東西：不過，這些東西並不是我建議他去勞動的主要目的，而只是用來吸引他去勞動；我如此建議的主要目的是，透過有用的、有益於健康的手工作業來使他從其他較爲正經的思想和工作中得到消遣。

二〇五

古代的偉人很懂得如何用體力勞動去調節國家大事，而且並不認爲這樣的調節有損於自己的尊嚴。他們閒暇時最普遍的消遣方式似乎是務農。**猶太人基甸**[60]是在打穀時被人叫出來、而**羅馬人辛辛納圖斯**[61]則是在犁田時被人喊出來，去指揮他們國家的軍隊、抵禦外敵的；很明顯，他們雖然善於使用連枷或犁耙，是使用這些工具的行家，可是並沒有妨礙他們使用武器的技能，也沒有妨礙他們的軍事和政治才能。他們既是偉大的將領與政治家，也是普通的農夫。**老加圖**[62]在羅馬共和國時期擔任過所有各種高級官職，聲名顯赫，他就親手留

---

60 Gideon，《舊約全書》中以色列人的士師和救星，曾率領部族攻擊游牧部族米甸人。——譯注

61 Cincinnatus, Lucius Quinctius（西元前五一九—四〇三），古羅馬政治家，據歷史傳說，西元前四五八年被羅馬城居民推舉爲獨裁官，去救援另一支羅馬軍隊，他接到此任命時還在自己的小農莊上耕作。——譯注

62 Cato Major，即Cato, Marcus Porcius（西元前二三四—西元前一四九），古羅馬政治家、演說家、第一位重要的拉丁散文作家。出身於農民家庭，先後擔任過財務官、營造官、撒丁行政長官、執政官、監察官等，著有《農書》（西元前一六〇年左右）和《史源》等。——譯注

下了證據給我們，顯示他對農務是何等的精通；我還記得，**居魯士**[63]也認爲**園藝**並不有損於國王的尊嚴和榮耀，所以他曾向**色諾芬**[64]展示自己親自種植的一大片果林。如果有必要舉例說明什麼是有益的消遣，那麼在古代史料中，這類事例在**猶太人**與**非猶太人**那裡眞是不勝枚舉。

二〇六

當我把這些活動或其他類似的手工叫作**娛樂**或**消遣**時，可不要以爲我搞錯了，因爲**消遣**並不是偷懶（這是人人都看得出來的），而只是變換一下工作，讓疲倦的部分身體放鬆一下；如果有誰認爲娛樂不需要艱辛的勞動，那麼他就忘了獵人的三更早起、馬背顚簸、悶

63 Cyrus，根據上下文，洛克在這裡指的應該是小居魯士（Cyrus the Younger，西元前四二三—西元前四〇一），但這個居魯士雖是波斯王子，卻只當過總督，從沒當過波斯國王，因反對他的哥哥波斯國王被殺。——譯注

64 Xenophon（西元前四三一—西元前三五〇），古希臘歷史學家，當過蘇格拉底的學生，曾在波斯王子居魯士的希臘雇傭兵團中服役，後參加斯巴達打敗雅典聯軍的柯洛尼亞戰役，以這些經歷寫成名著《遠征記》。——譯注

熱難耐以及饑寒交加等種種情形，然而大家都知道，打獵是那些最有地位的人物常常進行的消遣。其實，無論是**整地**、**種植**、**嫁接**，還是其他諸如此類的有益工作，只要能給人帶來快樂，那麼它們之所以能成爲一種**娛樂**，是毫不亞於任何流行的無聊遊戲，任何人一旦習慣一種技藝並掌握了它的技能，都會很快地喜歡上它。我相信，有些人因爲經常被人叫去打牌或玩諸如此類的遊戲，自己又不便拒絕，久而久之一定會非常厭煩那類**消遣**，比生活中任何最爲正經的工作還要厭煩，儘管他們從天性上來說並不討厭那類遊戲，有時候也想娛樂娛樂。

二〇七

遊戲是那些有地位的人，尤其是貴婦們，在其中耗費很多時間的東西，但在我看來它只是一個明顯的例證，顯示人是無法飽食終日、無所事事的；他們總得找點事做，否則那些做起來煩惱往往多於快樂的事情，他們怎麼能夠一連坐上許多個小時而不覺勞苦呢？無疑，那些參與賭博的人如果事後想想是不會有任何滿足感的，賭博無論對於身體還是對於心靈，也沒有任何益處；至於他們的財產，如果會由於賭博的輸贏太大而受到影響，那麼賭博便成了一門**技藝**，而不是一種**娛樂**了，凡具有其他任何謀生手段的人，是很少有因爲賭博而發大財的，即便一個賭徒因此發了大財，也不過是掌握了一門可憐的技藝，他的飽滿錢袋是以名譽掃地作爲代價的。

凡是不務正業、沒有被職業工作搞得疲憊不堪的人，是沒有消遣可言的。合理安排**消遣**時間的技巧在於，應當在消遣的時候，既能夠使操勞而疲乏的那部分身心得到放鬆並重新振作起來，又能夠去做一些不僅可在當下獲得快樂和舒適、而且可在將來獲益的事情。當今社會之所以時興各種無益而危險的**消遣**，使得大家都相信學習或有益的手藝勞動不適合作爲紳士的**娛樂**，那只不過是因爲人的自命不凡和炫耀財富的虛榮自負心理在作怪。正是這樣的心理，讓**搓牌**、**聚賭**和**酗酒**在世界上聲名卓著；許多人把閒暇時間浪費在這些事情上，多半是因爲習俗的盛行，或缺乏更好的消遣方式來填補閒暇的空缺，而很少是因爲可以在裡面找到什麼真正的樂趣。他們無法承受空閒的時間帶來的重負，也無法忍受無所事事導致的難受，但由於他們從未學過任何值得讚美的手藝，便只好求助於現有的種種愚蠢的或不良的方式來消磨時光，然而一個有理性的人在被習俗毀掉之前，是很難從這些活動中找到什麼樂趣的。

二〇八

我的意思並不是說，我主張一個年輕紳士永遠也不要參與在同齡人和同地位的人之間流行的各種無害**娛樂**。我完全不希望他成爲這樣一個潔身自好、悶悶不樂的人，所以我要勸說他，對交往者的各種娛樂活動和**消遣**方式，要格外隨和一點，凡是他們想讓他參與的事情，只要符合一個紳士和誠實的人的身分，他都不要反對或動怒。但是對於**打牌**與**賭博**，我覺得最安全、最明智的方式卻是永遠也不要去學著玩，從而使那些危險的誘惑變得無能爲力不可能因此而浪費有用的時間。然而在**空閒時談笑一下**，以及一切流行的合適娛樂，都是可以允許的；我覺得，一個年輕人在正經的、主要的工作之餘，是能夠抽出足夠的時間去學任何一種**技藝**的。人們之所以沒有學會一門以上的技藝，原因是不努力，而不是沒有空閒。一個人只要每天撥出一個鐘頭的時間，持之以恆地學習一門技藝，聊以**娛樂**，那麼他在短期內就會獲得遠超出他的想像的巨大進步。這種做法即便沒有別的好處，即便只能驅逐時尚中那些常見的、邪惡而無用的危險消遣，向大家表明它們並非必需之物，也是值得提倡的。如果人們從小就能革除那種閒蕩的脾性，不像某些人由於這種脾性而習慣於把自己的大部分生活無益地浪費掉，既不幹正經事，又無消遣可言，那麼，他們就有充分的時間在**成百上千種事情上學會精湛的技能**，這些技能即便與他們的職業沒有多大關係，也絕不會妨礙他們的職業。因此我認爲，基於這個理由以及前述的各種理由，一種懶惰的、無精打采的、像做夢似地打發日子的脾性，乃是年輕人身上最不可放任不管的東西。那是一種眞正的病態、一種不健康的表現，除了病人之外，無論出現在何種年齡和何種地位的人身上，都是不可容忍的。

二〇九

除了上述各種技藝外，還可以加上**熏香**、**油漆**、**雕刻**以及一些**鐵匠**、**銅匠**和**銀匠**的技藝；如果他像多數年輕紳士一樣，相當一部分時間是在大城鎮裡度過的，那麼他還可以學習切割、拋光、鑲嵌**寶石**或打磨**光學玻璃**。在這麼多各種各樣的精巧**手藝**中，他不可能連一種喜好都找不出來，除非他懶惰、或者墮落，這種情況在正確的教育方法下是不會發生的。既然他不可能一天到晚都在學習、讀書與談話，那麼除了運動所占用的時間之外，他一定還會有許多空閒的時間，這些時間如果不用於學一些手藝，便會以較壞的方式被消磨掉。因爲我可以下結論說，一個年輕人是很少願意完全坐著不動無所事事的；如果這種情形出現，那就是一種必須加以糾正的錯誤。

二一〇

但是，如果父母的思想出了問題，被**工匠**和**技藝**這類丟面子的名稱嚇著了，一聽到讓自己的孩子去做這類事情就感到厭惡，那麼，此外還有一種可以說是技藝的東西，只要他們考慮一下，便一定會覺得那是他們的兒子絕對有必要去學的。

商業帳務[65]雖然不是一門可以幫助一個紳士去獲得財富的科學，但如果是爲了保持已有的財富，那就很可能沒有一樣東西比它更有用、更有效果了。凡將收支狀況記帳下來、因此對家務狀況始終很清楚的人，很少聽說有把家務搞垮的：我相信，許多人之所以不知不覺地負債，甚至舊帳未還又欠新帳，原因就在於沒有留意記帳，或是缺乏記帳的技能。因此我要奉勸一切紳士都學好**商業帳務**，不要因爲它的名稱來自商界，使用者也主要是商人，便認爲這不是他們應學的技能。

[183]

二一一

一旦我的小主人掌握了**記帳**的技能（它與其說是一種算術，不如說是一種理性的工作），他的父親也許就應當從那時起，要求他把自己的所有收支狀況都記帳下來。我的意思並不是要他把自己花錢的每一品脫酒或每一次遊戲全都記下來，帳目上只要有一般的開支名稱就足夠了；我的意思也不是要他的父親嚴格檢查這些帳目，從中尋找機會來批評他花費不當；做父親的應該記得，他自己也曾年輕過，他不應忘記自己當年有過的想法，也不應忘記

65 原文爲Merchants Accompts。——譯注

如今兒子也有權利產生同樣的想法，並有權利要求別人容許自己的想法。因此，我建議一個年輕紳士應該記帳，那根本不是爲了可以借此檢查他的花費（因爲既然是父親許可的，便應當讓他完全自己做主），而只是爲了讓他早日養成記帳的習慣，及時地熟悉並慣於記帳，因爲記帳是非常有益、非常必要的，在他整個一生中都會持續用到。有一個高貴的**威尼斯人**，他的兒子沉溺於揮霍父親的財富；他發現兒子花費巨大、窮奢極欲後，便吩咐帳房，要他的兒子以後來取錢時必須點數，給的錢不可多於所點的數目。大家會覺得，這種措施對一個年輕紳士的花費來說是構不成多大約束的，因爲只要他說得出多少數目，就能自由地得到多少錢。然而對一個整天只知道尋歡作樂的紈綺子弟來說，數錢這麼點事還眞的成了一個大麻煩，以致終於讓他做出了一個清醒而有益的反省：要我數一數想花的錢都覺得那麼痛苦，而我的祖輩不但要數錢還得賺錢，那要他們付出多大的勞動和痛苦呢？這種理性的思考雖然是由一點小小的痛苦引起的，卻對他的心靈造成了重大的影響，使他懸崖勒馬，從此變成了一個節儉的人。至少，每個人都一定會承認，要使一個人花費有度，最好的辦法便是持續**記帳**，以便始終能夠知道自己的財務狀況。

二一二

教育的最後一個部分通常是**旅行**，一般認爲旅行之後，教育便告結束，紳士也就培養出來了。我承認，到國外**旅行**好處很多，但是我覺得，通常為年輕人選擇的出國時間，比起其他的出國時間來說，是最不能讓他們獲得那些**好處**的。出國旅行的主要好處可以歸結為兩點：首先是語言方面的好處，其次是可以見到許多人，接觸到各種各樣不同脾性、習俗和生活方式上的人，尤其是與自己的教區和鄰近地區的居民不同的人，這樣便可以讓年輕人在智慧和謹慎方面獲得進步。但是年輕人的**出國時間**一般安排在十六歲到二十一歲之間，而那段時間卻是人在一生中最難獲得這些進步的時期。我覺得，學習外文、形成正確發音的最佳時期，應在七歲至十四歲或十六歲之間，那時如果有一個導師在身邊，對他們來說是有益的，也是必要的，因為導師還可以用那些外文教他們別的東西。但是到了他們認為自己已經長大成人，不需要再受別人的管教，而他們的審慎和經驗又不足以管教自己的時候，卻讓他們遠離父母，只由導師管教，那豈不是在他們最缺乏防衛能力的時候，把他們放到人生有可能陷入的一切最大危險之中嗎？在他躁動不安的年齡到來之前，我們還可指望導師有些權威，因為在十五、十六歲之前，他還不到執拗的年齡，同時別人的引誘或榜樣也還不能使他擺脫導師的指導。可是一到這個年齡之後，他便開始樂於和成人交往，並以為自己也是一個成人了；接著他就會喜歡成人的一些邪惡事情，並以參與為自豪，覺得再受別人的控制和教導是一種恥辱；等到那個時候，導師已無力強迫學生，而學生也不想聽從導師，相反，由於熱血的衝動和時尚的影響，他只會聽從和自己一樣聰明的同伴的引誘，而不會聽從導師的勸告，因為那時導師已被他看成了追求自由的敵人，在這種情形之下，哪怕有一個最為小心謹愼的導師，你又能指望他能有什麼作用呢？人在自己的一生中還有什麼時候會比他在這個既無經驗又不易管教的時期，更容易誤入歧途呢？這個時期是他一生中最需要父母、朋友的監督和權威來對他進行管束的時期。在此之前，人的性情比較柔順，還沒有變得那麼執拗，所以比較容易管教，也比較穩重；而過了這個時期之後，則一個人已開始有了一些理性和遠見，能夠自己照看自己的安全和進步了。因此我認爲，一個年輕紳士最適合於出國旅行的時間，要麼是在他年齡更小一些，需要導師照管、也易於管教的時候，要麼是在他年齡更大一些，無需導師的時候；那個時候，他已到了能夠自我管束的年齡，能夠留心觀察他在國外發現的值得注意的東西、以及他回國後可能對他有用的東西了；而且那個時候，他對本國的法律和風尚、以及本國在自然方面和道德方面的優缺點也已經有了透徹的了解，還能與國外的人士進行交流，從中獲得他所希望得到的知識了。

二一三（缺）[66]

66 原文如此。——譯注

二一四

我覺得，許多年輕紳士之所以在出國期間沒有什麼進步，原因就在於他們沒有按照這個道理來安排出國旅行。他們即便帶回了一些國外風土人情的見聞，也常常只是一種豔羨，而豔羨的又是些自己所遇到的最糟糕、最無價值的事情；他們所欣賞、所記住的東西往往是自己在第一次得到自由以後的遭遇，而不是應當在回國以後使自己變得更好、更聰明的東西。的確，在這種年齡出國旅行，他們還需要別人照管，由別人爲他們準備一切必需之物，替他們去觀察，在這種情況下，還能有什麼別的結果嗎？他們在導師的保護下有了藉口，覺得自己的事情不必自己去做，自己的行爲無需自己負責，所以極少會不怕麻煩地親自進行探究、做有益的觀察。他們滿腦子都是遊戲和快樂，覺得這就是少受管束的一種表現；而很少會不怕麻煩地去觀察自己所遇之人的意圖，觀察他們的說辭，思考他們的爲人之道、脾性和愛好，從而可以使自己知道如何去應對。在這種情況下，陪伴他們旅行的人就要保護他們，當他們陷入荊棘叢裡時要幫他們擺脫出來，並且要對他們的一切不良行爲負起責任。

二一五

我承認，知人是一門很深的學問，我們不能指望一個年輕人立刻就能掌握其中的奧妙。然而，如果**出國旅行**時常不能打開他的眼界，使他學會小心謹愼，習慣於看透隱藏在外表後面的東西，並以一種文明有禮、樂於助人的舉止不觸犯別人來保護自己，使自己能夠自由而安全地與陌生人和形形色色的人交往，從中收穫別人的良好見解，那麼，這種**出國旅行**就沒有什麼意義。一個到了成人的年齡、具有成人的思想並打算透過**出國旅行**提升自己的人，無論到了什麼地方，都可以與當地的上流人士交往、彼此熟悉；這是一個紳士能從旅行中得到的最大益處，可是我要問，在我們這些由導師帶領出國旅行的年輕人之中，一百個人裡面又有幾個拜訪過任何上流人士呢？至於和這種人士交往，從他們的談話中學到那個國家的良好教養，看到其中值得觀察的東西的人，更是少之又少；儘管從這種人士那裡一天可以學到的東西，比整整一年從一個旅館閒蕩到另一個旅館所學到的東西還要多。其實這也沒有什麼可奇怪的，因爲德高望重的人是不會輕易與尚需導師照管的男孩子交往的；不過，如果是一個具有成人風度的年輕紳士和異鄉遊客，又表現出想要了解當地的習俗、禮儀、法律和政治的願望，那麼他就到處都能得到那些最優秀、最有學問的人的熱情幫助和款待，對一個聰明好學的外國人，他們總是樂意接待、給予鼓勵並予以支持的。

二一六

上述道理無論多麼眞實，恐怕都改變不了習俗，因爲習俗之所以把出國旅行的時間定在人生中那一段最危險的時期，其理由並不在於爲年輕人的進步著想。年輕人不能在八歲或十歲的時候冒險出國，理由是年紀還小，怕有什麼不測，雖然他那時候可能遇到的危險實際上要比十六歲或十八歲的時候小十倍。他也不能一直留在國內，等過了那個執拗而危險的年齡之後再出國，因爲他必須在二十一歲的時候回國，以便娶妻生子。因爲做父親的等不及要分家，而做母親的也等不及想再多逗弄幾個嬰兒，於是不論如何，只要我的小主人一到那個年齡，就必須爲他找個妻子，儘管這件事延緩一些時候，讓他在年齡和學識方面都距離子女遠一點，對他的健康、才能或後代來說都絕無任何壞處，相反，如常常所見的那樣，父子之間的距離太近，會讓父子雙方都感到不大自在。但是年輕紳士到了結婚的年齡，就該把他交給他的太太啊！

二一七

關於教育問題我所想到的一些顯而易見的道理，我就講到這裡爲止，不過我不想讓大家以爲，我是把它當成一篇討論教育這個主題的確切文章而寫的。教育上需要考慮的事情還

[187]

多得很，尤其是當你考慮到兒童所表現出來的各種脾性、不同愛好和特有缺點，進而要開恰當的藥方時，就更是如此。不同的情況實在太多，要一本書才能寫完，甚至一本書也還不夠。每個人的心靈都與他的面孔一樣，各有自己的特點，才能把人與人區別開來；我們很難找到兩個兒童可以用完全相同的方法進行教導。此外，我認爲，一個王子、一個貴族和一個普通紳士的兒子，其教養方式也應當彼此有別。但是本文的內容只是針對教育的主要目的和各種目標以及一位紳士的兒子的教育所發表的一般意見，這位紳士的兒子當時年齡還很小，我只把他看成是一張白紙或一塊黏土，可以隨心所欲地加以塑造；因此，我所談的東西基本上都是他這種地位的年輕紳士的教養所必需的一般事項，儘管在此基礎上我也略有發揮。現在我將這些應景的想法公之於世，這些東西雖然還無法構成一篇完全的教育文章，也無法使每個人都可以從中找到正好適合其孩子的方法，但是我希望，如果有些人，他們對自己可愛的小寶寶的關心使得他們格外有勇氣，敢於在子女的教育問題上請教自己的理性，而不是完全依賴陳舊的習俗，那麼本文能對他們有所啓發。

附錄一　工讀學校

洛克的計畫如下：

勞動人民的子女是教區的一個日常負擔，這些孩子通常整日無所事事，因此在十二歲到十四歲之前是不能爲社會做出勞動貢獻的。

對這一缺陷，我們可否冒昧地提出如下建議，因爲這是我們能夠設想的最有效補救辦法：在將要頒布的上述新法律中進一步規定，在每個教區設立工讀學校，讓教區內所有三歲以上十四歲以下、與父母同住、未因生計所需而得到貧民救濟官員的批准出外打工、因此需要教區救濟的兒童，都必須送進工讀學校。

用這個辦法，母親可以減輕在家裡照顧撫養孩子的大部分麻煩，從而能夠更自由地工作；孩子可以得到更好的管理和撫養，使他們從小就不怕勞動，對他們在此後的一生中成爲頭腦清醒、勤奮刻苦的人具有不小的作用；教區則能夠減輕救濟的負擔，或至少能夠減輕目前存在的濫用救濟現象。因爲，孩子多就使得窮人有了一個從教區領取補助的名分，這種補助一個星期或一個月一次，以金錢的方式交給父親，但父親卻不管這筆錢本來應用在孩子身上，常常把這筆錢用於自己上酒館，任孩子缺衣少食，在饑寒交迫中自生自滅，除非他們得到好心鄰居的救濟。

我們不妨設想，一個男人和他的妻子在健康的情況下，是能夠透過他們的日常勞動來維持自己和兩個孩子的生活的。同時育有兩個以上不到三歲的孩子，在一個家庭中是很少見的。因此，如果所有三歲以上的兒童都不用父母照管，那麼那些始終無需照顧兩個以上孩子的父母，當他們的身體健康時，是不需要任何補助的。

我們並不認爲，三歲的孩子就能在工讀學校中獨立維持生計，但我們相信，用於他們身上的必要救濟，如果以麵包的方式直接在工讀學校中分配給他們，要比以金錢的方式交給他們的父親能夠更有效地達到救濟的目的。他們在家裡從父母那裡得到的東西，不過就是些麵包和水，即便是麵包和水，許多孩子得到的也非常微不足道。因此，如果確保他們每個人在學校裡每天都能吃飽，他們就不會有饑餓的危險，相反，他們將比那些以其他方式養育的人更加健康、更加強壯。這種做法也不會給貧民救濟官員增加麻煩；麵包師會同意爲所有住校學生提供所需的麵包補助，每天將麵包送到校舍。此外，如果覺得需要，在寒冷的天氣還可以不費事地利用房間裡取暖的爐火，除麵包外再給他們添加一鍋熱稀飯。

實行這個辦法，窮人的子女可以獲得上述好處，而教區付出的代價卻比現在爲他們所做的要小得多，不過，這些兒童也因此必須更加上學和工作，否則就沒有飯吃，而且，他們自己和教區的共同受益都將與日俱增；因爲現在的兒童從出生開始就單獨由教區負責撫養，在十四歲之前，教區的支出是不會超過五十或六十英鎊的；而隨著他們在學校勞動所得的與日俱增，便可以合理地得出結論，如果把一個兒童從三歲到十四歲的全部收入都算進來，那麼這個兒童在整個在校期間的食宿和教學就不需要教區付錢了。

把兒童送入工讀學校還有一個好處，由於他們必須在每個星期日由學校老師或舍監帶到教堂去做禮拜，就可在他們的頭腦中產生一些宗教意識；而按照現在那種讓他們整天無所事

[190]

事的散漫養育方式，他們根本不會知道什麼是宗教和道德，就像他們不知道什麼是刻苦勤奮一樣。

因此，爲了更有效地推動這項有利於英國的工作，我們可否冒昧地再建議，這些工讀學校一般應設置紡紗或織布工作，或者紡織業的其他某種製造工作，除非學校所在地區能夠提供適合於那些貧窮兒童進行加工的其他原材料；在那些地區，選擇何種原材料讓兒童加工，可以由郡下屬分區的貧民救濟委員經愼重考慮來決定。而在那些工讀學校工作的教師，大家會同意，其收入應當出自貧民救濟稅。

這種做法在初創時期會讓教區付出一些錢財，但我們仍然可以冒昧地設想，（考慮到兒童的收入能夠減除他們的生活學習費用，並且每個兒童都要做他們力所能及的工作）它很快就會償付教區付出的錢財並且還有盈餘。

當一個教區的貧窮兒童數目很大，無法在一所學校安排他們的工作時，應當爲他們設立兩所工讀學校，如果覺得方便，應當男女分校，分別教他們學習和工作。

每個郡下屬分區的手工業者，在自己招收的學徒中，每兩個學徒中都必須有一個是從所在分區的工讀學校的男孩中無償招收的，招收的年齡可根據師傅的意願，但需要跟隨師傅直到二十三歲，這樣，較長的學徒時間就足以補償要付給師傅的學徒費用。

每個郡下屬分區的農場主，如果靠經營自己土地獲得的收入達到每年二十五英鎊以上，或者靠租地經營獲得的收入達到每年五十英鎊以上，都可以按照同樣的條件，根據自己的意願從所在分區的工讀學校招收男孩做自己的農牧業學徒。

任何男孩，如果在滿十四歲之前還沒有因此而成爲學徒，就要在郡下屬分區每年召開的復活節貧民救濟委員會會議上，安排做所在分區中那些擁有最多私人土地的紳士、自耕農和農場主的學徒，而那些土地擁有者也有義務讓這些男孩當自己的學徒，直到二十三歲，或者自己出錢安排這些男孩做其他手工業者的學徒；當然，沒有任何紳士、自耕農和農場主有義務一次要收兩個這樣的學徒。

沒工作的成年人也可以去工讀學校學習，隨之在那裡安排工作給他們（這樣可以消除他們需要工作的藉口）。

工讀學校和教區其他窮人爲工作所用的原材料，應當由每個郡下屬分區的一個共用庫存提供，這樣的庫存要作爲必需品從各個教區的貧民救濟稅中拿一部分錢建造；我們冒昧地設想，這樣的庫存只需建造一次；因爲只要管理得當，它就會增加。[1]

[191]

1 F. B.，第二卷，第三八三頁。——原注

附錄二　洛克的其他教育論著

我們發現，在洛克的教育著作中，除了《教育漫話》和《理智行爲指導》（洛克生前爲《人類理智論》增補的最後一章）之外，還有「年輕紳士行爲指導」及「紳士的閱讀和研究片論」。此外，金勛爵在其《洛克的生平》一書中爲我們提供了一篇選自洛克日誌的優秀文章「論學習」。在這三篇文章中，只有最後那篇比較重要。

在「年輕紳士行爲指導」一文中，洛克建議年輕紳士研究《聖經》及其他一些著作。「對一個普通人來說，懂得《聖經》和他自己的職業事務，就足夠了；一個紳士則應當懂得更多。」如同一般，洛克在文章中也特別強調「良好的教養」。

在「紳士的閱讀和研究片論」一文中，洛克在這個題目下爲我們提供了一些很好的建議，當然，他提出的閱讀書目只有在少數情況下才是當代人必讀的。「閱讀是爲了改進人的理解力。改進理解力有兩個目的：第一，爲了增進我們自己的知識；第二，使我們能夠向別人傳遞和說明那種知識。」紳士的「正當職業是爲祖國服務，自然最應當關心道德與政治知識；所以，與其職業比較直接相關的研究，就應包括對善與惡、公民社會與治理藝術的探討，還應包括對法律和歷史的了解。」

不過，若缺乏正確的推理，就無法透過閱讀和研究獲得眞實的知識。「讀書多的人學問大，但也許沒什麼知識。」

「紳士應當注意口才，這種藝術主要在於兩件事，即清晰的表達和正確的推理。」洛克認爲，學會這兩件事，要盡可能依靠榜樣而不是依靠規則，雖然我們可以在西塞羅、昆體良[1]等人那裡學到一些規則。就正確的推理而言，「我會建議多讀奇林沃思的著作。」

洛克還勸告人們讀一些遊記，這是他始終喜歡加以研究的讀物。

「閱讀還有一個用處，即爲了消遣和娛樂。例如：詩歌欣賞，尤其是閱讀戲劇，只要這樣的閱讀擺脫了粗俗不敬、誨淫誨盜與傷風敗俗；因爲這樣的汙垢不應當去碰觸。至於小說，在我看來沒有一本比得上賽凡提斯的《唐吉訶德》。」

「論學習」一文原載於洛克在法國寫的日誌，很可能只是爲了自己閱讀；但如此傑出的一篇文章沒有發表，供大家廣泛研究，眞的很可惜。鑒於我們現在只能在《洛克的生平》一書中見到此文，我把它抄錄如下（稍有刪節）：

「論學習」[2]

學習的目的是獲取知識，而獲取知識的目的是實踐或交流。誠然，所有知識的增進通常

---

1 Quintilian（約三十五—九十六），古羅馬修辭學家和教師。——譯注

2 「Of Study」，原文見Lord King, *The Life of John Locke: with extracts from his correspondence, journals, and common-place books*, London, 1830, vol. I, pp. 171-203。值得指出的是，study在英文中含有中文的「學習」和「研究」兩種意思，在此文中主要指研究，在洛克看來，學習的任務就是研究，而非我們所理解的全盤

都伴隨著快樂；但當我們只是爲了快樂進行學習時，學習就被當作一種消遣而不是一項任務，於是也可算是娛樂。

知識或可知事物的領域浩瀚無邊，可是我們不但在這個世界上停留的時間十分短暫，而且接納知識的理智入口極其狹窄，這就讓我們不免發現，我們的整個生命太短促了；不僅如此，在我們短促的一生中，還要排除童年和老年時期（這些時期也不能使我們的知識有多少增進）、要扣除恢復身體活力和必要的休閒所需的時間，在大多數情況下還要扣除日常工作的時間，因爲不顧工作就沒有飯吃，無法生存；然而如果沒有這些必要的時間短少，我要說，我們一生的所有時間本來都不足以讓我們熟悉自己已經掌握的所有知識，這還不是指我們有能力認識的那些知識，而是指那些不僅可以方便地認識而且對我們有益的知識。一個人如果稍作思考，那些最有學問的人在長時間專心的探究之後，心中仍然存在著多少疑難和困惑；在他們勘查過的那幾門知識領域中，有多少東西是他們未曾發現的；在我所謂的「理智世界」[3]裡，又有多少其他領域是他們從未涉獵過的，就不難同意，我們的時間和精力與

[193]

吸收。但若將study 譯作「研究」似乎又不妥，只能按慣例譯爲「學習」。希望讀者不要將這裡所譯的「學習」誤解爲中文意義上的學習。

3 原文爲拉丁文*mundus intelligibilis*。

全面掌握知識這一巨大任務，兩者之間是不相稱的，而全面掌握知識，即便不是我們在這個世界上的主要任務，也是我們的主要任務所必需的條件，是與我們的主要任務交織在一起的，乃至我們在實踐上獲得的進步，不會比認知上的進步更大——至少在效果上不會，因爲缺乏理智的行動通常至多不過是白費功夫。

因此，我們在這方面就必須盡最大努力好好利用我們的時間和才能，而且，既然我們有很長的路要走，而來日苦短，我們還必須盡力選擇最直接的道路。爲了這個目的，拒絕會讓我們感到困惑的東西，或至少拒絕與我們的道路無關的東西，也許不是壞事。

首先，要拒絕讓我們感到迷惑的語詞和措辭，它們發明出來被人使用，只是爲了辯論技藝的教導和樂趣，如果仔細觀察也許就會發現，它們其實沒有什麼意義或根本毫無意義；有人認爲，學校裡的邏輯學、物理學、倫理學、形而上學和神學，都過多地充滿了這類東西。我確信的是，如果我們做出了語詞上的區分而沒有在事物中發現什麼區別；如果我們杜撰了各種措辭，或以爲我們自己存在著爭論，而沒有在事物的眞實知識方面獲得進步，那麼我們只是在用空洞的聲音塡塞自己的頭腦，這樣的東西雖然被認爲屬於學問和知識，卻不會改進我們的理智、增強我們的理性，正如公驢的叫喚不會塡飽我們的肚子、強健我們的身體一樣；用所謂的細微差別來回避問題，這種技藝正如要靈巧地在蜘蛛網上打結和解結一樣，是沒有用的。語詞本身沒有價值也沒有用處，它們不過是事物的符號；一旦它們不表示任何東西，它們便一無所是，因爲它們不但沒有增加反而減少了與其連接的東西的價值，使之變得毫無價值；它們一旦不具有清楚明白的意義，就會像一些異常生造出來的符號，使言說的意義變得混淆不清。

其次，不要試圖弄清楚別人的眞實觀點。眞理是不需要別人勸告的，錯誤也不會因別人的勸告而得到糾正；在我們對眞理的探究中，別人的想法對我們的影響很小，就像一個打算從牛津出發去倫敦的人，不會想知道有哪些學生在步行時問路並且勘察了鄉間道路，有哪些人是在他們帶領下騎著馬而沒有留心自己走的路線，又有哪些人坐在遮蓋嚴實的馬車上與他們同行？在哪兒有個醫生迷了路？在哪兒又有另一個人陷入泥沼？一個旅行者只要知道了正確的路線，那麼他是否知道那些數不清的彎路、岔路和使得其他人走錯路的拐彎處，便無關緊要；他的重要任務在於，對正確道路的知識確保他不會走錯路。我以爲，我們在這個世界上的人生旅程就是如此；人們有過無數的幻想，即便是有學問的人也不可避免，這樣的事例也無窮盡：有些人不知道要去哪裡，卻不斷地在走，儘管他們只不過是移動了位置；另一些人只是跟著自己的想像走，雖然他們以爲那是正確的道路，其實卻是一條由那些最聰明的人引領著我們經歷各種複雜難懂的細節的錯誤道路。興趣蒙蔽了一些人，使另一些人抱有偏見，而他們仍然信心十足；他們雖然走岔了路，卻自以爲是最正確的。我說這些並不是要貶低我們從別人那裡得到的啓示的價值，也不是認爲在我們努力追求知識的道路上從未遇到給過我們巨大幫助的人；沒有書籍我們也許會像印第安人一樣無知，心靈就像他們的身體一樣衣不蔽體；但我認爲，把學習別人對各種事情發表的意見當作自己的任務，而目的僅在於掌握它們，以便能夠在所有場合引用它們，是一種懶惰而無用的工作，因爲在那些事情上，唯有理性才是判定意見是否正確的法官。雖然大部分學問應當受到尊重，但一個人仍然要考慮自己的時間是多麼有限、有多少工作要去做、有多少東西需要自己去研究、有多少宗教上的疑惑要去澄清、有多少道德規則要爲自己確立、自己要承受多少痛苦來控制任性的欲望和激情、要如何應付會發生的數以千計的問題和不測事件，以及自己在一般的和特殊的工作中遇到的難以計數的問題；我要對充分考慮過這一切的人說：有計畫地讓自己去熟悉書本上的即便是關於緊要課題的各種奇思妙想，看來並非是自己的任務。我並不否認，了解這些觀點及其各種變化、對立和發揮可以教導我們了解人類的虛榮和無知，使我們由於上述考慮而變得謙卑和警覺；但在我看來，這並不能構成致力於這種學習、致力於探究更多的觀點作爲原材料的充分理由，我們會遇到足夠多的此類雜拌讓我們了解人類理智的缺陷。

其三，要拒絕追求語言的純正、優美的表達風格，或用外語進行精確的評論。就此而言，我覺得可以提到古希臘文和拉丁文，還有法文和義大利文，把許多時間花在這些語言上面也許可以讓一個人在世界上起步，使其享有學者的名聲。但如果僅限於此，我覺得是一種追求外表的工作；只不過是給人們努力得到的眞理或謬誤披上一件漂亮外衣，將大多數這樣安排時間的人包裝成了時髦的紳士而非造就成聰明有用的人。

說一口漂亮的母語，能夠得心應手地使用母語，具有許多好處，所以爲了在事業上獲得成功，在母語上花些工夫是非常值得的；但它絕不應當在我們的學習中占有首要地位：唯有把漂亮的語言用作良好生活的助手和德行的工具，才有能力爲他人做出貢獻。

我反對把時間和學習用在評論上，反對的是那些適合於把我們造就成研究品達、[4]佩爾西烏斯、[5]希羅多德[6]和塔西佗[7]的大師的語言學習和評論性學問；而絕不包括所有那些有助於我們理解《聖經》的語言學習和評論性學問；因爲《聖經》是眞理的一個永恆基礎，直接來自「眞理之源」，無論什麼，只要有助於我們理解《聖經》的眞實涵義，就完全值得我們去努力學習。

其四，要拒絕只是爲了知道一些故事和言談的古人研究和歷史研究。因爲亞歷山大大帝和凱撒大帝的故事，其中如果不能教給我們良好生活的藝術，不能爲我們提供對智慧和審慎的觀察，那麼就一點也不比「羅賓漢」或「七賢哲」的故事更值得閱讀。我不否認歷史是非常有用的，對人生非常有教益；但如果只是爲了博取歷史學家的名聲而去研究歷史，那就是件非常無聊的事情；一個人如果能說出關於希羅多德、普魯塔克、庫爾提烏斯和李維的所有

---

4 Pindar（西元前五一八—前四三八），古希臘詩人。——譯注

5 Persius（三十四—六十二），古羅馬諷刺詩人。——譯注

6 Herodotus（約西元前四八四—前四二五），古希臘著名歷史學家，有歷史學之父之稱。——譯注

7 Tacitus（五十五？—一二〇？）古羅馬著名歷史學家，曾任古羅馬行政長官和執政官。——譯注

細節，卻不能利用它們來說明其他任何東西，便很可能就只是個具有很強記憶力的無知之人，他付出的所有辛勞不過是在用聖誕故事來塡充自己的頭腦。更糟糕的是，歷史的最大一部分內容是戰爭和征服，而敘述的風格，尤其是羅馬人的風格，往往將勇猛說成是首要的德行，即便不是唯一的德行，這就很容易讓我們受到通行的歷史學思潮和任務的誤導，把亞歷山大大帝和凱撒大帝以及諸如此類的英雄看作人類偉大的最高實例，因爲他們每個人都導致了數十萬人死亡，毀了不計其數的人的生活，占領了地球的一大部分，殺死了當地居住者並將他們的土地占爲己有，亦即讓我們把屠殺和劫掠看作人類偉大的主要標誌和眞正本質。如果人類文明史是偉人的歷史，對許多讀者毫無用處，那麼對古人的精細而困難的探究，諸如羅得斯港入口處的阿波羅神青銅巨像或古羅馬米庇特神殿中的塑像究竟有多大、古希臘羅馬的婚禮到底是什麼樣的儀式、第一個鑄幣的人究竟是誰等等，就更是如此了；我承認這些東西足以讓一個人在這個世界上起步，尤其是在學者之中，但卻難以使他繼續前行。

其五，要拒絕各種引人注目的問題和遠離現實的無用思辨，諸如：天堂究竟在哪兒？或上帝禁食的水果到底是什麼水果？或渾身生瘡的拉撒路的靈魂在其肉體死亡後究竟去了什麼地方？或人類在最後審判日復活時究竟具有什麼樣的身體？

上述這些問題若得到良好的處理會讓一個正起步進行一項學習的人立刻省去許多工作；不應認爲，所有這些東西都是完全無用的東西，把時間花在它們身上是在浪費時間。上述後四個問題中的每一個問題，都可以充分而值得稱讚地利用某些人，因爲他們在語言、歷史或古代風俗等方面的研究上比別人更有能力。就我首先提到的無意義的語詞而言，我無法想像它們爲何值得傾聽或閱讀，更不必說學習了；不過，在所有各種眞理和知識之間都存在著一種和諧，它們彼此之間相互支援、相互說明，以致我們無法否認，語言和評論、歷史和古人、奇怪的意見和古怪的思辨常常可用來澄清和確證眞正的原材料和有用的學說。因此，我的意思並不是說一個勤勉用功的人在任何時候都不應當去觀察它們；我主張不應當把它們當作我們的首要追求，也不應當把它們當作我們的首要任務，而永遠要小心謹愼地對待它們：因爲既然時間有限，我們在時間的管理上就需要多加小心，這些方面的知識就不應成爲我們學習中的首要部分或最大部分：更加需要注意的是，它們在人們的文字中已蔚然成風，反映了大量的表面學問，這樣的東西對一個勤勉用功的人來說，雖然是一種閃閃發光的誘惑，但卻很容易誤導他。

不過，假如讓我來安排知識的各個部分，確定它們各自的地位和優先性，由此指導一個人的學習，我會認爲它們自然應當排列如下：

(一)天堂是我們的偉大事業和興趣所在，能夠指導我們進入天堂的知識當然也是我們的偉大事業和興趣所在，因而無疑應當在我們的思想和學習中占有首要的和最主要的地位；不過這種學習的主題、組成部分、方法和應用，需要單獨一章來闡述。

(二)爲了達到彼岸世界的幸福，要做的第二件事情是安寧而順遂地度過這個世界，這需要行爲審愼，在生活的諸多遭遇中管好自己。因此在我看來，對審愼的研究應當在我們的思想和學習中占有其次的地位。一個人也許是個好人（他眞心實意嚮往上帝），行事也堪稱謹愼，但他若只顧自己，便永遠不會十分快樂，而他若不顧自己，也不會對他人有用，這兩點是我們每一個人都應明白的。

㈢有些人，他們的前輩留下了大筆遺產，使得他們無需爲了生計從事一項特定的職業，但確實無疑的是，根據上帝法，他們仍然負有工作的義務；這一點已經得到一個寫作高手的明智的說明，我就不再贅述，而留給那些專門的著作家做進一步說明吧！就此而言我覺得，有關職業的正當事務應當在學習中占有第三的地位。

這樣排定了知識和學習的優先次序之後，大家就能很容易地決定，自己應當學習哪些語言和歷史，這些東西對自己的一般事務或特殊事務又有多大益處。

如是，我們的幸福就被劃分成了幾個部分，其中每個部分都占有很大分量，若不是我們在身心兩個方面都要保持健康，我們無疑是會讓自己不停地工作的。我們的身體和心靈都無法經得住持續不斷的學習，假如我們在竭力做大量事情時，對我們的精力不做一個恰當的衡量，我們將什麼也做不成。

我常常覺得，我們在這個世界上獲得的知識無法越過此生的界線。對來生的至福直觀不需要此生昏暗不明的晨光幫助；雖然如此，我確信，我們想在這個世界上獲得知識的主要目的，是爲了能夠利用它，爲自己和其他人在這個世界上謀利益。不過，上帝賦予我們每個人祂認爲是足夠的天資，因而拒絕賦予我們更多的精力把我們的天資提高到一些更加強壯的人能夠達到的高度。因此我們不可無視自己的天資而透支體力，爲了獲取知識而毀了健康，讓我們的勞動成果在我們手上變成無用的東西，如果我們因損害身體（雖然懷著讓自己變得更有用的意圖）而剝奪了自己的能力和機會，使得我們無法去做我們本來靠著比較平庸的天資就能做成的善事，那麼我們就無法爲上帝奉獻這樣的服務，也無法爲鄰居提供幫助，而這些善事，我們在健康的狀態下，只要具有適度的知識，本來是能夠完成的。由於超載而弄沉了自己的船的人，雖然船上載有金銀和寶石，給他主人的卻只能是一個關於航行的糟糕說明。

所以毫無疑問，我們應當爲體質和體力留下餘地，爲自己的健康掌握學習的分寸，關鍵在於找到一個平衡；困難在於，這個平衡不僅應當根據每個個人的體質和體力有所變化，而且應當在各種不同的健康狀況或身體不適的情況下，根據每個特定個人的脾性、活力、處境和健康有所變化，因爲這些因素都與我們的身體有關，都會發生變化；因此，一個人一天究竟應當連續不斷地學習多少小時，這很難說，就像他一天究竟應當吃多少飯也很難說一樣，在這方面，根據目前的情況來看，一個人自己應有的謹慎只能依具體情況而定……鐘錶有規則走動不是合適的時間度量，而是一種非常精細的機械不可思議的運動，我們的身體不能用這種時間來加以衡量，不過，我們可以把所有時間安排得不至於浪費；因爲，一個有創見的朋友討論上午所讀書籍或者任何其他有益題目的談話，對於心靈中知識的增進，也許不少於我們一般稱之爲學習的沉靜認眞的讀書，但是前者對健康的損害卻較小；沉靜認眞的讀書雖然也不可缺少，但我相信，它既不是唯一的、或許也不是最好的改進理智的方法。

應當特別注意，不要讓學習侵蝕我們的睡眠。我確信，睡眠是生活的良好鎮痛劑和天然恢復劑，坐著不動勤奮用功的人比四處走動耗費體力的人更需要睡眠，因為四處走動耗費體力的人所做的事情和體力勞動，雖然耗費精神，卻有助於發散和排泄出身體中的廢物，而這些廢物是疾病的基礎；與此相反，坐著不動勤奮用功的人是在內部運用精神，他耗費同樣多甚至更多的精神，卻未享有發散的好處，不知不覺地聽任致病因素積累。不論在什麼情況下，我們往往都會在頭昏腦脹或腸胃不適的時候仍然抱著書本不放或依然苦思冥想；在這種時候學習會對身體造成很大傷害，對心靈也沒什麼好處。

首先，就像身體要為我們的學習立一些規矩，心靈同樣也要如此；我指的是學習時間的長短和連續性；絕不能讓心靈的工作領域過於廣闊，也絕不能讓它過於活躍，它不可連續不斷地工作，也不可完全靜止不動。心靈的工作是學習或思考；當我們發現，它由於讀書而對探究別人的思想感到厭倦，或由於思考而對思想的顛倒和混亂不清感到厭倦時，就該讓它放手去休息。有時候讀書讀累了，可以放下書本思考一下問題，就不覺得累了，反之也是如此；有時候轉變一下學習場地，亦即從學習一個主題或一門科學轉而學習另一個主題或另一門科學，就會激發心靈，使其充滿新鮮活力；當心靈疲倦時，討論常常會使它恢復生氣，讓它沒有一點停頓地結束厭倦狀態，繼續在探索的旅程上前行；一旦心靈非常疲倦，那就唯有完全的放鬆才能讓它恢復過來。所有這些辦法都要根據每個人自己的成功經驗加以利用，以便最好地節約自己的時間和思想。

其次，心靈像身體一樣也有各種喜好和排斥；它常常自然地偏愛一種學習而不喜歡另一種學習。一個人如果完全掌控了自己的喜好與排斥，那當然很好，但有時候他卻要去努力進行掌控，讓心靈進入軌道，順應學習；不過一般來說，只要心靈沒有超越我們正當事業的範圍，而這個範圍通常又有足夠的活動餘地，最好是順從心靈自己的偏好與傾向。跟從心靈自己的偏好與傾向，我們不僅可以走得更快，堅持的時間更長，而且我們的發現會更加清晰，對我們的心靈會產生更加深刻的印象。心靈的愛好就像胃的嗜好產生的味覺；在胃裡難以消化的東西，或難以增加身體精力的東西，就會引起味覺的反感，遭到味覺的嫌棄。

幾乎每個人的心靈都具有桀驁不馴而難以駕馭；有時候不知什麼原因，它就會躊躇不前，無法讓它前進一步；有些時候它又會奮力向前，拽都拽不住。順從它的心意，讓它快活舒暢地前行，即便會違背其他一些涉及身體的規則，總是一件有益的事情。但我們必須注意，不能讓這方面的侵犯過於頻繁，因爲一個人從學習中得到了快樂，就會自以爲，今天這一點違規，明天那一點違規，不會造成什麼損害，他不覺得一小時靜坐不動有什麼惡果——即不知不覺地在傷害自己的健康，那麼當疾病暴發時，他也不會將疾病歸咎於過去的這些錯誤做法，而這些錯誤做法其實構成了疾病的潛藏因素。

選定了學習的科目，身心兩方面又都處於適合學習的狀況之中，剩下來還需要做什麼呢？上述這些事情的確都是良好的準備，但若不完成另外一些事情，也許我們仍然不能得到本來可以得到的益處。

㈠我們必須對上帝感恩，不僅因爲上帝是所有眞理的源泉和頒布者，更是因爲上帝就是眞理自身，而且因爲我們自己也是上帝創造的，只要我們坦白而眞誠地對待自己的靈魂，讓自己的心靈始終願意招待和接受眞理，那麼無論我們在何處遇到它，也無論它以什麼面貌出現——清楚明白的、常見的、陌生的、新的、甚或是令人不快的，它就一定會來到我們面前。眞理是優美的、是心靈的眞正財富和內容，而一個人所掌握的眞理的多少，也是區別他與另一個人具有不同價值的所在。一個人如果頭腦中充滿了虛浮的概念和錯誤的觀點，那麼雖然他的心靈也許很自滿，看起來也許很廣闊，其擁有的眞理卻很狹隘和空洞；因爲它所了解、所含有的全部東西，加起來等於零，或者小於零；因爲錯誤比無知不如，是一種比無知還糟糕的謊言。

所以，我們的首要責任，就是要在學習和探究眞理時懷有一個渴望眞理的心靈；除眞理外別無所求，無偏見地追求眞理和擁抱眞理，無論它看起來多麼微不足道、不值一談、多麼過時。雖然這是每個勤奮用功的人都聲稱要去做的事情，但在我看來，許多人在這方面都很失敗。我們絕大部分人在受教育時都從外部被灌輸了一大堆觀點，這些觀點透過教育就成了像國內法一樣的東西，不允許提出質疑，而被尊爲對與錯、眞理與謬誤的標準，但這些神聖的觀點也許不過就是托兒所裡的教誨，或那些聲稱要把知識教給兒童的人的傳統說教，而教師們的這些教導，又都是他們未經審查地從別人那裡接手過來的，試問：有誰幾乎沒有經歷過這樣的灌輸呢？這是我們幼年時期的命運，經過了這樣的早期調教後，隨著時間的流逝，這種調教彷彿會深入心靈，使大家以後很難接受不同的色調。我們成人後就會發現，世界被分成了各種幫派或團體；人們不僅僅是聚集在不同的政見和政體之下，而且會僅僅由於觀點的異同而分合，尤其是在宗教問題上。假如出身或運氣沒有讓一個人在年輕時就被拋入任何幫派——這並非沒有可能，那麼他成年後，自己的選擇也一定會讓他進入某個幫派；這常常是因爲，他覺得那個黨派是正確的，有時候則是因爲，他發現單獨一個人不安全，還是群集在某處比較合宜。於是，每個這樣的黨派都接受並擁有一些觀點，把它們視爲那個黨派的學說和信條，所有屬於某個教派而要爲此獻身的人都要宣誓和實踐這些學說和信條，否則就不被視爲同黨，而至多被認爲是同路人或容易變節的人。

很明顯，在這些彼此之間存在著巨大不同和對立的黨派觀點中，大部分觀點都含有許多錯誤。人們之所以信奉它們，最初是由於一些人的狡猾和另一些人的無知；此後則是由於盲信、害怕失去黨派的信任、或某種利益等前後相繼發生的原因，使得他們不會去質疑其黨派的信條；人們只是不加觀察地一股腦兒接受和擁抱它們，對它們表示效忠，並用它們來衡量其他一切觀點。世俗的利益也會促使人們持有某些觀點，因爲這些觀點能給他們帶來暫時的好處，便容易爲他們所接受，最後變得根深蒂固，不容易去除。由於這些原因，也許還有其他一些原因，使得各種觀點在人們的心靈中生根並固定下來，無論眞假都被尊爲眞正的基本眞理，因而不會受到他們的質疑或考察；假如這些觀點碰巧是假的——其實大多數人具有的大部分這類觀點都必然是假的，那麼它們就會讓一個人在整個學習過程中遠離正道；雖然他在閱讀和探究中自以爲自己的目的是讓理智獲得眞正的眞理，結果卻往往只是對自己已經接受的觀點的確證；換言之，是他在其他人的著作和發現中遇到的、但已被接受或受到忽略的東西，這些東西之前已經占據了自己的心靈，所以本來就在自己的預期之中。

(二)我們學習中的這種巨大失誤，又會帶來另一種後果較小的失誤，但卻是學究們很自然會落入的陷阱，他們會在閱讀中專心致志、勤奮刻苦地留心作者使用的各種正反兩方面的論證，努力地把它們牢記在心中，以便必要時能夠隨意引用。這種做法若能成功地達到其預設的目的（這需要極好的記憶力才能做到，並且事實上也是記憶力而非判斷力的任務），那麼雖然可以讓一個人在世人面前顯得非常有學問，卻不能讓他在此後承受住考驗；的確，這種做法能把一個人造就成敏捷的談話者和辯論者，卻不能把他造就成有能力的人。這種做法教會他成了一名擊劍手；但在眞理與謬誤無法調和的戰爭中，幾乎不能或永遠不能使他選擇正確的一方，即便讓他站到正確的一邊，他也無法很好地捍衛眞理。一個人若眞想認知眞理、渴望掌握眞理而非賣弄學問，意在改進自己對事物的正確認識，那麼我認爲，他應當選擇另一條路線；即努力對事物本身的性質形成清楚明白的、眞實的概念。一旦這樣的概念在心中牢固樹立起來（而不相信或麻煩記憶，因爲記憶常常不牢靠），就要永遠在各種場合，無論是爲了捍衛眞理還是爲了反駁謬誤，自然而然地提出各種論證。在我看來，正是這種做法使有些人的論說，即便寥寥數語，也能把事情說得非常清楚明白、富有說服力；因爲這樣做不過是把我們要論說的事情的眞正本質擺在我們面前，而我們的推理官能對我們來說又是很自然的東西，清晰的推理彷彿自己就會生成：我們彷彿天生就能認知眞理，因爲眞理總是最合人心意的東西，其天然的毫無修飾的美總是吸引著心靈。這條道路也是知識更不容易丟失的一條認知道路，因爲由此得來的知識不勞煩記憶，而含於判斷之中；一個人若有了這樣的知識，那麼他就總是能夠一以貫之、信心十足地應付任何方面的攻擊，能夠用各種論證來說明同一個眞理，憑藉眞理的自然之光及其與謬誤的對立，無需費力、無需任何長篇大論，揭示出對立面的弱點和荒謬；相反，人們會發現，上述那類頭腦裡裝滿了大量蒐集借來的論證的學究常常自相矛盾，因爲不同個人的論證常常是基於不同的概念，根據相反的原則推演出來的，它們雖然可以全都爲了支持或反駁同一個觀點，實際上卻常常彼此衝突。

㈢對清晰地構思眞理來說，另一件非常有用的事情是，如果我們能做到的話，最好跳脫語詞來思考事物。語詞無疑是把一個人的思想傳遞給另一個人的理智的偉大的、幾乎是唯一的輸送通道；但當一個人在他自身內部思考、推理和論說時，我卻看不出爲什麼他一定需要語詞。我相信，最好是把語詞擱在一邊，直接與我們對事物形成的觀念打交道；因爲語詞就其本性而言，是含糊不清的，它們的涵義大部分是不確定或未確定的，人們甚至故意更多地使用語詞，如果我們在思考問題時專注於語詞，執著於事物的名稱，就很可能被誤導或被搞得頭昏腦脹。要跳脫語詞進行思考，初看起來也許是在無用地追求思想的嚴密，而若付諸實踐，則也許會發現，這樣做會遇到出乎意料的困難；但我敢說，任何人嘗試過後都會覺得，這是一件值得努力去做的事情。一個人若要在心中想起不在場的朋友，或要鞏固自己的記憶，最好、最有效的做法是在心中喚醒並細考對他形成的觀念；僅僅回憶他的名字或回想大家通常稱呼他時發出的聲音，只能是想起朋友的一種非常無力的、有缺陷的辦法。

㈣我們在追求知識時，既不過於自信，也不過於質疑自己的判斷，既不過於相信自己能夠了解所有的事情，也不過於認定自己一無所知，是非常有好處的。一個人若在每件事情上都懷疑自己的判斷，覺得自己的理智在探究眞理時不值得依賴，那麼就會自斷雙腿，被別人帶來帶去，讓自己可笑地依賴別人的知識，而別人的知識很可能對自己是無用的，因爲正如我無法用別人的眼睛來看東西，同樣我也無法用別人的理智來認知任何事情。我獲得的眞理範圍，不出於我的知識範圍；我在正確的道路上能走多遠，取決於我自己究竟知道多少；無論別人擁有什麼知識，那是他們的財富，它不屬於我，也無法僅僅因這種知識使得我有了相似的認知而傳遞給我；知識是一種無法借用或轉讓的財富。另一方面，一個人若以爲自己的理智容得下所有東西，可以乘在自己幻想的翅膀上——雖然大自然確實從未讓他有過這樣的翅膀，在浩瀚無際的、無法理解的各種所謂眞理中自由翺翔，那麼他只不過是在證明伊卡洛斯[8]的神話，迷失在深淵之中而已。我們在這個世界上都是平凡普通的人，是有限的創造物，擁有的力量和官能雖然很適合用於某些目的，卻完全不適合去探究浩瀚無際的領域裡的那些東西。

㈤因此，若知道我們的官能在知識的道路上究竟能走多遠，使得我們不會著手去探測我們的路在什麼地方還走得太短，若知道什麼事情是我們探究和理解的恰當對象，在哪裡我們應當停下來，不再往前走以免迷路或白費功夫，那都是非常有益的。也許，這是一種很困難的探究，其難度不亞於我們在知識道路上會遇到的任何困難，適合於一個人在終結自己的學習時去解決，而不應當對一個正起步進行學習的人提出來；要確定什麼是可知的，什麼是不可知的，其結論確應在長時間勤奮刻苦的研究之後才能得出，而不是一個連一些明顯的眞理都不甚了解的人憑藉猜測就能解決的問題。因此，

---

8 Icarus，希臘神話中代達羅斯的兒子，與代達羅斯使用蠟和羽毛造的翼逃離克里特島時，他因飛得太高，雙翼上的蠟遭太陽融化墜落水中喪生，被埋葬在一個海島上。爲了紀念伊卡洛斯，埋葬伊卡洛斯的海島被命名爲伊卡利亞。——譯注

我要在此擱置我對這個應當愼重考慮的問題做過的思考，而只想強調，要永遠記住，各種無限的事物太大了，不是我們所能理解的；我們無法對它們具有可理解的知識，當我們的思想過於好奇地窺探它們時，往往會感到困惑和混亂。我認爲，還有各種實體的本質，也超出了我們的視野；還有在世界這部大機器中，大自然以何種方式產生了若干現象，又以何種方式讓各種事物代代相傳等等，也都超出了我們理解的範圍。在我看來，適合於人類的目的又能爲人類理智所把握的事情，是爲了這輩子生活的方便改進各種自然實驗，以及爲了他人的幸福調整自己的方式——即道德哲學，按照我的理解也包含宗教或一個人的全部義務。

(六)爲了縮短我們的辛勞，使我們擺脫不可遏制的懷疑和心靈的困惑，不再無止盡地探究不必要的、更大的確實性，非常方便的辦法是，在應當認知和學習的各個問題上，深思熟慮手中掌握的材料能給出什麼證明，而不要去指望與事情的本性不相干的那類證據。

(七)對記憶有巨大幫助並可用來避免思想混亂的辦法，是爲我們學習的那些科學擬訂一個規劃，也可以說是制定一張智性世界的地圖，並經常看它。這個規劃或這張地圖愈接近事物的本性和常態就愈好，不過這件事情也許最好由每個人爲自己的用途自己去做，以便使其最好地符合自己的想法。不論如何，也許由於我們的學習道路不同，尤其是當我們的學習道路的確不同時，我不應該認爲，我那粗糙的初步設想適合於規整別人的思想。不過我不得不說這種做法給我帶來了上述好處，也就是說，儘管我常常變換自己的學習科目，讀書也沒有計畫，碰到什麼書就讀什麼，不遵循任何方法或秩序，但由於不時地對事物的本身秩序做了一點反思，至少是對事物的本身秩序進行想像，就在自己的思想中避免混亂，因爲我擬定的規劃就像一個有規則的抽屜箱，可以有序地放置那些東西，將它們放在合適的地方，拿來用時就可以不講規則，不講任何方法。

(八)有時候對我們自己做一番研究，即對自己的能力和缺陷做一番研究，根本不會耽誤我們的學習。幾乎每個人的心靈都存在著一些特定的天賦和缺陷；我們若對它們做些思考和了解，不僅能更好地讓自己找到克服缺陷的辦法，而且能使我們更充分地知道，如何轉向自己最適合研究的東西，從而使我們在學習的道路上獲得最大的利益。一個人手中若有一把槌子[9]和一些楔子，就可以很容易地得出結論說，他的任務是劈開一些木頭節結，而他若有一把鉋子和一些雕刻工具，那麼則可以容易地得出結論說，其任務是要設計漂亮的雕像。

9 原文爲bittle，遍查無果，疑爲beetle的廢棄變體。——譯注

*****

關於書籍，我只想說一件事，即雖然學習獲得了讀書的名稱，但在我看來，讀書並非學習的主要部分；還有其他兩個部分——思考和論說，也應當納入學習中，它們對改進我們的知識都做出了自己的貢獻。我認爲，閱讀只是蒐集原材料，其中很大一部分必須因其無用而擱在一邊。思考可以說是選擇和修整原材料，將原木搭成房架，將石頭琢成方形疊起來，最後建成房子；而與朋友進行論說（辯論中的爭吵沒什麼用）則可以說是檢測房子的結構，在房間裡走動，觀察房子各部分的對稱和吻合情況，檢查工作的堅固性或缺陷，所以是找出和糾正差錯的最好方法；此外，論說還常常有助於發現眞理，它讓我們在心中牢固地建立起眞理，所起的作用不下於讀書和思考。

現在應該結束這個又長又過於龐雜的論說了。我只想再說一句，然後結束。在本文開始時，我把歷史當作一種無用的東西從我們的學習中去除了，那是因爲，歷史在大家眼中只不過是一種傳說故事；但另一方面，一個人若心中已經有了穩固的道德原則，知道如何判斷人們的行爲，那麼我倒要向他建議，把歷史作爲最有用的科目之一來學習。在歷史中，他將會看到一幅世界的畫面和人類的本性，由此學會按照人的本來面目去看人。在歷史中，他將會看到各種觀點的興起，發現有些觀點只是出於一些微不足道的理由，有時甚至是可恥的理由，而後卻享有巨大的權威，幾乎被當作世界上神聖的東西，壓倒先前的所有觀點。在歷史中，一個人還能學到關於審慎的偉大而有用的教導，學會去提防世界上的各種陰謀詭計和坑害蒙騙，還有我在此不便列舉的許許多多好處。

注釋

注釋後面如標有「J. F. P.」，為佩恩博士所注

（注釋中標明的頁碼和行數為英文原著的頁碼和行數）

一　（**p.1，l.17**），**「平常的人之所以有好有壞，之所以或有用或無用，十有八九都是教育造成的。」**

洛克在第三十二節中也說過，「人們的行爲和能力之所以千差萬別，教育所起的作用比其他任何事物起的作用都要大。」哈勒姆批評洛克，認爲洛克的這些斷言是誇大之詞。[1]但我們必須記住，洛克是在廣義上使用「教育」一詞的，「教育」在這裡意味著所有的外部影響。他在別處指出了，無論你要把一個兒童培養成莊稼漢還是佞臣，教育仍然會對他產生不同的影響——即便是對同一個人的行爲和能力，也能產生不同的影響。雖然我們現在把許多差別歸之於遺傳，但遺傳在洛克的時代是人們沒有想到的。洛克表達自己的思想時雖然不太謹慎；但他並沒有如哈勒姆所說，忽視人的自然稟賦所產生的差別：「上帝在人類的精神上烙印了特定的品格，那些特質如同他們的外形一樣，也許可以稍微改變一點點，但是很難把

1　*Lit. of Europe*。——原注

它們改成一個相反的樣子。」[2]哈勒姆也有幾乎同樣的說法：「人類中存在著教育無法從本質上加以克服的內在差異。」[3]而他在說這句話時卻以爲自己是在駁斥洛克。

對照一下洛克在《理智行爲指導》中的論說，也許可以更好地理解洛克的本意：「我們生來就具有各種官能和力量，幾乎能讓我們容納一切東西，至少能讓我們超越易於想像的東西；但只有對這些力量進行訓練，才會使我們具有各個方面的能力和技藝，引導我們走向完善。」他一方面以手腳笨拙的莊稼漢爲例，另一方面又以音樂家的手指和舞蹈家的雙腿爲例，具體說明了身體方面的天賦與後天能力及技藝的關係。他以走鋼絲演員和翻筋斗雜技演員爲例說：「所有這些令人欽佩的動作，都是那些未經實踐的觀眾所做不到的，乃至幾乎超出他們的想像，但這些動作不過是演員們勤奮訓練的效果，而這些演員與大爲驚異的觀眾在身體上並無什麼特別的差異。」

他接著又說：「身體是如此，心靈也是如此，是實踐造就了它們；當我們更加仔細地加以考察後，就會發現，即便那些被視爲自然稟賦的大多數卓越之舉，也是練習的產物，只有靠反覆的動作才能達到那個高度。」洛克甚至把巧妙的譏諷和說笑的技藝都歸於長期不斷的

[205]

2 本書正文第六十六節。——原注

3 *Lit. of Europe*, Pt. iv, c.iv, §56. ——原注

努力，哪怕這種努力也許是偶然開始的。他說：「我不否認，天然的傾向常常是最初的觸發點；但一個人不加以運用和練習便永遠走不遠；唯有實踐才能讓心靈的力量與身體的力量得以完善。」反過來他又說：「人類理智和其他官能上的缺陷和弱點都來自缺乏對自己心靈的正確運用。」[4]根據洛克的看法，教育便在於各種能力的練習。所以他認為，人與人之間的不同，教育所起的作用要比任何其他因素都大。

在十種情況下只有一種情況洛克才會認為，天性可以強大到足以不受外部的影響。我可以說，「十有八九」的意思是十個人中有九個，而不是如我在《論教育改革家》裡錯誤地說過，每個人中十有八九。

二　（p.2，l.7），「泥塑造的小屋」（Clay-Cottage）

也許這段話是受到了當時沃勒[5]的著名詩句的啓發：

4　《理智行爲指導》，§ iv。——原注

5　Edmund Waller（一六〇六—一六八七），英國詩人。——譯注

「靈魂的黑暗小屋（cottage）磨損和腐敗了

從時間造成的縫隙中透入了新光」。

二（p.2，l.10），「大家都以爲我對這個問題有更深的研究」

洛克的實際行醫活動似乎只限於沙夫茨伯里勛爵的家庭。[6]因此在他的話語中，既能看到良好的判斷力和科學的知識，又能看到某些怪癖和錯誤，而若有更廣泛的經驗，這些怪癖和錯誤是很快就能糾正的。洛克的見解中讓我們深有感觸的，不僅是它們的合理性，還有它們可賦予的現代性。在這方面，洛克讓我們想起他的朋友，實踐醫學的偉大改革者西德納姆，其功績是引導人們從基於精確的教條性知識之假定的人爲複雜方法，返回到遵循自然而非強迫自然的更加簡單的方法。（J. R. P.）

---

6 參閱本書「導論」。——原注

四（p.2，l.32），「嬌生慣養」

洛克在這裡公開承認，在養育兒童方面，自己主張磨練身體的方法而反對保護身體的方法。這兩種方法在一切時代都有其支持者。文明人注意到，未開化的人不多患疾病，它們被稱爲疾病是文明社會的誤導，於是常常認爲，這種免疫性可以透過模仿未開化人的艱苦生活獲得。不過現在大家知道，未開化人的平均壽命要低於文明民族。事實還表明，未開化人雖然不患小毛病並能經受更艱苦的生活，卻要比文明人更無法抵禦嚴重的流行疾病的侵襲。簡而言之，各種類型的人、文明人與未開化的人，都善於抵禦他已習慣的禍害，也都不善於抵禦他未曾遇到過的禍害。但如果比較一下不同類型的人在未經歷過的環境下的抵抗力，文明看來更具優越性。所以很明顯，未開化人的鍛鍊，即便是盧梭所說的理想的未開化人的鍛鍊，也不能當作典範來培訓那些在我們的現實生活環境下生活的人。

另一方面，保護身體的方法具有理論基礎；可以這樣說，當身體發育時，應當提供盡可能充足的營養，使其在今後具有更好的抵抗力；應當保護它免受各種傷害，因爲任何傷害都可能會留下某種毀損；而受損的部分在將來會更容易得病。例如：兒童如果因著涼得了急性風溼病，就非常可能長成一個病包兒，比別人更容易患嚴重的疾病。這種說法看起來也很有道理，但很難說明習慣的力量。身體的習慣與道德的習慣一樣，都是事實，無論什麼事情，我們有了第一次，那麼只要身體各部分完好無損，就能更好地再來一次。對這個原理的某些限制我們以後再指出。我認爲，經驗已經顯示，把原理或任何類似的原理當作一個不會出錯的嚮導是錯誤的。由於經驗是最後的上訴法庭，我們要做得最好，甚至不能依賴明顯的取平均值的辦法，而需要根據事物本身的優缺點，對兩種方法各自的每部分做法分別做一個判斷。眞正能夠爲磨鍊身體的方法做辯護的，是洛克自己後來所指出的，即它爲身體做了準備，使身體在缺乏日常生活所含有的各種防護的情況下能夠應付突發事件，而不是它能讓普通人的日常生活過得更好。正是基於這一點，蘇格拉底（見色諾芬的《回憶蘇格拉底》）[7]爲自己節儉清苦的生活辯護，認爲這種生活能讓他適應艱苦的行軍生活，因爲如他所說，每個公民都會徵召入伍。對磨鍊身體的方法的有力反對意見是，這種方法不適合身體不好的兒童，況且也不能得出結論說，那些早年身體最差的人將來都是些最沒用的社會成員；雖然可以把那些在不利環境下倖存下來的人的活力歸功於磨鍊身體的方法，但在日常環境下，情況很可能也沒什麼不同。唯一爲我們提供了磨鍊身體的完美例子的現代民族是俄羅斯人，俄羅斯的兒童不得不經歷最嚴酷的極端氣溫，他們穿著很少，被家長從過暖的房間裡叫出來在雪地上奔跑。對兒童採取這種做法之後的經驗——假如不能稱之爲結果，是眾所周知的。一方面，俄羅斯農民能夠忍受對於不那麼強壯的民族來說是致命的極端炎熱和寒冷；這種忍耐力

---

7 Xenophon's *Memorabilia*。——原注

[207] 在士兵身上就變成了俄羅斯軍事力量的主要基礎之一。另一方面，俄羅斯人口的死亡率卻遠高於其他任何歐洲國家，其兒童的死亡率也很高，高得若在別處一定會讓人感到震驚。（J. R. P.）

戈德史密斯（Goldsmith）在評論洛克的身體磨鍊方法時，預料到了科學的最新看法。他觀察到，「一般而言，未開化的人和農民不如那些生活懶散的人長壽」，並且「生活愈艱苦，國家的人口就愈少」。他看到，磨鍊身體包含著把許多兒童磨鍊出了世界。「比起死於實驗的人，經受住嚴酷考驗的人的數目是不成比例的。」他說了下面這個彼得大帝的故事，以此來嘲笑洛克相信習慣的無所不能。彼得大帝認爲，如果他的水手能喝海水，那事情就方便了，因此他頒布了一個法令，規定進行航海訓練的男孩只許喝海水。結果那些男孩都死了，所以喝海水的習慣永遠也沒有建立起來。[8]

五（p.2，l.36），「只是因爲習慣了，臉部就比其他部分更經得起風寒」

在我看來，這個論證存在著謬誤。我們沒有根據，可以將如此多的東西都歸功於一生之中養成的習慣，儘管世代相傳養成的習慣無疑會產生這些效果甚至更大的效果。因此我們也不能指望在一生中就消除數個世紀的工作。我們的身體成爲現在這個樣子，乃是由於許多世

---

8 Goldsmith, *Essay on Education*。——原注

紀以來它們一直被遮蓋著：如果它們在那段時期始終是赤裸的，那麼就會不同於現在這個樣子。盧梭和許多晚近的作者都陷入了同樣的錯誤——即忽視由於連續不斷的習慣動作，在某種程度上是由於自然選擇，使得身體組織產生緩慢的變化。（J. R. P.）

七　（p.4，l.5），「冷水」

冷水浴的運用，在我們的時代遠比洛克的時代更爲普遍，每天早晨用冷水沖洗整個身體，如現在所做的那樣，無疑是一種最有價值的、有益於健康的創新。這種方法可以磨鍊身體，使我們不容易感冒。道理也很清楚，因爲我們知道，冷水浴可以鍛鍊皮膚中的神經和血管的調節機制，使得身體能夠自然地抵禦寒冷帶來的傷害。但爲了這個目的，應當瞬間地、而非連續不斷地使用冷水刺激；若對皮膚連續不斷地施加寒冷和潮溼的刺激，那總是會帶來傷害的，所以洛克提出要讓兒童的鞋做得能使他們的腳常常潮溼的建議，必須被視爲不合理的失誤予以拒絕。幾乎沒必要指出，讓腳保持潮溼的狀態，是很不同於打赤腳的事情。打赤腳之所以被文明人拒絕，主要是基於方便和清潔的理由，而不一定是由於怕冷。不過，製作有漏洞的鞋子的想法並非完全是洛克的一種異想天開。同樣的事情可以在蘇格蘭高地的低跟鏤花皮鞋中看到，這種鞋帶有出水的漏洞；不過這種構造只能在實際蹚水時才方便，可以說，此時鞋子如果沒有漏洞就會被水泡重。一個好得多的箴言，據傳是外科醫生

Abernethy所說，乃是「**頭要保持涼爽，腳則要保持溫暖**」。（J. R. P.）

七（p.5，l.3），「健康和堅強」

以下是洛克對他在弗蘭克·馬沙姆身上所做實驗的說明：

「有件事允許我再跟你嘮叨一下：你說你兒子不太強壯；要使他強壯，你必須如我所說的，讓他做一點磨鍊；不過你一定要不動聲色一點一點來，要他經歷的一種磨鍊只能從春天開始，這是唯一需要注意的。在我住的家庭裡就有一個例子，家裡的母親非常溫柔，其獨子由於太嬌慣幾乎弄壞了身體。現在對他採取了一種相反的態度，要他經受一下風雨和溼腳；結果他在關懷備至的照顧下所患的咳嗽，現在已經離他而去了，已不再像以前是他父母經常憂慮的事情了。」[9]

七（p.5，l.15），「溺愛孩子的母親」等

我在導論中已指出，由於在成長過程中極少受到女性的影響，洛克的生活觀點有些片面。如我們可以看到的，他小時候喪母，而且沒有姐妹和妻子；所以我們能夠理解，他把父

9 洛克致W. 莫利紐克斯，一六九三年八月二十三日。——原注

親而非母親看作眞正的教育者。他在前文中不合理地引用塞內加和賀拉斯，也反映他缺乏與女性的同感。他這樣寫的時候，必定是讓自己回到牛津大學基督堂學院的特別研究員的公共休息室裡了。

七（p.6，l.2），「聖威尼弗瑞德井」

關於那些河水，請參閱弗洛耶（John Floyer）爵士與愛德華·貝納德（Edward Baynard）博士所著的《冷水浴》（*Psychrolusia, or a History of Cold Bathing*，一七〇六年第二版）。至於那口井，據說自西元六四四年以來創造了各種奇蹟，使得它附近的一個城鎮現在被命名爲「聖井」（Holywell），位於弗林特郡。（J. F. P.）

七（p.6，l.5），「冷水浴創造的奇蹟」

只是到了十七世紀末，英國人才開始覺察到冷水浴的好處。英國的冷水浴習俗看來是從荷蘭和德國傳入的，不過像那些國家一樣，冷水浴在英國最初也限於使用自古以來就有名的天然泉水或井水；後來則在房屋中進行。這兩種冷水浴，我們現在使用只是爲了清潔或享受，那個時候卻是作爲治病的方子。

在洛克的《教育漫話》發表大約十年後，弗洛耶爵士出版了《冷水浴》一書，他承認，此前有一百年的時間，英國人幾乎是不洗冷水浴的。

洛克所談到的冷水浴的奇妙療效，在弗洛耶等人的書裡都有大量記載。洛克的同時代人、名醫威利斯（Willis）曾敘述，他碰到一個年輕女性發高燒，用了很多辦法都無法讓她退燒，最後把她從床上抬下來扔到河裡，做些防備不讓她溺水，結果治好了她的病。於是他率先示範了最現代的治療「高燒」的方法。不過，十七世紀的人也正確地看到了，冷水療法是對古希臘羅馬醫生的做法的回歸。（J. F. P.）

九　（p.7，l.10），「一個漂亮的男子，但卻不是一個有用的人才」

洛克與蒙田的一致之處可以從下面的引文中看出：「要讓他對他應該蔑視的炎熱、寒冷、狂風、烈日和各種危險熟視無睹。不要讓他在穿著、床鋪、飲食方面嬌生慣養；這樣讓他適應一切之後，他就不會成爲一個花花公子、一個遊手好閒的騎士，而成爲一個強壯的、能吃苦耐勞的、生氣勃勃的青年。」[10]

10 Montaigne, *Essays*, Bk.1, Ch.25, Hazlitt's Edition, I, p.198. ——原注

九　（p.7，l.14），「她們的教育在刻苦嚴厲方面愈接近於自己的兄弟」

自洛克時代以來，至少在英國，女孩子的身體訓練無疑有了大幅的進步。但即便是現在，人們也無法過於強烈地堅持：能夠加強肌肉、擴展胸部、有助於一切消化功能的遊戲和鍛鍊，不僅有益於男孩也有益於女孩，而且對女孩的情況需要做更多的專門研究，因爲女孩不會像男孩那樣幹勁十足地自發參加這部分的教育。我們應當堅定不移地確立一個原則，即操場和體育館不僅是女子學校的有用設施，而且是學校機制的一個絕對不可或缺的組成部分。（J. R. P.）

十　（p.7，l.21），「當他們勞動或運動得發熱時喝了冷的飲料」

一般認爲，人發熱的時候喝冷水對身體有害，這很可能有些道理；但卻不容易確定，哪些危害大的疾病明顯是這種做法引起的，致命的疾病就更不好說了。根據我自己的經驗，我從來沒遇到過這種做法引起嚴重疾病的事例，甚至沒遇到過什麼人認爲自己的病是這種做法引起的。有些人覺得，自己皮膚上有些不適是因爲在發熱時喝了冷水，這或許有點道理。馬夫們都知道，馬飲冷水會影響它們的皮毛。據說，發熱時喝冷水會導致昏厥或虛脫而引起死亡，但在我看來這還需要確證。在洛克的時代，發燒這個詞的使用是很不確切的，但可以認爲，我們現在所說的發燒，不可能是這裡所指摘的做法引起的。（J. R. P.）

十一 （p.8，l.2）「你兒子的衣服千萬不能做得太緊」

穿著太緊的有害做法很普遍，卻從來沒有受到非常嚴厲的譴責，但願我們以後不要再看到這種做法。近半個世紀以來，女性的穿著無疑存在著向理性和自然的規則回歸的某種傾向；但時代的變遷會讓風俗習慣再次回歸；而在那種情況下我們知道，無論男女的理性都擋不住風尚的裁決。也許，精確地指出緊身衣服究竟會帶來什麼危害，是值得的。緊身衣服對身體造成的危害，根據它們對身體施加的最大壓力點部位，也就是說，根據衣服是所謂高腰還是低腰，稍有不同。我本人有幸能對此進行畸形解剖學研究的極少幾個案例，都屬於低腰緊身衣服。在這種情況下，緊身衣服首先會對肝臟造成傷害，因爲它們對肝臟施加的壓迫，不僅會妨礙肝臟的體積在進食後或其他時候發生變化，而且肯定會改變肝臟的形狀。其次，由於肝臟被向上擠壓，侵入胸腔，會導致肺活量嚴重縮減。再者，低腰緊身服使下部肋骨受到往裡的擠壓，必定妨礙心臟的活動，並阻礙肺臟下部的擴張，使得肺活量進一步縮減。還有，肝臟受壓也導致其血循環受阻，由於流入肝臟的血液來自所有的腹腔臟腑，肝臟的血循環阻礙又會不可避免地干擾腹腔臟腑的正常活動。在高腰緊身服的情況下，肋骨會受到更加直接的擠壓。胸腔會由此被壓縮，最後導致變形。肝臟雖然不會被向上擠壓，但會變形，變形的樣子可能就像若干流行的健康手冊展示的那樣。不過這種特殊的畸形我從來沒見過。

緊身穿著的禍害在男性身上很少見到，除非是在士兵身上。不論如何，軍醫曾指出過圍在脖子上的皮製緊身硬領的不良後果。繫一條緊身的腰帶，會在肝臟上產生一圈特殊的痕跡或傷痕，那必定是有害的壓力所致。（J. F. P.）

爲了不讓人認爲，科學的進步已經使上述警告成爲多餘，我從目前可以在女性報紙和其他一些地方看到的一個廣告上抄錄一段如下：「這種緊身上衣對於瘦身和保持體型是最有效的，以便能讓女士們穿上當下時髦的服裝。」另一種緊身上衣也被推薦爲能夠「根據目前的風尚」瘦身和保持體型。所以，看來現在有些人仍然覺得，人體的正確形態是一個時尚的問題。

十三（p.9，l.13），「在我看來，當兒童年齡尚小、還穿著童裝的時候，應該禁止肉食。」

兒童究竟應當在什麼年齡開始肉食，這個問題存在著很多爭論，至於素食主義者主張根本沒有必要肉食的極端觀點，就更是如此了。我覺得，健康的兒童如果有充分的牛奶供應，那麼即便沒有肉食，無疑也絕不會影響他們的健康成長。從生理上說，肉食的主要價值在於蛋白質，而牛奶不但含有蛋白質，還含有其他許多營養物質，是一種比肉更加理想的食物。即便在沒有牛奶和肉的情況下，嬰兒只要在哺乳期得到母乳的餵養，也可以透過其他適當的食物健康地成長，儘管這樣的實驗不值得推薦。在兒童並不處於理想的健康狀況下（理想的健康狀況不常見），不可否認，如果不是必要，當兒童兩歲之後，尤其是在天氣寒冷的時候，並且兒童屬於世代習慣於動物食品的人種時，那麼肉食仍然是兒童餵養食譜中的最佳食品之一。再者，在我們的時代和國家，兒童的一大部分小毛病是屬於消瘦問題，也就是說，即便在食物明顯充足的時候也表現出了營養不良。在這種情況下，肉食是克服營養不良的最方便、最濃縮和最有效的一種食品，假如由於存在著反對肉食的偏見，乃至由於大家認爲唯有某種確定的疾病或醫生的吩咐才能允許肉食，從而禁止肉食，那麼就會造成巨大的危害。且不說偉大的化學家李比希[11]認爲肉食中含有非常重要的營養素，我們應當記住，肉食所提供的那種營養，若要透過其他食物得到，不僅要消耗和浪費更多的食物，而且會加重消化器官的負擔。因此，雖然在十七世紀的上層階級和其他各階級（非常貧窮的人除外）之中，有可能存在著過度消費肉食的現象，卻不能盲目地接受洛克提出的原則。我懷疑，在中產階級的家庭中，特別是在這方面，現在是否也常常存在著過度的現象。在繁榮時期的工人階級中，過度消費肉食的錯誤很常見。父母們覺得，表現他們對孩子的愛的最好方式，是用各種大量的食物塞滿孩子的肚子，這種錯誤做法雖然有害，但對於那些由於耳聞目睹乃至親

---

11 Liebig, Baron Justus von（一八〇三—一八七三），德國化學家。——譯注

身體驗而知道饑餓之痛苦的人來說，卻是很容易理解的。（J. F. P.）

十四（p.9，l.40），「糖」

反對兒童食用糖可能是一種無根據的偏見。糖是人乳中的一個重要成分，當兒童斷奶時，完全有理由認爲，糖是兒童飲食中的一個必要部分。當然，過度用糖就像過度吃其他東西一樣，既有可能，也是有害的，就糖而言，出於明顯的原因，用糖特別容易過度。但是，在兒童的食物中添加足夠的糖，要好於鼓勵他們隨便亂吃五花八門的糖果以滿足他們的自然渴望。不應忘記，在洛克的時代，糖是一種進口物品，較之現在是一種比較奢侈的東西。（J. F. P.）

十四（p.9，l.41），「香料」

香料和調味品的食用依據與糖完全不同。只要兒童的食慾正常，他們根本不需要香料和調味品。從十七世紀的一些老菜譜可以看到，被我們的祖先叫作調味菜餚的各種特別組合物是些什麼。對兒童來說，清淡的現代英國烹調方法是最合適的，我們還看到，一些最好的法國家庭在兒童飲食方面往往傾向於仿效我們英國人的烹調方法，儘管大家認爲，英國人的這種烹調方法在技藝上比任何其他民族都差。（J. F. P.）

十四（p.10，l.1），「性熱」（may heat the blood）

「性熱」這樣的短語作爲古代科學的一種遺跡，仍然存在於通俗的語言之中。要解釋它究竟具有什麼理論意義，得花費很多時間。至於實際的意義，它不具備。（J. F. P.）

十四（p.10，l.27），「一天只吃兩頓飯」

關於一天應當吃幾頓飯，人們已討論得很多。對於當下的目的來說只需指出，兒童需要比成人更頻繁地進食；因爲食物在他們身體裡消耗得更快，從而其化學變化也更快。沒有任何食物能使他們長時間不進食，因此我覺得，除例外情況，很難反對兒童一日三餐、其中一餐有肉食的現代做法。兩頓飯之間再給一片麵包，常常有其必要，也不會有什麼害處。若談論習慣的力量，上述評論同樣適用，亦即，那種習慣不是在一代人之內能夠形成的，而是經過幾代人才形成的。（J. F. P.）

十五（p.11，l.30），「我不主張他的一日三餐都有固定的鐘點」

讓兒童不在固定的時間進食，這樣的建議是無法贊同的。在這方面，無論是經驗還是生理學理論，都顯示出有規則進食的優點。身體的消耗量是恆定的，在某種程度上甚至與身體的活躍程度無關。如果這種消耗不能由恰當的營養得到補償，那麼尤其會對正在長身體的兒童產生一種眞正的危害，即他們的身體器官在工作時由於營養不足而受到損害。永遠不可忘記，勞苦不論就其本身而言還是作爲目的而言，都不是好事。這一點體育教練和體育教師都很清楚，例如：他們根據經驗發現，對營養良好的兒童進行適度的肌肉訓練，有利於他們的成長發育；但過度的訓練，或者在營養不良的情況下進行訓練——那是同一回事，卻會導致消耗性的病痛。此外有理由相信，在長時間禁食時若對心臟的活動發出指令，會加重心臟負擔（心臟會擴張）。洛克爲自己這個古怪建議給出的唯一理由是，身體可以由此訓練得吃苦耐勞，但這是另一回事。我們可以等到過了兒童期乃至成長發育期之後，再來考慮吃苦耐勞的問題也不遲。（J. F. P.）

十六（p.12，l.13），「他的飲料應當只用淡啤酒」

大家會感到驚訝，不知洛克爲何建議把淡啤酒而不是水作爲兒童的合適飲料；不過首先必須記住，在洛克的時代，事實上任何年齡的人的習慣飲料幾乎都不包括水。在十七世紀乃至此前數個世紀中出版的任何保健類書籍中，我都沒能找到喝水的建議，而這樣的書籍不僅爲數眾多，[12]其中甚至還有專門反對喝水的。當時還存在著一種廣泛流傳的看法，認爲飲料

---

[12] 哈特（Hart）所著的《致病的飲食》（*Diet of the Diseased*, London, 1633）是個例外。不過作者顯然認爲，

喝得太多，或甚至喝冷水，都會導致各種身體疾病。這些觀念的主要根源無疑存在於傳統和偏見之中；但這種偏見卻恰恰有可能來自這樣一個事實：自中世紀以來直到我們現在這個時代，城市裡的飲用水經常受到汙染。換言之，人們對瘟疫時期喝了這樣的水所產生的結果有過實際的經驗，而這些經驗在人們的心裡牢固地確立了喝水不衛生的觀念。儘管如此，淡啤酒的確被認爲是有節制的人的飲料。西德納姆建議痛風病患者喝啤酒而不喝葡萄酒和水。人們對於這個問題的流行看法，可以在一個名爲「倫敦浪子」、一度被認爲是莎士比亞作品的戲劇中看出來，在戲中，一個優雅的年輕女子謝絕了爲旅館裡的聚會訂購的薩克葡萄酒，而討要一杯淡啤酒。此外，那個時候的倫敦啤酒無疑很淡，其酒精含量很可能比現在的德國淡啤酒還要低，與現在的倫敦釀酒師釀製的任何東西也很不相同。不過，要看出洛克爲什麼不建議把牛奶用作兒童的飲料，是一件更不容易的事情。茶和咖啡，儘管在洛克的時代還不爲英國人所知，當然會被認爲是一些有麻醉作用的奢侈品。如果建議兒童喝茶或咖啡，大家會

水雖然是最好的飲料，人們卻不會遵循喝水這樣的忠告。另一方面則可參閱肖特（Richard Short）博士所著的《論喝水，反對我們的小說家在英格蘭勸告喝水》（*Περι ψυχροποσιας, of Drinking Water, against our Novelists that prescribed it in England*, London, 1656）。巴斯醫生文納（Venner）在其承諾向讀者展示的《長壽的正確方法》（*Via Recta ad Vitam Longam*, London, 1638）一書中，警告讀者不要把水當作飲料。

認爲是很不合理的，其不合理性就像建議兒童去學抽煙一樣。無疑，純淨水是兒童的合適飲料，早餐和晚餐時則可用牛奶替代。啤酒完全不必要，一般來說最好避免，至少在十四、五歲之前最好不喝。不幸的是我們發現，就像在過食方面一樣，比較富裕的工人階級在飲料方面常常有害地縱容兒童；受過較好教育的家庭也許不會那樣縱容兒童。至於洛克認爲啤酒應當變得性熱然後才能安全飲用的建議，則很難認眞予以對待；因爲，如果啤酒一般來說對身體有害，那麼溫熱的啤酒就更是如此，而且更糟。洛克似乎對允許兒童滿足他們自然渴望有一種不合理的恐懼。當兒童口渴時讓他們喝純淨水，只要加以上述評論中所指出的一些限制，這無可反對。（J. F. P.）

十九 （p.13，l.18），「不可讓他接觸葡萄酒或酒精飲料」

洛克在這一點上的評論，無論是基於道德的理由還是基於身體的理由，都可以得到有力的確證。我們還必須把現代的啤酒也列入酒精飲料。（J. F. P.）

二十 （p.13，l.35），「水果」

洛克關於兒童應當怎麼吃水果的建議，一般來說得到了現代經驗的確證。不過他建議完全禁止兒童吃葡萄的理由卻不容易看出來；因爲成熟的葡萄也許是所有水果中最有利於健康的；歐洲大陸上所謂葡萄療法的經驗顯示，葡萄是可以大量吃的，即便無益，也絕無害處。現在的兒童有幸能夠得到成熟的柑橘，因爲柑橘能夠最好地提供最適合人吸收的酸類和鹽基化合物，正是這些物質使得水果成爲我們飲食的一個重要組成部分。（J. F. P.）

二十一（p.16，l.12），「睡眠」

總的來說，洛克關於睡眠的評論與現代的經驗是一致的。他論述的特點是注意到了一些微小的細節，乃至警告人們不要過於突然地把孩子從睡夢中叫醒；不過在這方面人們會發現，最好的保姆和最小心的母親也會支持洛克。（J. F. P.）

這方面的原初依據似乎來自蒙田的父親。蒙田曾說，「有些人認爲，在清晨突然叫醒兒童，過急地強行把兒童（從遠比我們更加深沉的睡眠中）弄醒，會煩擾他們的大腦，使他們感到痛苦，因此他〔父親〕總是用某種樂器的聲音喚醒我，爲此目的家裡從來不缺樂師。」[13]

13 Montaigne's *Essays*, Chap 25, *ad fin*; Hazlitt's edition, I, p.213. ——原注

二十二（p.16，l.31），**「羽絨被褥」**

這樣的床鋪似乎已一去不復返或不時尚了，而且是有道理的。一塊毛髮織物或彈簧床墊是最適合兒童的，如同適合於其他任何人一樣。（J. F. P.）

二十三（p.17，l.16），**「便祕」**

洛克在這點上的評論非常合理，無需再多說什麼，只是要強烈建議，所有的學校教師和有關人員都要努力讓學生在這類事情上養成良好的習慣，爲在以後的生活中保持身體健康奠定良好基礎。也許應當指出，規模較大的學校並不總能爲學生按時遵守這樣的戒律準備足夠的設施。我們有時候發現，一個學校的建築雖然不錯，但其配備的這類設施卻不比單個家庭住房所提供的設施更方便。這種忽視所造成的不良後果是顯而易見的。（J. F. P.）

二十五（p.18，l.13），**「腸阻塞」**

腸阻塞也即古代所說的**回腸的苦痛**[14]；是回腸或小腸的疾病，更具體的說法是腸堵塞，

14 原文爲拉丁文*iliaca passio*，英文對等詞爲iliac passion。——譯注

產生於所謂的**腸扭轉**或**腸扭結**。在這種情況下，通常的腸壁前向蠕動發生顛倒，導致腸壁往後向蠕動，最後會導致洛克所提示的嘔吐。（J. F. P）

二十五 **（p.18，l.18）**，「**精神**」

精神這個語詞雖然在過去的醫學中含有一種特定的理論意義，其用法卻非常接近於我們現在使用**神經的影響**或**神經力**等語詞時所具有的含義。也許像**精神**一詞一樣，神經力這一術語也很容易在理論上遭到反對。（J. F. P.）

二十五 **（p.18，l.23）**，「**排泄女神**」（**Madam Cloacina**）

*Cloaca*是拉丁文，意思是下水道，由於羅馬的「馬克西瑪下水道」（Cloaca Maxima）而眾所周知。*Cloacina*是首要的「主管各地下水道和汙水池的女神」。

二十九 **（p.19，l.33）**，「**絕不要爲了預防疾病而給兒童吃任何藥物**」

當今的讀者大概無法領會這一建議的新穎和大膽。在洛克的時代大家都普遍相信，能夠用某些損防性的藥物來防備各種疾病，尤其是流行病。這種想法是一種很古老的想法，其淵源甚至可追溯至蓋倫[15]之前的時代。所有的古代醫書都充滿了這類預防疾病的處方，其中最著名的處方是**萬應解毒劑**和**解毒糖劑**（現代的**糖漿**），前者是以著名的本都王國國王的名字命名的[16]，後者據說出自羅馬皇帝尼祿[17]的醫生安德羅馬庫斯之手。人們認爲，這這類處方首先可用來解毒，其次可用來防腐或預防毒物，一般來說可用來防止所有各種感染或疾病。許多冠之以「解毒劑」或「飲食療法」名稱的這類藥品都是常用藥，而在瘟疫時期，更是由於政府制定的官方條規，加上醫學院的建議，而被強烈地推薦，要求大家普遍使用。一六六五年發生在倫敦的瘟疫，很可能再次使這些藥品成爲時尚，爲它們的消費提供了新的刺激，這種情況一直持續到洛克的時代。

無需贅言，洛克的建議是極有道理的，「的確應當認眞地予以遵從」，因爲沒有理由相信任何藥物具有預防疾病的力量（儘管現在仍然存在著庸醫）。（J. F. P.）

---

15 Galen（一三〇?—二〇〇?），希臘解剖學家、內科醫生和作家，其著作對中世紀乃至近代西方的醫學有很大影響。——譯注

16 本都王國（Pontus）位於古代黑海南岸；這位本都王國國王就是米特拉達梯六世（Mithridates VI, ?—西元前六十三），與羅馬進行過三次戰爭，最終戰敗被殺。上述「萬應解毒劑」的拉丁文名爲*Mithridatium*。——譯注

17 Nero（三十七—六十八），古羅馬暴君。——譯注

二十九（p.20，l.8），「紅罌粟水——一種眞正的消食水」

紅罌粟的葉子用作藥物近乎無效，被收在現代的歐洲藥典裡主要是用於著色。「消食水」以前被醫生用來對付訴說不清但被診斷爲**飲食過度**的病痛。但他們這樣做的用意究竟是什麼，卻是一個現代醫生極難探測的。（J. F. P.）

二十九（p.20，l.18），「不要濫用藥物，不要濫請醫生」

就這個建議而言，洛克必然與那些「曾經花時間研究過醫藥的人」持有同樣的看法，只要他們的時間花得至少有些成效。當今的一位醫生錢伯斯博士說過，有個家庭藥櫃也許是一件極好的事情，但它應當放在儲藏室裡，要取用不那麼容易。（J. F. P.）

我們在洛克與莫利紐克斯兄弟（其中一位本人就是醫生）的通信中看到，洛克是如何避免他那個時候醫生所犯的共同錯誤的。他在給莫利紐克斯醫生的信中寫道，醫生將自己的理論建立在「他們自己的幻想之上，然後努力讓疾病的現象與治療方法適合於那些幻想」[18]。數年之後（一六九七年六月十五日）洛克寫給W·莫利紐克斯說，「你無法想像，一個人如果不受四種體液，或鹽、硫磺和汞，或酸和鹼等等近來流行說法的影響，而只要仔細地做一

---

18 洛克致莫利紐克斯醫生，一六九三年一月二十日。——原注

點觀察，就能讓他用極少的尋常東西並且**幾乎不用任何藥物**，在治癒哪怕是頑疾的道路上走得多遠。」

三十（p.20，l.20）

在洛克所做的總結中，我們發現，其中僅有一點，即關於兒童的腳要保持潮溼的建議，必須予以糾正。（J. F. P.）

三十四（p.21，l.29），「梭倫回答得好」

洛克似乎在根據記憶引用蒙田的話。蒙田的《隨筆集》第二十二章「論習慣」中有那麼一段對話：「**柏拉圖**為玩骰子而訓斥一個孩子。孩子回答說：『為這點小事你也要管我。』柏拉圖答道：『但習慣不是一件小事』。」[19]科斯特說過，此說的原始依據出於第歐根尼·拉爾修[20]，他提到柏拉圖曾訓斥一個人玩骰子。從《教育漫話》隨後一節的論述可以

---

19 原文為法文：“*Platon tansa un enfant qui jouit aux noix, Il luy respondit: Tu me tanses de pen de chose.’ L’accoustumance,’ repliqua Platon, ‘n’ est pas chose de peu.*”——譯注

20 Diogenes Lasrtius，古希臘傳記作者，生活於西元三世紀，生卒年不詳，流傳下來的主要著作是《聖哲言行

看出，洛克幾乎肯定是想到了蒙田的隨筆。[21]

三十五　（p.21，l.31），「被溺愛的孩子必定學會打人」

洛克在這裡追隨了蒙田提出的思路。蒙田在提及上一個注釋中所說的柏拉圖軼事（洛克將此事歸之於梭倫）之後，繼續道：「我發現，我們身上最大的惡習都出自最柔弱的幼年時期的最初癖好，出自看護者對我們的最初教育。母親們看到自己的孩子折斷小雞的脖頸，以傷害小狗小貓取樂，卻感到很滿足；而這個世界上如此明智的父親們，耳聞目睹兒子對一個可憐的農民或僕人出言不遜飛揚跋扈，那個農民或僕人既不敢回嘴也不敢反抗，竟然覺得那是一種勇武精神的顯著標誌；看到兒子蓄意地用陰謀詭計欺壓自己的玩伴，竟然覺得那是聰明機智的充分顯現。然而這一切實在是殘忍、暴虐和不忠的種子和根源；它們正在發芽、破土而出，隨之茁壯成長，由習慣培育長成參天大樹。所以，以年幼柔弱和區區小事爲由而原諒這些邪惡的傾向，是一種非常危險的錯誤。首先，這是天性在說話，由於它還比較弱小，其聲明就更爲眞誠，表達出來的思想就更爲露骨；其次，欺騙的醜陋既不在於也不依賴

錄》（*Lives and Opinions of Eminet Philosophers*）。——譯注

21 參閱下一個注釋。——原注

於它騙取的是金幣還是別針；我寧可認爲，更加正確的結論是：既然他會騙取別針，爲什麼他就不會騙取金幣呢？也不會像他們那樣說：他們只是騙別針玩玩，要是金幣就不會這樣做了。應當小心地教導兒童，讓他們憎恨罪惡的本來面目；應當向他們指出那些罪惡的醜陋本質，使得他們不僅能夠在行動上避免罪惡，而尤其能從心底裡痛恨罪惡，不論罪惡戴著什麼假面具，只要一想到就會感到可恨。[22]

三十七　（p.23，l.20），「打我一下」等等

這句話的意思是成人對孩子說：「打我一下，我會接著把它傳遞給……。」

四十　（p.27，l.8），「樹立起父親的權威」

馬沙姆夫人說：「我經常從洛克先生那裡聽說，他父親是個能幹的人。洛克先生提到父親時，總是充滿敬意和愛戴。在他小時候，他父親對他採取了他此後經常極其加以贊許的一種指導方式。當他還是個小男孩時對他很嚴厲，讓他保持敬畏和距離感；但隨著他慢慢長大成人，便逐漸地放鬆這種管教，直到他能夠理解，最終完全成爲生活中的朋友。我記得他

---

22 Book I. Chap. 22, "Of Custom"; Hazlitt's Ed., I, pp. 115 ff. ——原注

告訴過我，他成人後，父親爲了在他小時候有一次在盛怒之下打過他，曾鄭重地請求他原諒」。[23]

五十一（p.31，l.30），「結果常常會帶來」

此處，不同版本的寫法有所不同。第一版的寫法是：「結果常常由於帶來」（it is often by bringing）。這很可能是洛克本人的寫法，但這種寫法看起來很別扭。

五十四（p 33，l.12），「善與惡、獎勵與懲罰，是理性動物的唯一行爲動機」

我不明白，洛克爲何將個人得失的考慮作爲衡量「理性動物」的唯一標準。我理解洛克這句話的意思是：理性動物不受激情和喜好的影響，而總是去計算什麼事情會對他本人或其他人帶來好處和壞處。特定行爲帶來的好處和壞處也就是這些行爲帶來的獎勵和懲罰。在這個意義上，洛克的意思似乎是說，獎勵和懲罰是理性動物的唯一行爲動機；然而即便是一個理性動物，其行爲有時候也會出於情感而不帶任何計算。一個人的言行可以直接「出自內心的豐裕」。洛克本人也詳細論述過習慣的影響。洛克對於理性的崇拜使得他高估了思考和計

23 F. B., I, p. 13.——原注

算的影響；他在這一節中要「一切人類」永遠放眼於未來，但大多數人迄今為止的大部分生活都完全是受當下支配的。

五十六（p.34，l.9），「使兒童愛好名譽……教育的偉大祕密」

在這一點上，洛克與耶穌會士的觀點完全一致；不過我不知道還有其他哪個權威會將教育的偉大祕密置於我們可以稱之為**注重規矩**的學說之上。在《教育漫話》的第六十一節中，洛克承認名譽不是德行的真正原則和衡量標準，而認為名譽最接近於德行的真正原則。但為什麼要讓如此多的東西缺乏「真正」這一屬性呢？對名譽的欲求被視為一種力量，這種欲求往往會在強度和方向上發生各種巨大的變化。在強度上，它的變化不僅與個人的性格有關，而且與生命的階段有關。一個人在年輕時非常想要名譽，為了獲得名譽幾乎會投入全部身心，過了中年後卻很難再把名譽當作足夠強的做事動機了。在方向上，追求何種名譽則完全取決於人們想在哪方面獲得讚譽。愛好名譽，既可以讓自己努力成為像查理·貝茨和插翅神偷[24]。這樣善於扒竊的青年，也可以讓自己努力成為善於寫作拉丁文和希臘文文

24　查理·貝茨（Charley Bates）是狄更斯的小說《霧都孤兒》中的主要人物，在老費金（the elderly Fagin）的訓練下成為倫敦街上的一個扒竊少年，是這個扒竊集團的首領插翅神偷（The Artful Dodger）的朋友。——譯注

章的牛津大學貝利奧爾學院教師職位的候選人。當我們無法確信應當追求什麼名譽時，要增強洛克想要增強的那種愛好名譽的力量，看來就存在著某種危險。在這個時代，這種愛好名譽的力量很可能會把一個年輕紳士變成一個有用的社會成員，但也很可能把他變成一個半職業的運動員。

在洛克的思想中，名譽的影響似乎占有很大一部分比重，不過他並沒有低估愛好名譽會產生的各種不同後果。在他的日記中有如下記載：「一六七八年十二月十二日。人們採取各種行動的主要原動力、其行動的指導規則及其目的，似乎是稱頌和名譽，而他們竭力要避免的，最主要的是羞愧和恥辱。名譽使加拿大的休倫人和其他民族能夠長久地忍受難以形容的折磨。名譽在一個國家造就了商人，而在另一個國家造就了戰士。名譽爲婦女剪裁出衣裙，爲男子營造出時尚；讓他們能夠忍受種種不方便。名譽把男人變成酒鬼或頭腦清醒的人、竊賊或正人君子；讓竊賊們自己彼此眞誠相待。宗教要靠名譽支撐，宗派要靠名譽維繫；因受到共同生活之人和求助對象的輕蔑而感到的羞辱，是人們做出大多數行動的主要根源和嚮導。凡是稱頌財富的地方，能夠帶來財富的惡行和不義就不會沒人贊成，因爲一旦獲得了財富，尊敬便隨之而來；就像在某些國家，王冠使鮮血變得高貴。凡是權力本身而非權力的正確使用就可帶來名譽的地方，能夠獲得權力的所有不義、虛僞、暴力和鎮壓就會被認爲是智慧和能力。凡是愛國受到頌揚的地方，我們就會看到一群羅馬勇士；而如果佞臣成了唯一的時尚，那麼大家便可以觀察到，原來的那群羅馬勇士全都會變成諂媚者和告密者。因此，要管理好這個世界，更需要考慮的是形成何種風尚而非制定何種法律；而要利用某種東西，便只需給它名譽。

六十六（p.40，l.2），「兒童的天資與稟賦」

洛克在這一節接近了一個眞理，即教育無非是對人的各種天生能力進行訓練，後來的教育理論家對此做了許多詳細的闡述。洛克認爲，「照料兒童的人應該仔細研究兒童的天性和才能」，但這樣做主要是爲了弄清楚個人的特性。在洛克那裡它不是一條普遍的法則，而僅僅是對各種特定缺陷的一種屈服，因爲「**在許多情形下**，我們所能做的或者應該做的，乃在於盡量利用兒童的天賦」。在此洛克遠遠落在了盧梭的後面，因爲盧梭要求教育科學應當建立在對兒童的共同本性的研究的基礎之上。

六十七（p.44，l.13），「訓斥一頓」（To hare and rate them）

「訓」（to hare）在這裡的意思是「脅迫」（to urge or set on by threats or blows）。

六十九 （p.45），洛克的注釋

洛克覺得，在我們自己的理性可以決定的事情上，引用權威的見解是浪費時間。[25]因此他很少注釋；事實上這個注釋是洛克本人在《教育漫話》中所加的唯一注釋。科斯特查閱了蘇埃托尼烏斯[26]和普魯塔克[27]的著作。蘇埃托尼烏斯的著作告訴我們，奧古斯都親自教自己孫子寫文章。普魯塔克則在其《監察官加圖傳》中描述了加圖對幼小兒子的細心照料。除了公共事務之外，他會把任何事情擱置，先照料孩子，給他洗澡，陪他玩。此後他親自教兒子寫信，儘管他有一個奴隸，是個優秀的教員。他不希望因爲自己不管兒子的功課而讓兒子去向一個奴隸請教。後來他又教兒子法律，教兒子各種軍事業務和游泳。他甚至撰寫了大量偉人生平事跡，給兒子作爲學習的榜樣。此外，他在兒子面前說話時非常注意自己的措辭，就像他對處女說話那樣。

25 參閱《論學習》——原注

26 Suetonius Tranquillus, Gaius（約六十九／七十五—一三〇後），古羅馬歷史學家，代表作爲《羅馬十二帝王傳》，亦稱《十二凱撒傳》（*De Vita Caesarum*）。——譯注

27 Plutarch（約四十六—一二〇），羅馬帝國時期的希臘作家、哲學家、歷史學家，以《希臘羅馬名人傳》（*Lives of the Noble Grecians and Romans*）一書聞名後世。——譯注

七十（p.46，l.14），「教師能夠照管學生的禮貌」

的確，公共學校的教師並不教學生的禮貌，至少不是直接地教，即便教師不教禮貌，學校看來還是要教學生禮貌的。薩克雷[28]說，「在我們的公共學校中沒有學到任何其他東西的男孩，至少學到了禮貌或我們認爲的禮貌」；[29]我覺得，沒有人會認眞地主張，公共學校的學生作爲一個社會群體，比起具有同等社會地位但卻是接受家庭教育或私塾教育的人來說，在「教養」方面要差一等。在我看來，這樣來訴諸結果是對洛克的先驗推理的決定性反駁。

七十（p.47，l.39），「消除他從同伴中學來的毛病，否則便只能讓他毀掉」

害怕道德墮落，使一個遠不如洛克嚴厲的道德主義者即切斯特菲爾德勛爵[30]，希望他的爵位繼承人接受家庭教師的教育。他寫道：「我希望，這個人應當教他懂得宗教和道德義

28 Thackeray, William Makepeace（一八一一—一八六三），英國著名作家，代表作爲《名利場》。

29 *Newcomes*, Chap. XXI, ad in. ——原注

30 Lord Chesterfield（一六九四—一七七三），英國政治家、外交家及文學家，有寫給兒子菲利普·斯坦霍普的五十篇家書結集爲《教子書》傳世。——譯注

[220]

務，這些義務在公共學校裡是從未聽到也想不到的，在公共學校中，就連西塞羅的《論責任》也從來不讀，所學的全都是些賀拉斯、尤維納利斯[31]和馬夏爾[32]的淫蕩之說，而且是剛到學生有能力實踐的時候就教。」[33]所以，洛克與查斯特非爾德看來都認爲，男孩在公共學校裡是無法過一種有道德的生活的；可是感謝上帝，這樣的信念現在沒有理由了。洛克的論證已不適用於目前的事態了。他的論證如下：一個男孩在公共學校裡獲得的主要東西是「堅強和自主的力量」。那麼這種堅強有什麼用呢？堅強能夠護衛他的德行啊！但如果他去上公共學校，那麼他所獲得的堅強卻正是以喪失它要保衛的德行爲代價的。對這種論證的反駁很簡單。至少在目前，男孩在公共學校並不一定變得不道德。他無疑會受到某些在家裡可以避免的誘惑；但他總是會找到一些品行優良的男孩，能夠幫助他走在正道上。同時他的心靈就像其身體一樣，能夠免受太多的「嬌生慣養」。奇怪的是，洛克一方面看到了行爲規則和戒律用處不大，認爲習慣才是最重要的，養成習慣的主要力量來自同伴的影響，另一方面卻希望在一個封閉的環境下培養青年，使他對同輩的相伴無所準備，以致當他突然遇到同伴

---

31 Juvenal，即decimus junius juvenalis（約六〇—一二七），古羅馬諷刺詩人。——譯注

32 Martial，即Marcus Valerius Martialis（三八/四十一—一〇二/一〇四），古羅馬諷刺詩人。——譯注

33 Chesterfield's *Letters* about education of his successor, p.28.——原注

時無法形成由這種同伴帶來的習慣。我在其他地方說過，在洛克心目中，讓一個有經驗的導師來教世態人情，就像讓一個舵手在岸上給準備駕船的人講課一樣。「聽一聽規則，讓一個人牢記規則，是不可能造就任何人才的；必須透過實踐養成不思考規則就能做事情的習慣；當然你也完全可以希望，透過講授音樂繪畫技藝，能夠當場造就一個優秀的畫家或音樂家，就像透過講授正確推理的規則，能夠造就一個思維清晰的思想家或推理嚴密的推論家。」[34]如果正確的推理技藝需要透過實踐來學習，那麼溫和而明智地生活在同輩之中的技藝也應當透過實踐來學習，這兩者難道有什麼不同嗎？[35]

七十（p.49，l.30），「邪惡在我們這個時代眞是成熟得太快了」

洛克秉性正直，他對英國王政復辟之後社會風氣的墮落感到非常惱怒，以致構想了許多移民新大陸的計畫。令人感興趣的是發現他把眼光放到教育上面，想靠教育來克服這個問題，就像哲學家費希特在德國的黑暗時期所設想的一樣。

[221]

34 《理智行爲指導》，第四節。——原注

35 本書正文第九十四節。——原注

七十（p.50，l.11），「近來海上發生的一些事情」

科斯特說：「這些話是在最終以一六九七年『里斯維克和約』[36]結束的那場戰爭期間寫下的。」在《教育漫活》的第一版（一六九三）中，這個重要的一節只寫了簡短的第一段，所以這段話一定是在一六九五年前後寫下的。也許洛克當時想到的是英國在比奇角[37]的敗仗。他這番話的眞理性要到數年後才顯示出來，其時有兩個船長在海戰中臨陣脫逃、讓本鮑[38]單獨與法國人戰鬥，後來因此受到軍事法庭的審判而被槍決。

---

36 Peace of Ryswick，大同盟戰爭的終戰和約，一六九七年九月二十日簽訂於荷蘭里斯維克，是法國與奧格斯堡同盟（反法大同盟）中的英國、荷蘭、神聖羅馬帝國和西班牙締結的四項和約的總稱。一六八八年九月—一六九七年九月，歐洲爆發歷時九年的大同盟戰爭，起因於法王路易十四的擴張政策，引起歐洲有關國家的聯合反擊，終結於雙方勢均力敵，誰也無法取勝。此戰之後，法王路易十四的歐洲霸權由盛轉衰，英國的力量得到增強。——譯注

37 Beachey Head，位於英格蘭南部海岸、東蘇塞克斯郡境內的一處白色懸崖所在地，緊鄰七姐妹崖；一六九〇年六月三十日，法國海軍艦隊在英吉利海峽的比奇角擊敗英荷聯合艦隊。——譯注

38 Benbow, John（1653-1702），英國艦隊司令，在與法國歷次海戰中戰功卓著，一七〇二年與法國軍艦交戰時受重傷，死於牙買加。編者在注釋中最後提到的事件，大概是指一七〇二年的那場海戰。——譯注

七十（p.51，l.1），「讓孩子與有才能、有教養的客人交際」

這種做法秉承了中世紀的紳士培養傳統。男孩子要在某個貴族家庭裡生活一段時間，學習各種生活技能。但在當今時代，如果不是在（家長時常抱怨的）長假期間，年輕人的交談對象一般只限於學校教師、僕人和商人，而不會與其他任何成年人進行交談。因此，人們關於學校的各種話題，特別是各種體育話題的大量想法和談話，相對於話題的重要性來說是不相稱的。請參閱利特爾頓先生的一篇出色文章「公共學校的體育運動」。[39]

七十三（p.52，l.27），「兒童應學的東西，絕不應該……當作一種任務強加在他們身上」

學校教師最初讀到洛克的這個建議，即要使男孩「對你要他們學習的東西發生興趣」時，往往會發笑。洛克似乎認爲，工作本身是令人愉快的，這在不同的工作之間沒有區別，讓兒童厭惡功課的唯一因素是對他們的功課約束。不過，雖然不必要的過長時間的約束，或者糟糕的教學，常常會使各種事情變得令人討厭，但各種事情本身還是有區別的，學生也很快就能發現這種區別。有些功課比較受人歡迎，有些則不那麼受人歡迎；有些男孩喜歡或不喜歡某些功課，有些男孩則喜歡或不喜歡其他功課。所以無法否認，我們不可能讓所

---

[39] Edward Lyttelton, "Athletics in Public Schools", The *Nineteenth Century* for January, 1880. ——原注

有各種功課都一樣吸引入。如果承認這一點，那麼還可以看到，我們不可能讓學生一致同意某種課程是最吸引人的，就像我們不可能讓學生一致同意某種遊戲是最吸引人的或最不吸引人的，甚至要某些男孩一致同意都做不到。一個男孩歷史學得好，可能就很喜歡歷史課；但儘管如此，他很可能一會兒就跑到外面去玩手球或板球遊戲了。所以在我看來，工作可以在沒有任何強制的情況下做得很快樂的想法，（用一句時髦話來說）是「脫離了實際可行的教學法的」。但我絕不會像一些學校教師那樣，由此得出結論說，教師的主要任務就是監督。我很懷疑，當心靈（至少是一個年輕人的心靈）對所學的科目不感興趣或沒有樂趣時，還**能否**進行任何有效的工作。有了多年的經驗之後，我甚至傾向於贊同洛克（從而反對阿諾德[40]）的看法，即男孩本身是不怠惰的，當工作適合於他們的能力時，他們是「從來不惜氣力的」[41]。如果因工作令人討厭而使男孩們顯得怠惰，那麼教師就應當尋找原因，是否爲這些學生選錯了學習科目，是否教學方法有問題。如洛克所說，最後要確保的重要事情是「使兒童能夠習慣於自我控制」，能夠「心甘情願或平靜地去從事新的、不那麼願意去做的

[222]

---

40 Arnold, Thomas（一七九五—一八四二），英國牧師、教育家和歷史學家，一八二八—一八四一年任Rugby學校校長，進行了一系列教育改革，著有《羅馬史》。——譯注

41 本書正文第七十四節。——原注

事情」[42]；這種狀態是無法出自因爲枯燥無味而心不在焉卻還要假裝專心致志的心態的。

七十八（p.56，l.41），「只有一種過錯兒童是應當受到棍棒懲罰的」

洛克希望廢止過於輕易地運用棍棒，但他由此提出的棍棒運用限制，實際上卻要比表面上看起來狹窄得多。我聽說過一個國家，在那裡雖然欠債是不會進監獄的，但許多人卻因拒不還債而受到監禁。與此類似，事實上洛克提出的規則僅僅保護了第一次犯錯的兒童不挨棍棒。如果兒童第二次說謊，哪怕只要在受到應有的警告後仍然不用功，這種過失就變成了不服從、頑固或反抗，就要挨打了。

八十一（p.60，l.20），「對兒重說理」

沃頓（J. Warton）記載了洛克的朋友第一代沙夫茨伯里勛爵的一段話：「智慧寓於內心，不寓於頭腦；人做出愚蠢的行動，把生活弄得一團糟，不是由於缺乏知識，而是由於意志頑固。」[43]然而洛克總是喜歡訴諸頭腦。能夠在多大程度上對年輕人說理，這是一個非

---

42 本書正文第七十五節。——原注

43 Note to *Absalon and Achitophel*。——原注

常令人感興趣的問題。洛克敏銳地觀察到，兒童喜歡被人當作理性動物來對待。這非常正確，因爲兒童不久就喜歡得到他們不易得到的尊重，而他們也看到了對年齡較大的人表現出來的尊重。但是在對兒童說理的時候，很難對他們做到足夠的誠實坦率。他們無法理解整個問題的所在，所以成人想要給出的理由，往往只是部分有道理或者其實根本就沒什麼道理。由於受到表面上的尊重，兒童乃至少年都會非常樂意信服權威的話，接受擺在他們面前的一切說辭，即便這些說辭中存在明顯的矛盾。儘管如此，如果把兒童當作綿羊，甚至從不嘗試理解他們可能會有的想法，就沒有比這更不明智的做法了。毫無疑問，無論有沒有人引導，他們都會「運用理性」；因此，我們應當盡力與他們交心。

在對男孩說理時，一個教師不能過於小心地考慮他必須面對的公眾輿論，但只有在非常特殊的情況下，他才可以完全不顧公眾輿論。

蒙田甚至贊揚兒童有反思的能力並且要教他們「哲學」：「一個兒童離開保姆後，要學習讀書寫字，但更適合學哲學。哲學含有對生命終結的教導，也含有對生命開端的教導。」[44]

44 *"Un enfant en est capable au partir de la nourrisse, beaucoup mieux qued' apprendre a lire ou escrire. La philosophic a des discours pour la naissance des hommes comme pour la decrepitude."* Essais, Bk. I, ch. 25. ——原注

八十三 （p.62，l.29），「責打最好由別人直接去執行」

這裡提出的建議出自耶穌會會士。根據耶穌會會士的規則，肉體懲罰是由非耶穌會會士的人執行的。但一個羅馬天主教徒著作家凱爾納（L. Kellner在其《教育史》[45]中）說得好：雇佣一個執行者就改變了懲罰的性質，讓懲罰有了一種審判而非出自父母的性質。懲罰的目的如果純粹是爲了兒童好，那麼它就應當由父母或處於**代理父母地位**的人來執行。以爲兒童會認爲自己挨打的原因是出自執行人，就像以爲他會爲挨打報復棍棒一樣，這種想法沒什麼道理。

九十 （p.66，l.40），「兒童從剛會說話的時候起，就需要有個謹愼、清醒、甚至聰明的人來照顧他們」

在洛克關於導師的建議中，他可能引用了蒙田的見解，因爲蒙田建議，應當選擇「通情達理的人而不是學識豐富的人」[46]當導師。但洛克對導師的要求比蒙田更加**嚴格**，他的看法是，導師最好不要更換，就如同妻子最好不要更換一樣。

---

45 原文爲德文*Erziehungs-geschichte*.——譯注

46 原文爲法文*plustost la teste bien faicte que bien pleine*.——譯注

九十一　（p.68，l.4），「蒙田」

這位偉大的隨筆作家於一五三三年出生在法國波爾多附近，比洛克早誕生九十九年，其父後來擔任過波爾多市市長。蒙田曾從事公共事務數年，但更喜歡文學隨筆，於六十歲時（一五九二年）逝世。其隨筆中成爲教育經典的有《隨筆集》第一卷中的第二十五篇「論兒童的教育」。其中第二十四篇「論學究」也很重要。我希望這些篇章能夠在英國爲教育研究者單獨出版。它們對洛克的影響看來很大。請參閱本書「導論」。

九十一　（p.68，l.5），「博學的卡斯塔利奧」

卡斯塔利奧（Sebastian Castalio）於一五一五年出生在多飛尼（Dauphiny）或薩瓦（Savov），他翻譯的《聖經》拉丁文譯本非常著名。他在日內瓦與加爾文待過一段時間，後定居巴塞爾，一五六三年在巴塞爾死於極端貧困。由於在神學觀點上與加爾文和貝札[47]分歧，他的生活變得非常艱辛。

---

47 Theodore Beza（一五一九－一六〇五），法國新教徒神學家和學者，加爾文的信徒，宗教改革運動中的重要人物之一。——譯注

九十四（p.73，l.30），「全城『鳥兒』」

『鳥兒』（Volery）一詞如同法文voliere一樣，意思是『一群鳥』。

九十四（p.74，l.34），「禮貌」

馬沙姆夫人告訴我們：「如果說有什麼東西讓洛克先生不能將自己歸類於其中的，或不能與之輕鬆交談的，那就是沒有教養。他對沒有教養非常厭惡，這種無教養不是指不懂世態人情，而是指驕傲自大、性情暴躁、缺心眼、從來不對人的行爲進行反思。如果不是這樣一些無教養的行爲，而是其他不良表現或不雅舉止，那麼洛克是不會由此低估一個人的價值的。他不僅認爲禮貌是生活的重要裝飾，使我們的各種行爲光彩奪目，而且將禮貌視爲基督徒的一種義務，值得更加強調，予以諄諄勸導。[48]

---

48 F. B., ii, 532-3. ——原注

九十四（p.75，l.7）「大家嚷嚷的，只是拉丁文和學問」

鮑斯韋爾[49]告訴我們，約翰遜博士[50]「認爲洛克的這種說法是片面的，因爲這種說法過於低估了文學的重要性。在這方面，洛克追隨蒙田，成爲對文藝復興時期教育制度感到不滿的那些人的一個代言人。蒙田承認，希臘文或拉丁文是華麗的裝飾，「但是」，他說，「它們賣得太貴了」。如果我們看到年輕紳士不知愛惜地過分專注於讀書，那就必須加以勸阻，因爲這樣做會使他適應不了社會，讓他錯過「更好的職業」。[51]

九十四（p.76，l.23），「伯格斯迪克和沙伊布勒之類的學者」

科斯特說，這些人都是以經院哲學的風格寫作邏輯學和形而上學論文的學者，洛克提到他們，是因爲他們當時在牛津大學走紅。

---

49 Boswell, James（一七四〇—一七九五），蘇格蘭傳記作家，其《塞繆爾·約翰遜傳》被譽爲最優秀的英國傳記文學作品。——譯注

50 Dr Johnson, Samuel（一七〇九—一七八四）英國作家，文學評論家和詩人，一七五五年經九年艱苦奮鬥獨自編成《英語大辭典》，是英語詞典編纂的奠基人。——譯注

51 Bk. 1, ch. 25.——原注

九十八（p.80，l.29），「嚴加訓導」

洛克對「說教」的這種指責遠不如蒙田的一段話說得明確，那段話一開始就說：「教師們習慣於喋喋不休地在學生耳旁轟鳴，彷彿往漏斗裡灌水，而學生的任務僅僅是重複教師說過的話。」[52]讓人感到奇怪的是，洛克對老師的教導談得很少，事實上洛克認爲，教師的傳授對學生掌握知識起不了多少作用。他主張，知識是**心靈的內在知覺**。[53]知道就是看到；假如事情的確如此，那麼即便別人滔滔不絕地告訴我們，他的斷言是非常清晰的，但想要我們相信，我們能夠靠他的眼睛認知，那仍然很愚蠢。即便我們非常相信有學問的作者，但除非我們用自己的眼睛看到它，用自己的理智知覺到它，否則我們就仍然像先前一樣處於黑暗之中而缺乏知識」。[54]所以導師的任務是訓練精神上的視力，培養想要看見的欲望。「我們應當永遠記住，改善靈魂的官能及其對我們有用的方式，與改善身體及其對我們有用的方式是一樣的。如果你想讓一個人善於寫作或繪畫、舞蹈或擊劍，或靈巧而不費力地完成任何其他人工操作；那麼即便他天生精力充沛、活力四射、柔韌性和靈活性兼具，但除非他已習慣了

[225]

52 *Essays*, Bk. 1, ch.25.——原注

53 洛克致斯特林弗里特（Stillingfleet）F. B., ii, 432.——原注

54 《理智行爲指導》，第二十四節。——原注

這樣的活動，花費時間和辛勞來練習手和肢體的造型，使它們適合於那些動作，否則沒有任何人會期待他實現你的願望。在心靈方面，事情同樣如此。」[55]由此可見，「如我所說，教育的任務不是使年輕人精通任何一門科學，而是**打開和安放他們的心靈，使其能夠善於處理他們會從事的任何工作**」。年輕人的學習應當是各方面的，但學習的目的應當是「提高心靈的各種能力和活躍度，而不是擴大心靈儲藏的知識」。[56]「這些重要的段落更加清楚地爲我們提供了洛克關於智育教育的設想，這是我們單獨從《教育漫話》中得不到的。在《教育漫話》中，體育教育和道德教育似乎讓智育教育相形見絀。原因在於，洛克即便不是僅僅考慮、也傾向於主要考慮心靈的一種能力即推理能力，即洛克所謂的「上帝本人安放在人的心靈中的蠟燭」[57]由於這種官能在兒童中無法得到高度發展，並且由於兒童的想像力太強而在洛克看來應當受到壓制而不應受到珍視，結果他把智育教育推遲到年輕人能夠自學的時候。無論如何，他建議，應當盡力培養推理能力，對之予以最大的關注和呵護。[58]

---

55 《理智行爲指導》，第六節。——原注

56 《理智行爲指導》，第十九節 *ad f*。——原注

57 F. B., ii, 129.——原注

58 本書正文第一二二節。——原注

一〇七（p.84，l.33），「有些東西得不到，人自然會感到痛苦」

洛克很少引用別人的話語，這是他不同於蒙田的地方，有點奇怪的是，不知道他為何覺得應當在這裡引用賀拉斯的這句詩：「有些東西得不到，人自然會感到痛苦。」[59]

一〇八（p.87，l.17），「他們的好奇心卻應當小心地加以呵護」

「好奇心」是「感興趣」的另一種說法，小孩子的心靈只有當它們的興趣被喚醒時，才會工作。若缺乏好奇心，就總會顯得感覺遲鈍。我認識一些非常愚笨的兒童，他們第一次參觀布萊頓水族館時，沒有表現出任何好奇心。科洛姆船長（Captain Colomb）曾談到非洲的某些部落，說他們第一次看到火車時，既不興奮也不感興趣。但兒童的好奇心很難被持續不斷地轉移到教學上來，他們的提問常常顯示，是所提到的東西吸引了他們的眼球，而不是他們想要了解那個東西。貝恩教授[60]甚至會把許多這樣的提問歸之於「自我中心主義」和

---

59 *Sat.* i, I. ——原注

60 Professor Bain, Alexander（一八一八－一九〇三），蘇格蘭哲學家和教育學家，在心理學、語言學、邏輯學、道德哲學和教育改革理論上均有建樹，著名心理學和分析哲學雜誌*Mind*的創辦者。——譯注

「樂於製造麻煩」。[61]洛克在《教育漫話》第一一八節中再次討論了這個題目；在那一節中他說得好：我們應當觀察，兒童提問時他們心中的指向究竟是什麼。事實上我們極少會發現，他們提問是爲了「製造麻煩」。

一一〇 （p.89，l.33），「要留心不讓他由於慷慨而受到任何損失」

在我看來洛克的這種說法是錯誤的。如果兒童學會了尋求回報，他就不再會慷慨或自我犧牲。如果他沒學會期待自己的禮物得到「償付」，那麼就並不存在總可以讓他的禮物得到回報的東西。

一一五 （p.95，l.5），「沒有人會爲了冒險而去冒險」

這是一個先驗推理如何會在此類問題上弄錯的奇特例子。有些人的確會爲了冒險而去冒險，這已得到了經驗的充分證明。德萊頓對洛克的朋友「亞希多弗」的描述不存在任何悖論：

---

61 *Education as a Science*, p.90.——原注

「波濤洶湧時，他樂於冒險
去追逐驚雷。」

洛克的推理步驟看起來沒有問題。沒有人喜歡傷害。如果我們不喜歡一種東西，我們便不會喜歡為它冒險。但這個推理存在著一個瑕疵。也許冒險帶來的刺激是令人愉快的，儘管危險實際發生時帶來的傷害是令人不快的。

一一六 **（p.101，l.7），「不讓屠夫參與審判」**

根據「法律顧問的意見」，我得知英國現在並不存在這樣的做法，在法律部門那裡，也找不到有關洛克的時代存在這種做法的依據。目前關於陪審員的規則，要受到《一八二五年陪審團法案》（6 Geo. IV. c. 50）（它統一了先前的各種法規）和《一八六二年陪審團法案》（25 and 26 Vict.c. 107）的規制。我們在上述兩個法令中都沒有發現提及屠夫，很可能此類法規從來就沒有涉及過屠夫；所以不讓屠夫參與生死性質審判的做法即便眞的存在過，也僅僅是一種實踐。

一二二 （p.106，l.35），「理性的正當改進與運用，乃是人生所能達到的最高境界」

[227] 洛克對理性的評價可見於以下這段話：「嘗試所有各種事物，堅守其中『善』的東西」，是來自光明和眞理之父的一條神聖規則；如果人們不去發掘和搜尋它，就像他們尋找金子和寶藏那樣，那就不知道還有其他什麼方法能夠達到和掌握眞理了；不過這樣做的人在獲得純粹的金子之前，必然要遇到大量泥土和垃圾；金子中還摻雜著沙子、礫石和渣滓；然而金子就是金子，會使艱辛地尋找和分揀它的人富裕。除了恐怕被這種雜物所騙，並不存在任何危險。人人都隨身攜帶有一塊試金石，可以用來區分眞的金子與表面閃閃發光的東西，區分眞理與表象。這塊試金石就是自然理性，唯有傲慢的偏見、過於自信的推測和狹隘的心靈，才會毀壞和喪失它的用處和好處。在各種可理解的事物領域內運用理性不夠，則會削弱和壓制我們的這一高貴的官能。[62]

一三〇 （p.112，l.14），「凡是能形成兒童心理的事情，都是不可忽視的」

以這種廣闊的眼光來看待教育者的任務，是《教育漫話》的主要優點。文藝復興之後，耶穌會會士是第一批並非僅僅教書而且還要育人的教育家。

---

62 《理智行爲指導》，§iii, 3。——原注

一三〇（**p.113，l.18**），**「陀螺、旋轉物、板羽球球拍」**

這裡所說的旋轉物是一種類似陀螺的東西。有字典曾引用莎士比亞的詞句：「看到巨人赫拉克勒斯正在抽一個**旋轉物**。」[63]

一三〇（**p.113，l.13**）**「兒童的一切遊戲與娛樂」**

我在「導論」中說過，洛克的工作的主要價值在於它強調和擴展了蒙田的偉大教訓——**育人優先於教書**！文藝復興使得人們開始用教書來替代育人，自那時以來，這兩者一直是混雜而不清楚的。那些只考慮如何教書的人是不關注遊戲的。然而拉伯雷看到了遊戲的價值；蒙田則表現出了非凡的洞察力，他說，「我們必須注意到，遊戲在兒童眼裡不是遊戲；我們必須把兒童的遊戲視爲他們最嚴肅認眞的行動」。[64]蒙田在這裡想到的，是兒童投身於遊戲的方式；兒童們這樣全心全意地進入遊戲，便賦予了遊戲一個重大作用，因而使遊戲在教育者眼中成了令人感興趣的東西。大衛．斯托（David Stow）敦促教師到操場上去

---

63 *L. L. L.*, iv. 3.——原注

64 *"H faut noter que les jeux des enfants ne sont pas jeux; et les faut juger en euxcomme leurs plus serieuses actions."* Essais, liv. I, C. 22.——原注

了解兒童。當教育者對遊戲發生興趣時，他會希望組織一些遊戲，觀察它們的某些教育效果。這正是洛克在文中建議的事情，也是福祿貝爾在幼兒園裡實踐過的事情。由此看來，幼兒園的萌芽就在於洛克這寥寥幾句話中。在這個題目上我可以提到一本出色的書，名爲《什麼是遊戲？》[65]，作者是斯特羅恩博士（Dr Strachan）。定價一先令。

當童年過去後，遊戲便大部分都由男孩自己組織了，直至後來男孩們的「校外」生活逐漸脫離了學校教師的視野。凡是像德國那樣普及走讀制學校的地方，男孩在家的時間與在學校的時間就一樣多了。走讀當然具有某些很大的好處，但也有兩個大的弊端：它把學校教師轉變成了純粹的教師，它還使得富有生氣的遊戲幾乎不可能了。在法國的公立高級中學，關照男孩校外生活的教師（不包括負有全面責任的校監和校長）的等級就較低，影響力也較小。在英國的公共學校，遊戲和校外生活是由男孩自行組織的。部分是由於工作量過大，部分是由於傳統的體制，教師們通常在很大程度上是讓男孩們自行其是的。任何人若讀一下「英國公共學校委員會的報告」，都一定會看到，在過去的一段時間裡，男孩在組織遊戲方面比教師在組織學習方面更爲成功。自從那個報告發表後，學校教育已有了很大的改進，但在我看來，教師與男孩之間在思想和興趣方面還存在著太多的隔閡。男孩們自己組織行動是

---

65 *What is Play?* Edinburgh, Douglas and Foulis. ——原注

件好事，但他們至少在理智上苦於生活在這樣一個被隔離的男孩世界之中。[66]

一三二（p.115，l.4），「那就把它（借口）當成眞話，並且不要流露出一絲懷疑」

斯坦利[67]曾提到阿諾德博士的學生們的一句傳言——「對阿諾德撒謊雖然可恥，但他卻永遠相信（即認可謊言），這讓阿諾德的做法聞名於世。其實這種智慧已存在多時，直至雷克（Lakc）先生在《旁觀者》上發表了一封信，對之提出質疑。我們若聽從洛克的建議，那麼在與年輕人交談時就擺脫了應當十分眞誠的義務；但這樣做卻不易使人理解，他們怎麼能在一種欺騙的氛圍中變得眞誠。我們若像洛克所說那樣隨機應變，那麼除了人們事實上的坦率之外，便沒有任何東西可以讓年輕人坦率直言。不過，當我們知道自己從未受到欺騙時，就沒有理由會表現出懷疑；每個人爲了保持一個好名聲所做的努力，會多於爲了獲得名聲而付出的努力。眞誠在我看來是極其重要的東西，只要可以相信，我們便應當表現出和感受到一種相信的意願。

66 參閱上文關於第七十節「讓孩子與有才能、有教養的客人交際」的注釋。——原注

67 Stanley, Arthur Penrhyn（1815-1881），英國牧師和學者，一八六四—一八八一年擔任威斯敏斯特大教堂主教，著有《阿諾德傳》和《教會史》。——譯注

一三八　（p.118，l.13），「如果不受外界的影響，兒童在黑暗之中是絕不會比在光天化日之下更感到害怕的」

洛克極其反對假說，但在這裡卻似乎受到了一個假說的影響，即，我們的所有設想都僅僅依賴於外在給我們的東西，因此在具備理性的年齡之前，我們很容易接受教給我們的任何東西。他是否想說，我們可以訓練兒童，除了在黑暗之中否則絕不會感到安全嗎？他像一般那樣，似乎很少考慮到兒童的想像力。

一四一　（p.120，l.14），「良好的教養」

洛克極其強調良好教養的重要性：根據馬沙姆夫人的描述，他看來非常不能容忍不良的教養。由於在英格蘭和歐洲大陸都生活在高雅人士之中，洛克有大量的機會來概括這個題目，第一四一—一四六節構成了一篇論述禮貌的佳作，切合實際而從不過時。參閱以上對九十四節**「禮貌」**的注釋。

一四七（p.128，1.25），「我認爲學問最不重要」

正如我已經說過的[68]，我以爲這句話點出了洛克教育學的要旨。蒙田和洛克的教育思想的突出優點是，他們不像文藝復興時期的那些學者那樣全神貫注於「學問」，因而考慮到學生並且引導別人去考慮學生。正如米什萊所指出的，在蒙田和洛克的教育思想中，主要的東西乃是「知識不是目的；人才是主體」。[69]赫特納在確證這一點時曾注意到洛克致彼得伯勒勛爵的信中對導師選擇的論述。這封信只是重複了《教育漫話》中的觀點，但令人感興趣，因爲它向我們展示了洛克的信念是如何確立的：

「恕我直言，我對閣下的提議有點不同看法，閣下想要一個純粹的學者，而我認爲，他是否是一個有名的學者，並不很重要；只要他熟練地掌握了拉丁文，對各門科學有一個總的了解，我以爲就足夠了：但我希望他有良好的教養，有好脾氣；一個懂得人情世故的人，才能用來照管閣下您兒子的脾性和品格；凡是有助於形成他的心靈、促成他的德行、知識和勤奮的因素，都不能忽視。在我看來，導師的重大任務就在於教學生如何生活，學生一旦懂得

68 參閱：本書「導論」；上文關於第九十四節「拉丁文和學問」以及第一三〇節「兒童的遊戲與娛樂」的注釋。——原注

69 *"non l'objet, le savoir; mais le sujet, c'est l'homme." Nos Fils*, p.170.——原注

了應當如何生活，就很容易成爲各種專家；因爲，當一個年輕紳士嘗到了知識的味道後，對成功的熱愛和讚譽就會激勵他前進；無論有沒有老師，他都會在自己用心的任何事情上有重大進展。牛頓先生的數學是自學的；我的另一個朋友的希臘語（非常熟練）也是自學的；儘管數學和希臘語的學習似乎比其他任何學科的學習都更需要導師的幫助。」一六九七年洛克在寫給同一個通信者、討論同一個題目的信中寫道：「一個人進入到了任何一門科學中後，就需要依靠自己了，他需要依靠自己的理解，運用自己的官能，這是改進和掌握知識的唯一道路。」參閱上文關於九十八節**「嚴加訓導」**的注釋。

一四七　（p.129，l.20），「拉丁文和邏輯學」

拉丁文和邏輯學是僅有的要求學生普遍必修的課程，這種做法是在中世紀確立的。傳統上所有「受教育的人」都需要修讀的所謂三學科，是文法、邏輯學和修辭學。現在人們認爲，中學「可以免學」文法，大學則可以不學邏輯學和修辭學了。邏輯學儘管在劍橋大學已不再列入課程，但在牛津大學卻至今仍然保留著。我們發現洛克強烈反對他那個時代盛行於大學的辯論；不過他似乎認爲，在學習數學之前應當先學一些邏輯學的知識。[70]無論如

70 參閱本書「導論」。——原注

[230] 何，邏輯學在當時是與「辯論」和「反駁」聯繫在一起的，而洛克極不贊成這些。布林斯利說，「邏輯學和其他哲學中的辯論主要盛行於大學」，中學則會尊重大學的優勢地位；不過他也談到：「在中學裡，學生們能夠即席對提出的任何日常道德問題進行辯論。」[71]

關於十七世紀前半期的學校課程設置，可參閱T. S. 貝恩斯教授發表在《弗雷澤雜誌》一八七九年十一月和十二月兩期中的一篇有價值文章「莎士比亞在學校學了什麼」。[72]

一五〇（p.131，l.4），「利用遊戲來教兒童閱讀」

自古以來遊戲就被用於教導。柏拉圖曾稱讚埃及人用遊戲教算術的做法。[73]拉伯雷也在午飯後用紙牌來學習「全都基於算術的各種魔術」。假如擲骰子已成爲一種普遍的交友方式，也許洛克建議可用來學習閱讀和拼寫的那類遊戲會變得更加普遍。

---

71 Chap. xvii, 206. ——原注

72 "What Shakcspeare learnt at School", *Fraser's Magazine*. ——原注

73 *Laws*, vii. 819，轉引自A. S. Wilkins, *National Education in Greece*. ——原注

一五六　（**p.133，l.14**），**「應當爲他選擇一本淺顯、有趣而又適合他的能力的書」**

在大部分學校中，尤其是爲窮人辦的學校，閱讀仍然十分地被當作一種機械性的技藝，乃至常常被等同於大聲朗讀。一直到最近，學校教師和管理人員仍然忽視這樣一個明顯的眞理，即如果讀書是愉快的，那麼兒童從中得到的享受就會使他們自覺地去閱讀。洛克的話今天看來依然是再正確不過的：「通常所用的方法似乎完全忽視了這種誘導；初學者往往要過很長一段時間才能體會到閱讀的益處和樂趣，從而樂於讀書。」自從英格蘭和蘇格蘭的督學有權要求「聰明的」閱讀以來，事情有了一些改善；不過市面上「愉悅的書籍」仍然太少，可供學生借書的圖書館就更少。直到今天，除了洛克建議的書之外，我們還找不到一本更好的兒童讀物（很可能永遠也找不到）。爲什麼我們不可以把《伊索寓言》作爲小學生的一本永恆經典、就像維吉爾的作品作爲中學生的永恆經典呢？

一五六　（**p.133，l.24**），**「插圖」**

在十七世紀，雖然圖畫書的機械製作技術還處於起步階段，但這類書籍所具有的教學價值，也許得到了人們的更好理解。曾經出版過的最著名的圖畫教科書，是康米紐斯的

《圖解世界》[74]。奇怪的是，我們今天的藝術家在圖解兒童雜誌上花費了大量的技巧和精力，卻罕有擺弄教科書的。最近，帕特里奇先生（Messrs Partridge）和「宗教小冊子協會」（Religious Tract Society）出版了一些漂亮的**圖卷**。在歐洲大陸，插圖正被廣泛地用於教學，例如參閱萊比錫Hunderstund出版社出版的《藝術史畫冊》[75]，以及哥達的佩特斯（Perthes）出版社出版的菲佛（Pfeiffer）著的兒童《教學圖片》[76]。

[231]

一六〇（p.136，l.8），「學寫字的第一件要務，乃是正確的握筆姿勢」

追溯書法及其教學方法的變化，是一件非常令人感興趣的事情。目睹今天女性的書法與我們的母親和祖母的書法之間的差異，似乎可以說，沒有任何事情會發生如此完全的變革了。有作者在《旁觀者》（一八八〇年二月七日）上發表文章認爲，應當允許小學生隨意握筆，隨意握筆雖然不被老師認可，但卻是常有的事。關於十七世紀倡導的書寫方法，可參

---

74 *Orbis Pictus*, first edition, 1657.——原注

75 原文爲德文*Kunst-historische Bilderbogen.*——譯注

76 原文爲德文*Bilder fur Anschauungs-unterricht.*——譯注

閱布林斯利的《文法學校》[77]第四章。他指導說，每個兒童都要備好筆、墨水、紙、橡皮、鎮尺、直線筆、修筆刀等，還有吸墨紙。每個人都必須自己將筆修整好，沒有這項技能就無法做到字跡鮮明。「下一步，讓學生仿照一些抄寫員的姿勢，緊貼筆杆正確地握筆，拇指、食指和中指要圍著筆尖像貓爪子那樣收緊。然後再讓他學習如何輕鬆地握著筆在紙上滑動。」[78]他讓學生**用乾筆**練習書寫的方法與洛克的方法有些類似。

一六〇　（**p.136，l.21**），**「就可以教他寫字了」**

洛克此處推薦的辦法，曾經在鹿特丹對貴格會教徒商人弗利的孩子嘗試過。參閱福克斯·伯恩的《洛克傳》第二卷，第七十四頁。

一六一　（**p.136，l.38**），**「繪畫」**

洛克這部分的論述是在「有用」一詞的最狹窄的意義上、過於排他性地考慮繪畫的實用

---

77 原文爲拉丁文*Ludus Literarius*（倫敦一六一二年和一六二七版），內容主要是說明如何理想地完成當時英國文法學校的學業。——譯注

78 *Ludus Lit.*, chap. iv, p.30——原注

性。他忽視了透過繪畫可以訓練一個人的觀察力，我相信這是一個非常實際的好處，儘管貝恩教授最近對這種好處提出了質疑。

一六一　（**p.137，l.19**），**「不要違背密涅瓦的意思」**
「不要違背密涅瓦的意思」意即不要違背天性、不要違背脾性。

一六一　（**p.137，l.20**），**「速記」**
「速記」在第一版中沒有提到，而是後來在W．莫利紐克斯的建議下增補的。洛克（在一六九三年八月二十三日）寫信給莫利紐克斯說，「關於速寫我同意你的想法：我自己學習速記時已是成人了，寫作時便忘了提到速記；我相信，我已考察過的許多其他事情都可以論及速記。不過速記最初僅僅是向朋友提出的一個簡短設計，發表它是爲了促使別人更加充分地利用它。」我想提一下，倫敦Cowper街上那所名校的校長沃梅爾（Wormell）博士告訴我，他把速記當作一門實用的技能課開設後，發現速記在促進男孩的機智方面具有重要的教育價值，並且在分析音值方面對學生具有重要的訓練功能。速記還因受到男孩們的喜歡得到大力推薦。現在人們使用的是皮特曼[79]速記法。

一六二　（p.138，1.3），「拉丁文也同樣可以〔亦即透過聽說〕容易地學會」

蒙田嘗試過這種實驗。洛克也曾雇了一個能說「拉丁文和希臘文」的小姐，來教男孩「安東尼先生」即後來的第三代沙夫茨伯里勛爵拉丁文和希臘文。參閱本書「導論」。

一六六　（p.140，1.8），「可以感知的事物的知識」

這一節和第一六九節是我在洛克的《教育漫話》中看到的僅有的兩段話，提到了德國人所說的「直觀教學」[80]，即透過感官的教學。我們本應期待，他的哲學觀點會讓他對「創新者」的這種要求感興趣。但他似乎並不關心「現實主義」或對事物的研究；在此他並沒有超越「口頭上的現實主義」。我推斷，洛克沒有讀過康米紐斯的著作，或許也沒有聽說過拉伯雷的教育思想。

---

79 Pitman, Sir Isaac（一八一三—一八九七），英國教育家，一八三七年發明皮特曼速記法，著有《表音速記法》。——譯注

80 原文爲德文*Anschauungs-unterricht.*——譯注

一六七（p.141，l.13），「《桑克蒂拉丁文原理》」

西班牙人桑克蒂（Francis Sanctius）在十五世紀寫了一本博學的著作，名爲《密涅瓦：拉丁文原理評論》[81]這是一本論述拉丁文文法的著名拉丁文著作；由於其中附有西奧皮和佩里佐尼兩人的注釋，它有令人生畏的厚厚兩卷。如果要等到年輕的紳士有能力（並且願意）學習桑克蒂、西奧皮和佩里佐尼的這本著作時，才讓他們開始學拉丁文文法，那麼恐怕就要等到猴年馬月才能學拉丁文文法了。不過洛克的意思是要避免語言教師的一個常見錯誤，即，尤其是在教古典語言時，這些教師試圖讓男孩們「學會」他們完全無法理解的文法細節。結果就像西利（Seeley）教授恰如其分地所說的，孩子們在掙扎中沒有變成文法學家，卻把文法變成了兒戲。我們許多人在少年時都花了大量時間和精力去學習和運用諸如「當兩個具有不同含義的實詞前後相接時，後面那個實詞屬於所有格」這樣的「文法規則」。洛克的同時代人、曾擔任過坎特伯雷國王學校校長的理查德．約翰遜（Richard Johnson）於一七〇六年出版的《文法評論》一書，曾揭示過這種陳舊文法的荒謬性。《公共學校識字祈禱書》與它接替的教學課本相比，無疑更加不適合兒童。至於兒童能否因它而成爲文法學家，那是另一個問題。

---

81 原文爲拉丁文*Minerva, seu de causis linguae Latinae Commentarius.* ——譯注

一六九　（p.149，l.17），「在學習中儘量地結合其他一些實在的知識」

此處，洛克似乎加入了「教育革新者」的行列，至少是與他們一起走了一小段路，要求「關心**事物**，而不是關心**語詞**」！洛克在這裡使用的「實在的」（real）一詞，也是在這些教育革新者的意義上與**事物**（*res*）相關聯的。（根據《邁耶會話詞彙》，「實在物」（Reales）一詞是Taubmann於一六一四年首次使用的。）不過對這個重要的教學領域，洛克的論述僅僅用了數十行字。

一七二　（p.151，l.22），「即席發表講話」

在前面對一四七節**「拉丁文和邏輯學」**的注釋中，我引了布林斯利的一段話，顯示出十七世紀的前半期，英國中學的高年級班裡已開展即席演講。不過自從「辯論」消亡以來，除了口譯或心語，英國的中學已不再運用口頭表達。在德國的中小學，普遍要求學生用自己的話來持續不斷描述自己正在學習的內容。這種口頭表達的做法是學生運用母語的一種非常好的訓練。參閱本書正文第一八九節。

一七四　（p.152，l.25），「詩歌和賭博通常不分家」

這是出自洛克——彌爾頓的一個同時代人——之口的最令人震驚的一個斷言，不過我們

[233]

必須記住，彌爾頓是遠離他那個時代所有所謂的詩人而「離群索居」的，當時流行的最好詩歌是沃勒和德萊頓的詩歌。但是把他們這樣的詩歌與賭博聯繫在一起，似乎很苛刻；我們不由得會把這種對繆斯女神的怒火與洛克自己對她獻殷勤的不成功聯繫起來。唯有對詩歌寫作，洛克才會持如此嚴厲的態度。他曾建議「一個年輕紳士」去閱讀「詩歌來消遣和娛樂」。[82]

一七五（p.153，l.10），「要學生背誦大量拉丁文語錄」

洛克在這裡遵循了蒙田的名言「*Savoir par coeur n'est pas savoir*，即『背誦』不是『**知道**』」。根據他們的看法，「知道」是心靈的知覺。這種知覺雖然可以由一種語詞形式引起，但獲得時卻不可依賴於任何語詞。所以背誦不同於知道。背誦的確可以與知識共存，但這是另外一回事。不過像這樣把知識定義為心靈的知覺，就把知識限定為智性觀念；而這種限制並非總是得到大家的承認。心靈知覺到的觀念可以與漂亮的或有力的語詞相聯繫，於是語詞本身也可以恰好成為知識的一個主題。不幸的是，對一種語詞形式的知識比任何其他種類的知識更加容易獲得，並且更加容易得到檢驗；因此，對語詞形式的知識便

82 參閱附錄A。——原注

在教學中得到了太多的重視和利用。這在某些情況下引起了一種強烈的反作用，使得「記憶」的做法被完全放棄。但正如洛克自己所承認的，記得漂亮的語詞形式從而能夠回想起漂亮的思想，那也是一種重大收獲。重要的是，應當讓年輕人僅僅學習值得記住的東西，告訴自己要不時地回憶溫習，直至把它牢記在心中，埃斯基涅斯[83]說，「我們在年少時背誦詩句，是爲了成年後能從中獲益」。[84]波爾羅亞爾派的尼科爾所著的《思想錄》[85]一書對背誦有一些精彩的評論，並且也反對學習「大量拉丁文語錄」，這本著作洛克肯定知道，因爲他們其中的一部分譯成了英語。我指的是《論君王的教育》那一章。[86]

哈勒姆有一段話論述了我們年少時背誦詩歌的好處，值得引用一下。他談到彌爾頓時說：「那時，早年閱讀的記憶走進了他那黑暗而孤獨的人生道路，就像月亮從雲層中走出來。那時，他眞正擁有的只有繆斯女神；不僅是因爲她將自己的創造靈感注入了他的心靈，而且是因爲這位記憶的女兒攜帶著古人的歌唱片段，攜帶著歐里庇得斯[87]、荷馬和塔

---

83 Aeschines（西元前三八九—西元前三一四），古希臘政治家和演說家。——譯注

84 Aeschin. against Ktes. §135；轉引自克勞斯（J. H. Krause），*Erziehung beiden Griechen*, p.90.——原注

85 Nicolc, *Pensees.*——譯注

86 原文爲法文*de l'Education d'un prince.*——譯注

87 Euripides（西元前四八〇—西元前四〇六），古希臘悲劇作家。——譯注

索[88]的聲音，姍姍而來；這些聲音是他年輕時的所愛，是年輕時給予他安慰的珍藏。有些人即便沒有忍受過彌爾頓的災難，也能知道，當一個人無法讀書、與世隔絕地獨居和旅行、遠離紅塵而靠回憶詩歌生活，由此低聲吟唱那些長久縈繞在耳邊揮之不去的優美詩句、回想早年這些詩句曾經帶來的迷人情感和想像時，那是一種怎樣的生活——他們會感受到記憶所具有的無法估量的價值，因爲記憶力強盛時記憶會容易地接受並且不可磨滅地保留它所記住的東西。我確實不知道，在贊成英國目前依然流行的非常重視詩歌教育的許多論據中，除了這種教育能夠爲精神生活中的智性愉悅奠定基礎之外，是否還有什麼更加堅實的論據。」

一七六（p.153，l.37），「來練習與增強他們的記憶力」

萊瑟姆（Henly Latham）先生在其《論各種考試》一書中區分了各種不同的記憶：「攜帶性」記憶、「分析性」記憶和「吸收性」記憶。他指出，記憶是在它發現自我的情況下成長的。假如我們要訓練記憶，那麼我們必須以它的一種工作方式訓練它。在記憶上，一個律師敵不過一個能記住一種特殊形式的語詞的原告，但那個原告卻敵不過那個能記住案子要點的律師。學生的記憶是在它發現自身的情況下成長的，因此在「攜帶」上非常內

---

[88] Tasso, Torquato（一五四四—一五九五），義大利詩人，文藝復興運動晚期的代表。——譯注

行；但這種技能雖然對考試非常有用，其獲得卻很容易以喪失更有價值的能力爲代價。那些知道如何利用所謂的「三個A」：即「注意」（Attention）、「整理」（Arrangement）和「聯繫」（Association）的人，也許會得出一個不同於洛克的結論，因爲洛克認爲，記憶是不能透過我們的任何練習和努力得到很多幫助和改進的。奇怪的是，洛克論述了觀念的聯繫，卻沒有在此提到「心靈在自身中自願地或偶然地造成的」這種觀念的「堅固聯合」。[89]

一七六（p 154，1.6），「印在蜂蠟或鉛塊上的印象，沒有印在黃銅或鋼鐵上的印象那麼持久」

說到心靈，我們不得不運用從物質世界中借取的明喻和暗喻；但除非我們保持警惕，這些比喻肯定會讓我們陷入重大的混淆和錯誤。

約翰遜博士堅持認爲，心靈能夠保持一種東西也能夠保持另一種東西：心靈拒絕一種東西就好比是說，手可以拿銀幣而不拿銅幣。我們或許可以反駁說，心靈肯定一種東西就好比是說，手只要能夠拿一塊木頭也就能夠拿一塊冰。洛克的說法雖然更加小心，但哈勒姆仍然發現，洛克的比喻存在著重大錯誤。在下面這段話中，至少比喻是有效的：

[235]

89 《人類理智論》第二卷，第三十三章，第六節。——原注

「我們所有的觀念似乎都在不斷地衰退，即便是那些最深刻地打動人心、在心中記得最牢的觀念，如果它們沒有因感官的重複運用、或沒有因反思那類最初引起它們的對象而時時得到更新，那麼印記就會耗盡，最後不留任何痕跡。因此，觀念和我們的兒時常常在我們面前死了；我們的心靈向我們展示的，是我們正在走近的那些墳墓，黃銅和大理石儘管還在那裡，碑文卻已隨著時間消失了，肖像也腐朽不見了。」

一七八 （**p.157，l.1**），**「我現在住的宅子裡就有一個兒童」**

即弗蘭克．馬沙姆。參閱本書「導論」。

一八三 （**p.160，l.7**），**「赫爾維希」**

即Christopher Helvicus或Helwig，他那個時代的著名學者，一五八一年生於法蘭克福附近，三十五歲時（一六一七年）逝世。他在馬堡大學學習，十四歲獲得學士學位，十五歲時就以其希臘文詩篇聞名。此後在吉森大學擔任教授。他在教育史上留名，是因為他被任命為考察拉伯雷教育思想體系的教授之一。他的女兒嫁給了有趣的教育論著者舒皮（J. B. Schuppius）。

一八八 （**p.162，l.1**），**「修辭學和邏輯學……通常在學習文法時就要學」**

這三門課程構成了所謂的「三學科」。參閱上面對一四七節的注釋。

一八九 （**p.164，l.33**），**「瓦蒂爾」**

所說的這位作者是Vincent Voiture（一五九八—一六四八），他從西班牙等地寫給朗布依埃酒店的「常客」的書信出版後變得非常著名。蒲伯喜歡它們。伏爾泰說：「它們能讓人感受到那種書信體的一些表面優雅，這種書信體絕非最好，因爲它僅僅旨在詼諧和有趣，而無更高的趣味。」

一九三 （**p.17，l.5**），**「波以耳先生的」**

羅伯特．波以耳曾經具有響亮的名聲。在《查爾莫斯傳記字典》裡，他被稱爲「現代最傑出的哲學家」。這種說法在《大不列顛百科全書》裡被降格爲「現代最偉大和最優秀的哲學家之一」；而且可能還會進一步降格。但在十七世紀，人們認爲他比洛克偉大得多，這種評價的原因，部分是出於前者的父親是個伯爵，而後者的父親是個鄉村律師。波以耳生於一六二六—一六二七年之間，比洛克大五、六歲，沒於一六九一年。波以耳在牛津建了一所實驗自然科學學校，是當時將培根的原則應用於發現自然規律的領袖人物。洛克是他的朋友和通信者之一。

一九八（p.175，l.25），「騎馬」（Riding the Great Horse）

這看來不過就是騎在馬背上而已。科斯特把它翻譯爲「*monter a cheval*」（騎馬），伊萬．丹尼爾先生古道熱腸，把摘自《紳士的字典》（一七〇五）扉頁上的如下一段話寄給我：「I.騎馬的技藝；包括馬的管理、疾病和意外事故等方面的術語和短語。」這本書是根據Sieur Guillet寫的一本法文著作《劍客的技藝》[90]改編。

二〇〇（p.177，l.8），「有智慧，就有神力」

「只要審慎，就有神助。」這句話出自尤維納利斯。

二〇一（p.177，l.28），「一門手工技藝」

洛克很少引用權威。此處他本可以引用拉伯雷和蒙田的論述。

---

90 原文爲法文*Les Arts de l'homme de l'Eper.*

二一六 （**p.187，l.4**），**「他必須在二十一歲的時候回國，以便娶妻」**

從這段話可看出，洛克似乎對第二代沙夫茨伯里勛爵的早婚不太滿意，這段婚姻與洛克本人有關。參閱本書「導論」。

二一七 （**p.187，l.34**），**「一張白紙或一塊蠟，可以隨心所欲地加以塑造」**

洛克的這一觀念，不同於認爲兒童具有惡的傾向、所以教育在很大程度上是一種**約束**的理論，可用來解釋洛克的許多特定建議。它也同樣不同於福祿貝爾主張人的一切皆內含於兒童之中、就如橡樹內含於橡子之中的理論。

譯者後記

《教育漫話》是十七世紀英國偉大的啓蒙思想家、哲學家和經濟學家約翰・洛克（John Locke, 1632-1704）撰寫的一本教育名著。

這本教育名著與洛克的其他著作一樣，都是近現代英美文化的瑰寶。它自出版後，三百餘年以來一直是教育學界的重要研究對象，也始終是教育工作者和父母的必讀之書；我們可以不誇張地說，這本名著是近代英美教育思想史上的一本奠基性著作，它對近現代英美教育思想的形成有著不可估量的影響，因而也在很大的程度上反映和體現了近現代英美的教育思想。

當然，這本教育名著也存在不少局限性，例如討論的主題是精英教育或說是紳士教育，不涉及大眾教育，其中的具體論述也有諸多可商榷之處。但是，洛克在這本書中提出的一些經典教育思想，例如對「人格教育優先於知識教導」的強調，對清教徒式磨練性健體教育的強調，對包含著德行、智慧、教養和堅忍的全面德育教育的強調，對「自由之精神、獨立之思想」性質的智育教育的強調，尤其是對爲祖國服務的愛國主義思想的強調，至今仍有著跨越時代的意義和影響。

此外，由於這本教育名著是由洛克與朋友的書信集結而成，書中沒有艱深難懂的理論和晦澀的學術概念，十分通俗易懂，全書讀來有如在和親朋好友話家常，語調親切平和，道理簡單明瞭，但它所表達的東西卻非常深刻，不失爲一本雅俗共賞的經典讀物。

《教育漫話》作爲一本西方教育學的經典，在中國最早由傅任敢先生譯出，於一九三七年由商務印書館發行初版；一九四九年後，又於一九五七年、一九六三年經修訂後由人民教育出版社再版，並於文革後的一九八五年再次印行。傅任敢先生的這個譯本，雖有個別不準確之處，但整體上不失爲一個譯意準確、文字流暢、兼顧了信、達兩個方面的好譯本。不過由於這個譯本也已年過半百，其文字表達已不太適應當代讀者的需要，因此自上世紀九〇年代以來，又出現了幾個不同的譯本。

出於對《教育漫話》的喜愛，爲了讓其更加流暢明白，使讀者讀起來更加輕鬆一些，筆者曾於上世紀九十年代末與他人合作，由河北人民出版社出了一個新譯本，並於二〇〇五年獨自翻譯，由上海人民出版出了一個全新譯本。本書是筆者後面這個譯本的再版，但根據商務印書館王振華先生提供的劍橋大學出版社一八八〇年版做了修訂。

《教育漫話》的英文版本很多，除了收錄在權威的《洛克全集》（十卷本，一八二三年版）、《洛克全集》（九卷本，一八二四年版）以及二十世紀七〇年代開始編輯、至今尚未完成的《洛克全集》（三十七卷本，Clarendon版）中的版本之外，比較流行的版本還有John William Adamson編輯的*The Educational Writings of John Locke*（劍橋大學出版社，一九二二年版），James Axtell編輯的*The Educational Writings of John Locke*（劍橋大學出版社，一九六八年版），Ruth Grant與Nathan Tarcov編輯的*Some Thoughts Concerning Education and The Conduct of the Understanding*（Hackett Publishing Co.，一九九六版）等。

比較以上各種版本，本書根據的一八八〇年劍橋大學版，是《教育漫話》自十七世紀末出版以來，由劍橋大學三一學院牧師、專攻教育思想史的R. H. 奎克根據各種原始資料進行第一次重大修訂的版本，它基本上糾正了以往各個版本的所有錯謬之處，其文本與此後的各種版本沒什麼不同，但它具有如下優點：

其一，這個版本的「導論」結合洛克的生平，專門對《教育漫話》出版的前後背景做了一個非常有特色的全面介紹。

其二，編輯者專門對《教育漫話》中的各個有爭議之處和不清晰之處，做了一個其他版本少有的長達三十餘頁的注釋。

其三，這個版本還附有兩個附錄《工讀學校》和《洛克的其他教育論著》。前者闡明了洛克對下層勞動人民的教育持有的看法，後者則對洛克關於精英教育的其他三篇教育遺作「年輕紳士行爲指導」、「紳士的閱讀和研究片論」和「論學習」做了簡要介紹或刊載。這兩個附錄使得本書比其他的《教育漫話》版本更爲全面地反映了洛克的教育思想。至於洛克的「理智行爲指導」一文，雖然也被認爲屬於洛克的教育論著，並被以《洛克教育論著》爲名的編輯本所收錄，但由於此文是洛克生前爲其認識論名著《人類理智論》所做的一個篇幅較長的增補，所以沒有被以《教育漫話》爲名的本書收錄，這是可以理解的。

本書責任編輯對書籍進行了非常細緻的審讀，對文字做仔細斟酌，提出了修改建議，不僅克服了譯文中的一些錯誤，而且使譯文更加簡潔流暢，讓本書增色不少，對此筆者謹表示衷心的感謝。當然，由於筆者學力有限，加之書中雜有諸多拉丁文、法文、德文乃至古英語詞彙，譯文容有錯謬之處，若能得到讀者不吝指正，則不勝感激。希望這個譯本有助於讀者深入理解本書，受到讀者的喜愛。

徐大建

二〇一七年二月於上海財經大學人文學院

洛克年表

年代	生平記事
一六三二	約翰・洛克（John Locke），八月二十九日出生於英國的彭斯福德。
一六四六	父親友人、也是國會議員的Alexander Popham資助下，洛克在十四歲後被送往倫敦就讀西敏（威斯敏斯特）公學。畢業後，前往牛津大學基督堂學院就讀。
一六五六	獲得學士學位。
一六五八	獲得碩士學位。
一六六〇	父親逝世。
一六六四	獲得醫學學士的學位。
一六六五	被任命為英國駐布蘭登堡公國的大使沃爾特·范內爵士的祕書。
一六六六	認識了當時還是阿什利勛爵的沙夫茨伯里伯爵（Anthony Ashley-Cooper），洛克為當時患病的伯爵悉心治療後，伯爵說服洛克待在他在倫敦的住所，不只兼任他的個人醫師，並負責多項事務。
一六七三	沙夫茨伯里伯爵被解職，洛克失去祕書職位。
一六七五	因為健康緣故，洛克去溫暖的法國養身。一待便是四年。也因脫離政治圈生活，洛克轉向了抽象思想領域。
一六七九	當伯爵的政治情勢又好轉時（擔任國會議長），洛克又回到了英格蘭。

一六八三	因為捲入政治漩渦，逃亡到荷蘭。過了六年的海外流放生活，但也結交了不少學者。後期住在鹿特丹時，經常與居住在海牙的威廉親王和瑪麗公主交往。
一六八九	爆發革命，跟從瑪麗女王一起回到英國。不久後，洛克開始將之前的草稿出版成書，包括了《論寬容》和《政府論》。
一六九〇	《人類理智論》出版。
一六九一	自此，洛克一直住在瑪莎姆女士家中。期間，洛克的健康狀況不斷惡化。
一六九三	《教育漫話》出版。
一六九五	《聖經中體現出來的基督教的合理性》出版。
一六九六～一七〇〇	擔任「英國貿易和殖民委員會」的專員一職，因此對政治經濟學問題進行了大量思考。
一七〇四	十月二十八日逝世，享年七十二歲。埋葬在艾賽克斯郡東部的High Laver小鎮的一個教堂墓區。洛克終身未婚，也沒有子女。

索引

〔索引所標頁碼為英文本頁碼，參見中文本頁面下緣邊碼〕

A

B

C

I

L

M

Q

R

W

經典名著文庫068

教育漫話

作　　者 —— 洛克（John Locke）
譯　　者 —— 徐大建
發 行 人 —— 楊榮川
總 經 理 —— 楊士清
文庫策劃 —— 楊榮川
副總編輯 —— 黃文瓊
特約編輯 —— 張碧娟
責任編輯 —— 李敏華
封面設計 —— 姚孝慈
著者繪像 —— 莊河源
出 版 者 —— 五南圖書出版股份有限公司
地　　址 —— 台北市大安區 106 和平東路二段 339 號 4 樓
電　　話 —— 02-27055066（代表號）
傳　　眞 —— 02-27066100
劃撥帳號 —— 01068953
戶　　名 —— 五南圖書出版股份有限公司
網　　址 —— http://www.wunan.com.tw
電子郵件 —— wunan@wunan.com.tw
法律顧問 —— 林勝安律師事務所　林勝安律師
出版日期 —— 2019 年 6 月初版一刷
定　　價 —— 650 元

國家圖書館出版品預行編目資料

教育漫話 / 洛克著；徐大建譯． -- 初版 -- 臺北市：五南，2019.06
面； 公分
譯自：Some thoughts concerning education
ISBN 978-957-763-396-5（平裝）

1. 洛克（Locke, John, 1632-1704）　2. 學術思想
3. 教育哲學

520.146　　108005583